Applied Behaviour Analysis und Verbal Behaviour

Grundlagen und Umsetzung bei Autismus

von Hermann Danne

Zweite, verbesserte und erweiterte Auflage

D1718001

Hermann Danne
Sonnenhalde 2
89183 Breitingen
Deutschland

Homepage und Bestellmöglichkeit: hermann.danne@ieee.org

Akademischer Titel des Autors:
Diplom-Ingenieur Univ. (Fachrichtung: Elektrotechnik)

Bibliografische Information der Deutschen Bibliothek: Die Deutsche Bibliothek verzeichnet diese Publikation in der Deutschen Nationalbibliografie; detaillierte bibliografische Daten sind im Internet über http://dnb.ddb.de abrufbar.

Die Angaben und Informationen in diesem Buch sind sorgfältig recherchiert. Trotzdem sind Fehler nicht auszuschließen. Autor und Verlag können für fehlerhafte Angaben und deren Folgen weder irgendeine Haftung noch eine juristische Verantwortung übernehmen. Konsultieren Sie professionelle Berater oder andere erfahrene Fachleute, bevor Sie mit einer der beschriebenen Therapieformen beginnen.

Für Verbesserungsvorschläge und Hinweise auf Fehler ist der Autor dankbar.

Titel der englischen Übersetzung: Applied Behaviour Analysis and Verbal Behaviour: Basics and Application for People with Autism

Umschlaggestaltung: Bolko Sarnecki, Gudrun Thenhausen

Lektorat: Julian von Heyl (www.korrekturen.de)

Druck: D. Kolander und K. Poggel Zeitdruck GbR

Verlag: Hermann Danne Selbstverlag

© Hermann Danne, Breitingen Mai 2016

Zweite, verbesserte und erweiterte Auflage
ISBN 978-3-941942-01-1

Für meinen Sohn Gregor, der für Kugelschreiber alles machte, sogar lesen und schreiben lernen.

Das Universum ist für Autisten geschaffen. Warum sonst sollten sich die Planeten drehen?

(Aus einem Vortrag einer Asperger-Autistin)

Der Weg zum Erfolg kennt keine Abkürzung.

(Japanisches Sprichwort)

Es gibt nichts Gutes, außer man tut es.

(Erich Kästner)

Er ist viel zu brav, er muss krank werden.

(Gregors Sonderschullehrer, zwei Tage, bevor Gregor wegen
Fieber sein Bett hüten musste.)

They hate most, what they need most: learning.

(Sie hassen am meisten, was sie am meisten brauchen:
lernen.)

(Dr. Vincent Carbone)

Wir müssen lernen, wie sie lernen, damit wir sie
unterrichten können.

(Dr. med. Salaheddin Faraji).

Wer sagte denn, dass es einfach wird?

(Hermann Danne)

Vorwort

Eltern von Kindern mit Autismus müssen die unerfreuliche Erfahrung machen, dass viele Fachleute (Mediziner, Psychologen, Lehrer, Therapeuten und Mitarbeiter von Sozialbehörden) erschreckend wenig Wissen über Autismus haben. Effektive Therapien oder Förderansätze sind nicht Bestandteil ihrer Ausbildung. Ein Kinder- und Jugendpsychiater bringt vielleicht eine richtige Diagnose zustande. Sonst hat er oft nur noch Stimulanzien (diese stehen unter dem Betäubungsmittelgesetz!) oder andere Psychopharmaka im Angebot. Er richtet damit meist mehr Schaden als Nutzen an. Ritalin und Risperdal sind nicht die Antwort auf Autismus. Er kann betroffene Eltern in den meisten Fällen nicht einmal ansatzweise adäquat beraten. (Sonder-)Pädagogen sollen Autisten unterrichten, wissen aber nicht wie. Nur wenige engagierte Lehrer haben sich die Methoden TEACCH[1], PECS oder FC in bemerkenswerter Eigeninitiative angeeignet. Von verhaltenstherapeutischen Ansätzen nach Applied Behaviour Analysis / Verbal Behaviour (ABA/VB) wissen die meisten (Sonder-)Pädagogen nichts. Sie haben es in ihrem Studium nicht gelernt.

Als Vater eines Sohnes mit autistischer Behinderung durfte auch ich Erfahrungen der besonderen Art machen: Gregors damaliger Kinderarzt hatte seinen Autismus nicht erkannt. Bei den ersten Diagnosen im Sozialpädiatrischen Zentrum (SPZ) war Gregor bereits vier Jahre alt. Zu diesem Zeitpunkt war eine geistige Behinderung noch die vorrangige Behinderung. Eine Diagnose „Geistige Behinderung" wird im Wesentlichen an IQ-Tests festgemacht. Kinder mit Sprachdefiziten werden mit sogenannten nichtsprachlichen Tests diagnostiziert. Aber auch dafür brauchen sie gewisse sprachliche Fähigkeiten und eine ausreichende Motivation. Diese Voraussetzungen sind zum Testzeitpunkt oft nicht vorhanden. Entsprechend schlecht können die Testergebnisse ausfallen.

Zwei Jahre später berichtete ich dem Professor, der die erste Diagnose gestellt hatte, von den zähen Erfolgen, die wir damals noch mit klassischem ABA nach Lovaas bei den Kulturtechniken Lesen und Schreiben erreicht hatten. Seine ungläubige Frage war: „Ja, ist er denn lernfähig?" Diese Frage konnte ich bejahen. Durch den visuellen Zugang zur Sprache (Schrift) haben sich auch Gregors gesprochene Sprache und sein Hörverständnis enorm gebessert. Heute spricht der gleiche Professor nur noch von „Verdacht auf leichte Intelligenzminderung". Das treibe ich diesem Fachmann aber auch noch aus. Die Standard-Lehrbuchaussage

---

[1]Siehe Abkürzungsverzeichnis im Anhang.

„in einem Großteil der Fälle ist Autismus komorbid[2] mit geistiger Behinderung" ist falsch. Autismus ist eine komplexe Mehrfachbehinderung, die unterschiedlich zu einer geistigen Behinderung zu sehen ist.

Als Gregor sechs Jahre alt war, sind wir in der damals frisch eröffneten Jugendpsychiatrischen Klinik Ulm vorstellig geworden. Der Facharzt dort meinte, Gregor sei ein sehr interessanter Fall. Er wolle ihn sechs Wochen in seiner Klinik behalten, natürlich ohne Eltern. Dabei müssen die Eltern bei jeder Therapie mit eingebunden werden, damit sie diese zu Hause weiterführen können. Ich wollte dem Fachmann auf den Zahn fühlen und fragte ihn, was er von den Lovaas-Methoden hält. Es war mir ziemlich egal, ob er nun dafür oder dagegen ist, aber er kannte sie nicht einmal. Ich habe daraufhin das Angebot des Arztes dankend abgelehnt. Als Lernobjekt für Autismus-Anfänger wollte ich meinen Sohn nicht sehen.

ABA/VB ist der wissenschaftlich am besten erforschte und häufig auch effektivste Ansatz zur Förderung von Menschen mit Autismus. Trotzdem ist ABA/VB in Deutschland derzeit kein Bestandteil in der Ausbildung von Ärzten, Sonderpädagogen, Therapeuten und anderen Experten. Ein Umstand, der aus Sicht von betroffenen Eltern völlig inakzeptabel ist und sich ändern muss. Denn die üblichen Methoden der (Sonder-)Pädagogik funktionieren bei Autisten nicht oder nur sehr eingeschränkt. Kinder mit Autismus lernen anders als neurotypische Kinder. Wir müssen lernen, wie sie lernen, damit wir sie unterrichten können. Erst durch ABA/VB erkennen viele Eltern die Lernfähigkeit ihres Kindes. Nach britischen Forschungen kostet ein Mensch mit Autismus die Gesellschaft von der Wiege bis zur Bahre umgerechnet im Mittel mehrere Millionen Euro. Allein deswegen wäre es für die Kostenträger mit Blick auf die überaus klammen öffentlichen Kassen mehr als angebracht, über wirksame Fördermaßnahmen und Therapien für Menschen mit Autismus intensiv nachzudenken.

Dieses Buch möchte über ABA/VB informieren und das Wissen dorthin bringen, wo es am meisten gebraucht wird: zu den betroffenen Eltern. Es soll eine gesunde Basis schaffen, damit Eltern ABA/VB-Fachliteratur und -Kurse schneller und besser verstehen können. Es soll Eltern in die Lage versetzen, selbst fundierte Entscheidungen zu treffen. Es soll (Sonder-)Pädagogen, Therapeuten und andere Fachleute motivieren, ABA/VB in ihrer täglichen Arbeit einzusetzen. Es soll Mut machen, das eigene Kind trotz seiner schweren Behinderung möglichst optimal zu fördern. Neben den Grundlagen zeigt es auch einen Weg zur praktischen Umsetzung einer ABA/VB-Therapie zu Hause. Es folgen Kombinationsmöglichkeiten mit anderen Ansätzen. Den Abschluss bilden Erfahrungsberichte.

Es ist nicht nötig, dieses Buch von vorne bis hinten in der gegebenen Kapitelreihenfolge zu lesen. Der an einem sanften Einstieg interessierte Leser kann auch zuerst die Erfahrungsberichte am Schluss des Buches lesen, um sich anschließend motiviert durch die Grundlagen und die restlichen Kapitel zu arbeiten. Die mit

---

[2]Komorbid bedeutet „gleichzeitig unter anderen Erkrankungen leidend".

einem Stern (∗) gekennzeichneten Kapitel sind für den fortgeschrittenen Leser gedacht und können beim ersten Durchlesen auch übersprungen werden.

An dieser Stelle möchte ich allen Personen herzlich danken, die bei der Entstehung dieses Buches mitgeholfen haben:

Korrekturen: Raimund Danne, Silke Johnson, Reinhard Danne, Jutta Eckstein, Jörg Danne und Ursula Wacker.

Textbeiträge: Audrey Johnson, Karin Heide-Schäfer, Katrin Brunk, Anna Blaszczyk, Silke Johnson, Sonja Ebert und Roswitha Lukas-Heger.

Fotobeiträge: Karin Heide-Schäfer, Ute Kern-Waidelich und Katrin Brunk.

Ulm im Juli 2009

Hermann Danne

Vorwort zur zweiten Auflage

Die erste Auflage verkaufte sich erfreulich gut; der Bedarf an Informationen über ABA/VB ist groß – gerade auch in Deutschland. Der vorliegende Titel war jahrelang vergriffen. Andere Buchprojekte nahmen meine Freizeit in Anspruch (siehe [39], [40], [41] und [42]). Und ich musste als hochgradig betroffener Trennungsvater die Ungeheuerlichkeiten des deutschen Familienunrechts überleben, die jedem Rechtsempfinden diametral entgegengesetzt sind (siehe [43]).

Die von vielen betroffenen Eltern ersehnte zweite Auflage ermöglichte einige Korrekturen, etliche Erweiterungen und viele Verbesserungen. Die bisherige alte deutsche Rechtschreibung musste der neuen weichen. Die oft sehr konstruktiven Rückmeldungen meiner Leserinnen[3] sind mit eingeflossen. Der Elternverein ABA Parents Schweiz organisierte in Zürich mit Dr. Carbone mehrfach hochkarätige ABA/VB-Fortbildungen, die mit typisch Schweizer Understatement als „Einführungsworkshop" bezeichnet wurden. Ich besuchte eine dieser Veranstaltungen, die u. a. zu einem zusätzlichen Kapitel im Abschnitt über Verbal Behaviour führte.

Die zweite Auflage enthält auch neue Beiträge von Mareike Overhof, Ingrid Klimpel und Ute Bristow. Mareike beschreibt ihren beruflichen Werdegang zum ABA-Consultant, während Ingrid als betroffene Mutter über neurologische Reorganisation und ihren Sohn Tobias berichtet. Ute schreibt ihre ganz persönliche und sehr spannende Geschichte, die sehr viel mit Autismus zu tun hat. Ich möchte allen für ihre Beiträge herzlich danken.

---

[3]Es sind wirklich überwiegend Frauen, die mein Buch kaufen. Die Männerquote liegt bisher nur bei kläglichen 20 %.

Während unserer Therapieaufenthalte in Wetzlar hatte ich mehrfach Gelegenheit zu längeren und sehr interessanten Gesprächen mit Dr. med. Salaheddin Faraji. Nachdem bei seinem Sohn Autismus festgestellt wurde, kündigte dieser Arzt seine sichere Anstellung im Krankenhaus und spezialisierte sich auf die Behandlung von Menschen mit Autismus. Als selbst betroffener Vater und damit hoch motivierter[4] Mediziner half er in seiner Privatpraxis schon vielen Menschen mit Autismus. Bereits die erste Auflage dieses Buches enthält einiges aus seinem reichen Erfahrungsschatz.

Silke Johnson vom Melody Learning Center hatte von Anfang an mehrmals sehr zuverlässig Korrektur gelesen, dabei hoffentlich alle fachlichen Fehler gefunden und viele Anregungen für Verbesserungen gegeben. Silke hat mehr als genug Wissen und Erfahrungen, um selbst ein gutes Buch über ABA/VB zu schreiben.

Einige betroffene Eltern, die mit ABA/VB arbeiten, rauften sich zusammen und gründeten den Verein ABA-Eltern e. V. (siehe [57]), um ABA/VB in Deutschland weiter zu verbreiten. Wir veranstalten jedes Jahr unsere Tagung in Kassel mit hochkarätigen Vorträgen. Kommen Sie uns besuchen, der Erfahrungsaustausch mit anderen Eltern ist wertvoll.

Autismus ist nicht nur ein medizinisches Problem, sondern mehr noch ein pädagogisches. Und wenn Sie als Eltern Ihr autistisches Kind nicht angemessen fördern, dann tut es niemand.

Breitingen im Mai 2016

Hermann Danne

Anmerkung: Neudeutscher Gendersprech als politisch korrekte Sprachregelung des Genderismus entspricht keiner amtlichen Rechtschreibung und kommt hier nicht zur Anwendung. Sofern das Geschlecht nicht klar ist oder keine Relevanz hat, wird das generische Maskulinum bzw. Femininum verwendet. Wenn sich nichts anderes aus dem Zusammenhang ergibt, sind damit beide Geschlechter gemeint (siehe auch [70]).

---

[4]Motivationsfaktoren werden im Kapitel 2.2.8 beschrieben.

Inhaltsverzeichnis

1 Einleitung

1.1 Anzeichen für Autismus

Autismus ist eine tiefgreifende Entwicklungsstörung, die hauptsächlich Sprache und Sozialverhalten betrifft. Autismus ist multikausal. Einige Ursachen sind bereits bekannt; vieles ist noch nicht erforscht. Oft hat Autismus eine starke genetische Komponente. Aber auch Umweltfaktoren spielen eine Rolle. Die autistischen Erscheinungsformen sind stark unterschiedlich. Kein Autist gleicht dem anderen, jeder ist anders betroffen. Deswegen spricht man bei Autismus auch nicht von Krankheit, sondern vom „autistischen Syndrom" oder von einer „Autismus-Spektrum-Störung (ASS)". Für das autistische Spektrum gibt es folgende grobe Unterteilung: frühkindlicher (Kanner-)Autismus, High-Functioning Autismus, atypischer Autismus und Asperger-Autismus (siehe auch [66]). Meiner Meinung nach sind Aufmerksamkeitsdefizitstörung (ADS) und Aufmerksamkeitsdefizit-/Hyperaktivitätssyndrom (ADHS) auch Bestandteil des (oberen) autistischen Spektrums. Der Fokus dieses Buches ist der frühkindliche Autismus.

Erste Anzeichen von Autismus treten oft schon im Alter von einem Jahr auf, werden aber meist erst viel später erkannt. Dabei können eine frühe Diagnose und ein früher Beginn von intensiven Therapien entscheidend für das betroffene Kind sein. Wichtige Anzeichen oder Verdachtsmomente sind:

- Ein oft großer Kopfumfang bei der Geburt.

- Störung der Sprachentwicklung: Entweder setzt die Sprachentwicklung nicht ein oder sie verläuft anfangs normal und kommt später zum Stillstand oder ist sogar rückläufig.

- Beeinträchtigung des Sozialverhaltens: Das Kind spielt meist objektfremd mit Gegenständen und nicht mit anderen Kindern. Blickkontakt oder Mimik fehlen häufig. Körperkontakt und die Nähe zu anderen Personen werden oft abgelehnt. Rollen- oder Fantasiespiele fehlen ebenso wie Beziehungen zu Gleichaltrigen.

- Selbststimulation, stereotypisch repetitive motorische Verhaltensformen und beschränkte Interessen: Beispiele sind hier das Flattern der Hände (hand flapping), das Schnalzen von Fingern und das Drehen von Rädern an Spielzeugautos.

- Gestörte Sinneswahrnehmung: Die einzelnen Sinne sind entweder zu stark (hyper) oder zu schwach (hypo) ausgeprägt. Die Reizverarbeitung ist gestört. Die Schmerzwahrnehmung ist oft beeinträchtigt (siehe auch [29]).

- Angst vor Veränderungen und deren Ablehnung (bis zur Panik): Starres Festhalten an Gewohnheiten und Ritualen bringt vielen Kindern mit Autismus Sicherheit.

- Hyper- oder Hypoaktivität.

- Eine häufig geringe Frustrationstoleranz.

- Defizite in der Aufmerksamkeit.

- Beeinträchtigungen der Grob- oder Feinmotorik als auch Zehenspitzengang (nur bei einigen Autisten).

- Epileptische Anfälle (nur bei einigen Autisten).

Wenn Sie Verdachtsmomente bei Ihrem Kind haben, dann setzen Sie sich mit einer Einrichtung in Verbindung, die Autismusdiagnosen erstellen kann. Das sind zum Beispiel die Sozialpädiatrischen Zentren (SPZ). Die Diagnosestellung erfolgt nach DSM-5 und ICD-10. Warten Sie nicht, bis die Diagnose feststeht. Starten Sie gleich mit wirksamen Therapieformen (siehe Kapitel 6.1), um keine wertvolle Zeit zu verlieren.

1.2 Therapieansätze

Es gibt mehrere Dutzend Therapien für Menschen mit Autismus. Welche Methode betroffene Eltern als Erstes ausprobieren, ist meist dem Zufall überlassen. Ein einheitlicher Therapieansatz hat sich noch nicht durchsetzen können. Obwohl jedes Kind anders betroffen ist und auch individuell unterschiedlich auf eine Therapie reagiert, kristallisieren sich doch drei Hauptsäulen in der Behandlung von Autisten heraus:

- Verhaltenstherapeutische Ansätze (ABA/VB)

- Biomedizin

- Sensorische Integration

Wie viel ein Kind von jeder Säule braucht, ist wieder individuell sehr verschieden. In der Mehrzahl der Fälle sind alle drei Säulen nötig. ABA/VB hat dabei eine besondere Bedeutung: Es ist die einzige Hauptsäule, bei der es ums Lernen geht.

Und es ist die mit Abstand am besten erforschte Methode in der Therapie von Menschen mit Autismus. Eine hohe Wirksamkeit ist wissenschaftlich nachgewiesen. ABA/VB kann allerdings versagen – wie jede andere Therapieform auch. Dies passiert zum Glück nur in wenigen Fällen.

Es ist entscheidend, mit wirksamen Therapien möglichst früh zu beginnen. Dann ist das kindliche Gehirn noch sehr plastisch und kann sein maximales Potenzial entfalten. ABA/VB funktioniert aber auch bei älteren Kindern oder Erwachsenen, ist hier aber im Normalfall nicht mehr so erfolgreich. ABA/VB ist weder auf Menschen mit Autismus noch auf Menschen überhaupt beschränkt. Es umfasst universelle Prinzipien, die auch bei neurotypischen Menschen und bei Tieren funktionieren.

Verhaltensanalytiker betrachten den Organismus als „Blackbox", d. h. sie schauen nicht in das Gehirn hinein, sondern erforschen die Zusammenhänge zwischen Stimuli, gezeigtem Verhalten und den folgenden Konsequenzen. Das Gehirn ist plastisch, es ist ein sich selbst veränderndes System. Konditionierung verändert das Gehirn: Neue Synapsen werden gebildet, vorhandene werde abgebaut. Damit sind Verhaltensänderungen (d. h. lernen) möglich.

Die deutsche Agentur für Health Technology Assessment (HTA) des Deutschen Instituts für Medizinische Dokumentation und Information (DIMDI) brachte im Jahr 2009 im Auftrag des Bundesgesundheitsministeriums die Metastudie „Verhaltens- und fertigkeitenbasierte Frühinterventionen bei Kindern mit Autismus" heraus (siehe [50]). Metastudien kombinieren vorhandene primäre Studien zu einer Zusammenschau. Der DIMDI-Bericht zeigt, dass ABA als die am besten empirisch abgesicherte Frühintervention für Autismus angesehen werden kann.

1.3 Auswahlkriterien

Besonders am Anfang haben Eltern oft Schwierigkeiten, sich im Dschungel der vorhandenen Therapieansätze zu orientieren. Erschwerend kommt hinzu: Was bei einem Kind hilft, muss nicht unbedingt auch bei einem anderen Kind helfen. Dazu sind die autistischen Erscheinungsformen zu unterschiedlich. Trotzdem gibt es sinnvolle Auswahlkriterien, mit denen sich jede infrage kommende Therapieform kritisch beleuchten lässt:

1. Welche Nebenwirkungen oder Nachteile sind zu befürchten?

2. Welche Forschungsergebnisse sind verfügbar?

3. Welche Therapieerfolge sind zu erwarten?

4. Was kostet die Therapie an Zeit, Geld und Kraft?

5. Wer hat die betreffende Therapie empfohlen?

6. Welche Erfahrungen haben andere Eltern damit gemacht?

Psychopharmaka fallen gleich beim ersten Kriterium durch. Verhaltenstherapeutische Ansätze nach ABA/VB haben dagegen bei richtiger Anwendung keine Nebenwirkungen. Aufgrund der vorhandenen Forschungsergebnisse sind gute bis teilweise enorme Therapieerfolge zu erwarten. Die Kosten von ABA/VB sind hoch – aber wegen der zu erwartenden Therapieerfolge mehr als gerechtfertigt. Dieses Buch zeigt Ihnen, wie ABA/VB auch mit durchschnittlichem Einkommen machbar ist (siehe Kapitel 6). Mein Sohn Gregor hat von ABA/VB im Vergleich zu anderen Therapieformen mit Abstand am meisten profitiert. Deswegen habe ich auch dieses Buch geschrieben. Ich empfehle Ihnen daher, ABA/VB zumindest ernsthaft in Erwägung zu ziehen. Die Erfahrungen anderer Eltern sind gut bis sehr gut (siehe [57], [58], [59]).

1.4 Begriffserklärung

Der meist englische Fachjargon kann für den Anfänger eine beträchtliche Hürde sein, sich in ein neues Thema einzuarbeiten. Andererseits werden vom erfahrenen Leser genau diese Fachbegriffe erwartet, ein Eindeutschen kann ihm das Verständnis des Textes erschweren. Um Lesern aus beiden Lagern gerecht zu werden, werden die englischen Fachbegriffe bei ihrem ersten Auftreten erklärt und im folgenden Text häufig zusammen mit ihrer deutschen Übersetzung verwendet.

Applied Behaviour Analysis (ABA) bedeutet übersetzt etwa „Angewandte Verhaltensanalyse". ABA ist ein verhaltenstherapeutischer Ansatz ($\Rightarrow$ Behaviour: Verhalten). Dabei werden Ergebnisse aus der Verhaltensforschung in der Therapie angewendet ($\Rightarrow$ applied: angewandt). Erfasste Daten dokumentieren den Therapieverlauf und messen die Effektivität des Unterrichts. Therapeuten suchen auch nach den Ursachen von Problemverhalten, um geeignete Gegenmaßnahmen auswählen zu können ($\Rightarrow$ Analysis: Analyse). Der Analyse-Anteil macht ABA zu einer exakten Wissenschaft.

Verbal Behaviour (VB) bedeutet übersetzt etwa „Verbales Verhalten". VB geht von der *Funktion* der Sprache aus und betrachtet Sprache als erlerntes Verhalten. VB erweitert ABA, indem es dessen Prinzipien auf expressive Sprache anwendet. Ein ABA-Programm ohne VB-Anteil ist aus heutiger Sicht deutlich suboptimal ($\Rightarrow$ klassische Programme nach Lovaas, siehe [3] und [4]).

2 Konditionierung

In den Grundlagen zu ABA/VB spielt der Begriff „Konditionierung" eine zentrale Rolle. Man versteht darunter in der Lernpsychologie das Erlernen von Reiz-Reaktions-Mustern (Stimulus-Response). Es werden zwei Arten der Konditionierung unterschieden:

- Klassische Konditionierung

- Operante Konditionierung

ABA/VB beruht auf der operanten Konditionierung. Zu deren Verständnis ist es aber leichter, zuerst die klassische Konditionierung zu behandeln.

2.1 Klassische Konditionierung

Der renommierte russische Wissenschaftler Dr. Iwan Petrowitsch Pawlow (*1849, †1936) untersuchte den Einfluss der Speicheldrüse auf die Verdauung. Dazu zapfte er die Speicheldrüsen von Hunden an. So konnte er feststellen, wann und wie viel sie speichelten. Für seine Arbeiten erhielt er 1904 den Nobelpreis in Physiologie und Medizin.

Pawlow hatte bei seinen Experimenten weder Konditionierung noch Lernpsychologie im Sinn, zumindest am Anfang nicht. Das änderte sich, als er feststellte, dass nicht nur der Fressvorgang oder der Anblick des Futters den Speichelfluss auslöst, sondern mit der Zeit auch alle Reize, die mit der Futtergabe in Verbindung gebracht wurden, wie zum Beispiel Trittschall, der sein Kommen ankündigte. Pawlow experimentierte mit verschiedenen Reizen (Stimuli): Läuten einer Glocke, Geräusche eines Metronoms und anderen Reizen. Entscheidend war nicht die Art des Reizes, sondern nur dessen Verbindung mit der Futtergabe.

Das Einsetzen des Speichelflusses beim Anblick von Futter ist ein angeborener Reflex. Das Tier bringt dieses Reiz-Reaktions-Muster aus seinem genetischen Erbe mit, es ist nicht erlernt. Zeitgleich mit der Futtergabe ertönt nun eine Glocke (anfangs ein neutraler Reiz). Mit der Zeit kann dieser bisher neutrale Reiz allein den Speichelfluss auslösen. Es handelt sich dann um einen konditionierten (erlernten) Reflex. Wenn jetzt aber öfter der Glockenton ertönt ohne Verbindung mit einer Futtergabe, dann ist dieses konditionierte Reiz-Reaktions-Muster auf Löschung (extinction) gesetzt, das heißt, es verschwindet mit der Zeit wieder.

Unkonditioniertes / angeborenes Reiz-Reaktions-Muster:

Hund sieht Futter $\Rightarrow$ Speichelfluss setzt ein

unkonditionierter Stimulus (S_{uc}) $\Rightarrow$ unkond. Reaktion (R_{uc})

Konditionierung:

Hund sieht Futter + hört Glockenton $\Rightarrow$ Speichelfluss setzt ein

unkond. + anfangs neutr. Stimulus $(S_{uc} + S_n)$ $\Rightarrow$ unkond. Reaktion (R_{uc})

(Glockenton wird zum kond. Stimulus: $S_n \Rightarrow S_c$)

Konditioniertes Reiz-Reaktions-Muster:

Hund hört Glockenton allein $\Rightarrow$ Speichelfluss setzt ein

konditionierter Stimulus (S_c) $\Rightarrow$ kond. Reaktion (R_c)

Löschung (Extinction):

Hund hört nur noch Glockenton

(ohne gelegentliche Verbindung mit Futter) $\Rightarrow$ Speichelfluss setzt aus

ehemals kond. Stimulus wird wieder neutral

$(S_c \Rightarrow S_n)$ $\Rightarrow$ keine Reaktion mehr

Tabelle 2.1: Phasen der klassischen Konditionierung

Die klassische Konditionierung hat durchaus therapeutische Bedeutung. Sie wird zum Beispiel zur Behandlung von Angsterkrankungen eingesetzt. Sie ist zwar nicht Grundlage für ABA/VB, aber trotzdem für das Verständnis wichtig. Und als engagierter Hobbypsychologe können Sie eine Glocke mitnehmen und Pawlows Ergebnisse bei den nächsten Fütterungen Ihres Hundes im eigenen Experiment bestätigen.

Gute Informationen und sogar Originalfilme über Pawlow und seine Hunde gibt es im Internet unter [66], [68] und [69] (Stichworte Deutsch: Pawlow, klassische Konditionierung; Stichworte Englisch: Pavlov, classical conditioning, respondent conditioning).

2.2 Operante Konditionierung

Skinner was right.
(Skinner hatte Recht.)

Dr. Vincent Carbone

Die Erforschung der operanten Konditionierung begann mit Tierversuchen von Dr. Edward Lee Thorndike (*1874, †1949), die er im Rahmen seiner Doktorarbeit (1898) machte. Thorndike sperrte Katzen in Käfige ein und legte Futter vor die Käfige. Die Katzen mussten den Mechanismus zum Öffnen der Käfigtür lernen, um sowohl ihre Freiheit als auch Futter zu erlangen. Dr. Burrhus Frederic Skinner (*1904, †1990) setzte die Arbeiten von Thorndike und anderen Forschern fort und wurde zum entscheidenden Vertreter des Behaviourismus in den USA (siehe [66]). Er prägte auch die Bezeichnung „operante Konditionierung".

Der Begriff „operant" leitet sich vom lateinischen „operans" ab. Das ist das Partizip Präsens von „operari" (arbeiten). Das Wort „operans" bedeutet also so viel wie „arbeitend". Die operante Konditionierung arbeitet mit und in ihrer Umgebung. Die Kernaussage ist: Die Konsequenzen, die einem gezeigten Verhalten folgen, bestimmen wesentlich dessen zukünftige Häufigkeit. Ein „Operant" bezeichnet eine Klasse von Verhalten, das einen Einfluss auf seine Umgebung zur Folge hat (zur Definition von Operant siehe auch [67]). Dadurch werden verstärkende oder unterbindende Effekte erzielt. Es gibt verbale und nonverbale Operanten. Kapitel 4 beschreibt Arten elementarer *verbaler* Operanten.

Die **klassische** Konditionierung variiert vorhandene, meist angeborene Reiz-Reaktions-Muster.

Die **operante** Konditionierung beeinflusst neue (d. h. nicht angeborene), ehemals spontane Reiz-Reaktions-Muster durch Belohnung / Bestrafung nachhaltig in ihrer Häufigkeit.

Tabelle 2.2: Unterscheidung klassische / operante Konditionierung

Gute Informationen und Originalfilme über Skinner und seine Tauben gibt es im Internet unter [66], [68] und [69] (Stichworte Deutsch: Skinner, operante Konditionierung; Stichworte Englisch: Skinner, operant conditioning).

2.2.1 Freier Operant (Free Operant)

Eine der ersten Studien über die Anwendung der operanten Konditionierung beim Menschen wurde von Fuller im Jahre 1949 durchgeführt (siehe [12], Seite 14). „Subjekt" war ein schwerst entwicklungsbehinderter achtzehnjähriger Mann, der nicht in der Lage war, sich selbst umzudrehen. Es hieß, er habe in seinem bisherigen

Leben auch nicht das Geringste lernen können. Jedes Mal, wenn der junge Mann seinen rechten Arm bewegte (Verhalten), bekam er eine geringe Menge warmer Milch-Zucker-Lösung in den Mund (Verstärker, reinforcer). Der rechte Arm wurde gewählt, da er ihn bereits gelegentlich bewegte. Nach vier Sitzungen bewegte der junge Mann seinen Arm in eine vertikale Position mit einer Rate von dreimal pro Minute. Es handelt sich hierbei um einen „freien Operanten" (free operant), d. h. es gibt keinen klaren vorhergehenden unterscheidenden Reiz (discriminative stimulus, S^D), der mit dem gezeigten Verhalten in Verbindung (Kontingenz) steht und die Verfügbarkeit der Konsequenz anzeigt. Die Begriffe S^D und Kontingenz werden im nächsten Kapitel eingeführt. Motivationsfaktoren wie z. B. Sättigung oder Hunger (siehe Kapitel 2.2.8) spielen aber auch beim freien Operanten eine Rolle.

Der Leser wird jetzt vielleicht meinen, so bemerkenswert sei dieses Experiment vielleicht doch nicht. Aber es dient zwei Zwecken:

- Es zeigt, der junge Mann ist trotz seiner schweren Behinderung lernfähig. Das führt zur Hoffnung, ihm vielleicht auch noch ganz andere Sachen beibringen zu können.

- Dieses Beispiel veranschaulicht den freien Operanten. Darauf aufbauend kann der folgende Abschnitt die Dreifach-Kontingenz beschreiben.

Übertragen auf ein Tierexperiment sieht ein Beispiel für einen freien Operanten so aus: Eine Ratte sitzt in ihrem Käfig. Sie drückt zufällig auf eine Taste und bekommt als Konsequenz etwas Futter. Allein aufgrund der erfahrenen Konsequenz lernt die Ratte die Taste zu drücken, sobald sie Hunger hat. Das Verhalten (Taste drücken) wird durch die Gabe von Futter (Verstärker, reinforcer) verstärkt und in seiner Häufigkeit erhöht.

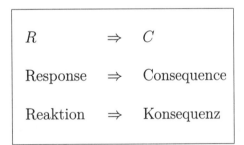

Tabelle 2.3: Der freie Operant

2.2.2 Dreifach-Kontingenz (Three-Term Contingency)

Der Begriff „Kontingenz" kommt vom lateinischen „contingere": berühren, angehen, betreffen. Kontingenz ist die allgemeine Bezeichnung für die Verbundenheit zweier Ereignisse. Bei der Dreifach-Kontingenz haben wir die Verbundenheit von *drei* Ereignissen (siehe Tabelle 2.4).

S^D	$\Rightarrow$	R	$\Rightarrow$	C
Discriminative Stimulus	$\Rightarrow$	Response	$\Rightarrow$	Consequence
Unterscheidender Reiz	$\Rightarrow$	Reaktion	$\Rightarrow$	Konsequenz

Tabelle 2.4: Die Dreifach-Kontingenz

Nur beim Auftreten des Stimulus S^D („Es-De") erfolgt nach der betreffenden Reaktion die Konsequenz. Beim Fehlen des S^D oder beim Auftreten anderer Stimuli erfolgt keine Konsequenz. Diese anderen Stimuli werden S^Δ („Es-Delta", Stimulus Delta) genannt. Ein Individuum muss also lernen, verschiedene Stimuli in unterschiedlichen Situationen auseinanderzuhalten.

Übertragen auf ein Tierexperiment sieht ein Beispiel für die Dreifach-Kontingenz so aus: Eine Ratte sitzt in ihrem Käfig. Ein grünes Licht geht an (S^D). Die Ratte drückt auf die Taste (R) und bekommt etwas Futter (C). Geht kein Licht an oder geht ein rotes Licht an (S^Δ), so gibt es kein Futter. Der S^D zeigt also die Verfügbarkeit der Konsequenz (C) an.[1]

Ein anderes Beispiel: Ihr Telefon klingelt (S^D). Sie gehen zum Telefon und nehmen den Hörer ab (R), weil Sie im Laufe Ihrer Kindheit so konditioniert wurden. Jetzt ist am anderen Ende hoffentlich eine nette Person dran, die mit Ihnen sprechen möchte (C). Wenn das Telefon nicht klingelt, werden Sie nur ans Telefon gehen, wenn Sie selbst jemanden anrufen wollen. Ansonsten wäre das doch etwas langweilig.

Im Rahmen einer Förderung nach ABA/VB ist die Anforderung des (Co-)Therapeuten an das Kind der betreffende S^D. Die richtige Reaktion (R) des Kindes wird belohnt (C), damit verstärkt und in ihrer Häufigkeit nachhaltig beeinflusst.

2.2.3 Klassifizierung von Konsequenzen

Es gibt zwei Grundarten von Konsequenzen:

- Verstärkung (reinforcement): Erhöht die Häufigkeit des unmittelbar vorhergehenden (in Kontingenz stehenden) Verhaltens (Response, Reaktion).

---

[1]Die klassische Konditionierung nach Pawlow (siehe Kapitel 2.1) hat übrigens eine vergleichbare Struktur: Glockenton (S^D) $\Rightarrow$ Speichelfluss (R) $\Rightarrow$ Futter (C). Auch hier zeigt der S^D die Verfügbarkeit der Konsequenz (Futter) an.

- Bestrafung (punishment): Erniedrigt die Häufigkeit des unmittelbar vorhergehenden (in Kontingenz stehenden) Verhaltens (Response, Reaktion).

Eine weitere Klassifizierung sind *positive* (+) oder *negative* (−) Konsequenzen. Positiv oder negativ hat hier absolut nichts mit gut oder schlecht zu tun! Als Merkregel erinnern Sie sich bitte an den Mathematikunterricht in der ersten Klasse Grundschule: nein, nicht Mengenlehre, sondern Addition und Subtraktion. Eine Konsequenz ist auch nur ein Stimulus (S), der sich – rein mathematisch gesehen – addieren oder subtrahieren lässt (siehe Tabelle 2.5). Mit dieser Merkregel lassen sich die Arten von Konsequenzen vollständig erklären (siehe Tabelle 2.6).

(+) $\Rightarrow$ Ein Reiz tritt auf, wird stärker, kommt öfter oder früher.

(−) $\Rightarrow$ Ein Reiz verschwindet, wird schwächer, kommt seltener oder später.

Tabelle 2.5: Positive und negative Konsequenzen

Positive Verstärkung ($C = S^{R+}$)**:** Als Konsequenz eines Verhaltens tritt ein *erwünschter* Reiz auf, wird stärker, kommt häufiger oder früher ($\Rightarrow$ Belohnung, positive reinforcement).

Negative Verstärkung ($C = S^{R-}$)**:** Als Konsequenz eines Verhaltens wird ein *aversiver* (d. h. unerwünschter) Reiz vermieden, wird schwächer, kommt seltener oder später ($\Rightarrow$ Vermeidung oder Flucht, negative reinforcement).

Positive Bestrafung ($C = S^{P+}$)**:** Als Konsequenz eines Verhaltens tritt ein *aversiver* (d. h. unerwünschter) Reiz auf, wird stärker, kommt häufiger oder früher ($\Rightarrow$ positive punishment).

Negative Bestrafung ($C = S^{P-}$)**:** Als Konsequenz eines Verhaltens verschwindet ein *erwünschter* Reiz, wird schwächer, kommt seltener oder später ($\Rightarrow$ Wegnahme von Verstärkern, negative punishment).

Tabelle 2.6: Klassifizierung von Konsequenzen

Verstärkung, Bestrafung und auch Löschung (siehe Abschnitt 2.3) sind allein über das Ergebnis definiert. Eine Verstärkung, die nicht funktioniert, ist keine. Gleiches gilt für Bestrafung und Löschung.

2.2.4 Beispiele: Arten von Konsequenzen

Hier sind einige Beispiele zur Vertiefung. Geben Sie an, um welche Art von Konsequenz es sich jeweils handelt. Bitte probieren Sie es erst einmal selbst, bevor Sie sich die Lösungen anschauen.

1. Sie schaffen es, Ihre Steuererklärung immer weiter hinauszuzögern.

2. Ein Kind hat Fahrradfahren gelernt. Es hat aber keine Lust, das Bremsen auch noch zu lernen, da es die Geschwindigkeit liebt. An einer abschüssigen Stelle tritt das Kind kräftig in die Pedale, verliert wegen der hohen Geschwindigkeit die Kontrolle über sein Fahrzeug und stürzt schmerzhaft. Am nächsten Tag kommt das Kind mit seinem Papa wieder an die gleiche Stelle. Es steigt ab und schiebt sein Fahrrad vorsichtig hinunter.

3. Es fängt zu regnen an. Sie wollen nicht nass werden und spannen Ihren Regenschirm auf.

4. Sie bekommen ein Knöllchen wegen Falschparken.

5. Sie haben den Garten umgegraben. Ihr Ehepartner weiß das sehr zu schätzen und massiert Ihnen daher anschließend den verspannten Rücken.

6. Ihr Kind mag sein Bilderlexikon sehr und liest darin. Ihr Kind zeigt unangemessenes Verhalten. Sie nehmen Ihrem Kind das Bilderlexikon weg.

7. Ein Kleinkind fasst an die heiße Herdplatte, verbrennt sich die Finger und schreit lauthals vor Schmerzen.

8. Mit welchen Konsequenzen arbeitete Thorndike bei seinen Experimenten mit Katzen?

9. Ihr Chef kommt zu Ihnen ins Büro und lobt Sie reichlich unerwartet ziemlich über den Klee. Dabei waren Ihre Ergebnisse eher mittelprächtig.

Lösungen:

1. Die Steuergesetze in Deutschland sind so überaus komplex, dass selbst Fachleute sie nicht mehr vollständig durchdringen. Das Erstellen der Steuererklärung ist für den Steuerpflichtigen zwar staatlich verordnet, aber eine höchst lästige Pflicht, für die noch die wertvolle Freizeit draufgeht. Das Hinauszögern der Steuererklärung verschiebt auch die unangenehme (aversive) Situation auf später ($\Rightarrow$ Subtraktion eines aversiven Reizes). Es handelt sich um negative Verstärkung (negative reinforcement).

2. Der Sturz mit dem Fahrrad verursacht Schmerzen und ein Schockgefühl. Es kommt also ein aversiver Reiz von außen hinzu (⇒ Addition). Das damit in Zusammenhang (Kontingenz) stehende Verhalten (Fahrradfahren mit zu hoher Geschwindigkeit) wird in seiner Häufigkeit drastisch reduziert. Es handelt sich um positive Bestrafung (positive punishment).

3. Wegen Regen nass zu werden, ist für Sie eine aversive Situation, der Sie durch Aufspannen des Regenschirmes entkommen (⇒ Subtraktion eines aversiven Reizes). Sie bleiben dadurch trocken. Es handelt sich um negative Verstärkung (negative reinforcement).

4. Das Knöllchen ist im verhaltenstherapeutischen Sinne nur dann eine Bestrafung, wenn das damit in Kontingenz stehende Verhalten (falsches Parken) reduziert wird. Einerseits ist die mit dem Knöllchen verbundene Zahlungsaufforderung ein eingetretener aversiver Reiz (⇒ Addition). Das ist positive Bestrafung (positive punishment). Andererseits geht Ihnen Geld verloren (⇒ Subtraktion). Geld ist für neurotypische Erwachsene ein generalisierter Verstärker. Das wäre negative Bestrafung (negative punishment).

5. Die Massage nach dem Umgraben des Gartens ist als positive Verstärkung (positive reinforcement) zu bewerten, da ein erwünschter Reiz von außen hinzukommt (⇒ Addition). Das Vermindern der Rückenverspannungen ist dagegen negative Verstärkung (negative reinforcement), da eine aversive Situation verringert wird (⇒ Subtraktion eines aversiven Reizes). Ihr Ehepartner ist mit hoher Wahrscheinlichkeit ein generalisierter Verstärker für Sie.

6. Das Bilderlexikon ist ein Verstärker für Ihr Kind, also etwas, das Ihr Kind gern hat. Die Wegnahme des Lexikons entspricht der Subtraktion eines angenehmen Reizes und ist somit negative Bestrafung (negative punishment).

7. Das klassische Beispiel mit der Herdplatte ist positive Bestrafung (positive punishment), da ein hoch aversiver Reiz (Schmerz) von außen hinzukommt (⇒ Addition). Ein Kleinkind berührt normalerweise nur ein einziges Mal eine heiße Herdplatte. Damit hat es diese Lektion gelernt für den Rest seines hoffentlich langen Lebens.

8. Die Flucht aus dem Käfig ist für freiheitsliebende Katzen ein Entkommen aus einer aversiven Situation. Das entspricht der Subtraktion eines aversiven Reizes und ist somit negative Verstärkung (negative reinforcement). Das Futter vor dem Käfig ist für eine hungrige Katze positive Verstärkung (positive reinforcement), da ein erwünschter Reiz hinzukommt (⇒ Addition). Thorndike verwendete in seinen Experimenten also beide Arten von Verstärkung.

9. Sie sollten in Deckung gehen. Gleich gibt es richtig viel Arbeit für Sie. Ihr Chef will nur, dass Sie sich mit Freude und Eifer für ihn den Buckel krumm arbeiten. Sein Lob ist positive Verstärkung (positive reinforcement).

Modernes ABA/VB basiert zum großen Teil auf positiver Verstärkung (positive reinforcement, S^{R+}). Weiterhin kommen Löschung (extinction) und negative Bestrafung (negative punishment, S^{P-}) durch Entzug von Verstärkern zum Einsatz, um unerwünschtes Verhalten abzubauen. Vermieden werden positive Bestrafung (positive punishment, S^{P+}) und negative Verstärkung (negative reinforcement, S^{R-}). Beide Arten von Konsequenzen beinhalten aversive Situationen und kommen nur in extremen Fällen zum Einsatz, zum Beispiel bei selbstverletzendem Verhalten. Bei derartigen Problemen müssen aber die Profis ran. Trotzdem sollen Eltern darüber Bescheid wissen, denn diese Konsequenzen passieren auch auf natürliche Weise, wie die vorhergehenden Beispiele mit dem Fahrradsturz und der heißen Herdplatte zeigen.

Der schwäbische Spruch (hier in hochdeutscher[2] Übersetzung) „Nicht geschimpft ist gelobt genug" ist aus verhaltensanalytischer Sicht verkehrt. Besser ist diese Variante: „Nicht gelobt ist geschimpft genug." Machen Sie sich bewusst: Misserfolg generiert Misserfolg (Abwärtsspirale). Erfolg generiert Erfolg (Aufwärtsspirale). Ihr Kind muss in die Aufwärtsspirale.

2.2.5 Klassifizierung von Verstärkern (Reinforcer)

Da ein ABA/VB-Programm zum Großteil auf positiver Verstärkung (positive reinforcement) basiert, braucht man ein ausreichendes Reservoir an Verstärkern. Es gibt zwei grundlegende Klassen von Verstärkern:

- unkonditionierte (primäre, ungelernte) Verstärker

- konditionierte (sekundäre, gelernte) Verstärker

Die unkonditionierten Verstärker bilden die bekannte Bedürfnispyramide, die das Überleben eines Individuums bzw. einer Spezies ermöglicht. Beispiele sind:

- Sauerstoff

- Trinken

- Essen

- Wärme

- sexuelle Stimulation (bei Erwachsenen)

---

[2]Schwaben können bekanntlich alles, nur kein Hochdeutsch.

Diese Bedürfnisse bauen aufeinander auf. Sexuelle Stimulation wird zum Beispiel nicht funktionieren, wenn die betroffene Person oder das betroffene Tier unter Hunger leidet. Für Kinder sind anfangs meist Nahrungsmittel in Form von Süßigkeiten oder Knabbereien die wichtigsten Verstärker.[3] Da ein Zuviel an Zucker in vielerlei Hinsicht Nebenwirkungen haben kann (Zähne, Verdauung, Übergewicht, Verhalten), müssen rasch andere Verstärker aufgebaut werden.

Neue konditionierte (sekundäre, gelernte) Verstärker entstehen unter anderem durch wiederholtes Zusammenbringen eines vormals neutralen Stimulus mit einem primären Verstärker. Dieser neutrale Stimulus wird dann mit der Zeit selbst zum konditionierten Verstärker. Die Oma, die immer Schokolade für ihre Enkel mitbringt, wird mit der Zeit selbst zur Schokolade. Oder genauer noch: Sie wird zum generalisierten bzw. universellen Verstärker, der wertvoller ist als die Schokolade, die sie mitbringt. Beispiele für konditionierte Verstärker sind:

- Lob, Anerkennung

- Aufmerksamkeit (⇒ manche Kinder tun alles für Aufmerksamkeit)

- Lieblingsspielsachen

- Lieblingsaktivitäten

- Lieblingspersonen

- Geld (⇒ universeller Verstärker)

Sekundäre Verstärker sind eine sehr individuelle Angelegenheit. Was für das eine Kind ein Verstärker ist, kann für das andere Kind eine Bestrafung sein. Es lohnt sich, die bereits vorhandenen Interessen des Kindes unter die Lupe zu nehmen. Vorlieben z. B. für Musik, Videos, Bilderbücher, Wasser etc. sind gute Vorlagen für Verstärker. Auch selbstverstärkendes Verhalten, wie z. B. Selbststimulation oder Klackern von Lichtschaltern[4], lässt sich als Verstärker nutzen. Allerdings empfiehlt Dr. Carbone (ein führender Forscher moderner ABA/VB-Formen) Folgendes: Starke Zwänge und Selbststimulation können als Verstärker eingesetzt werden, wenn es keine vergleichbaren anderen Verstärker gibt. Dies darf aber nur unter sehr hoher Stimuluskontrolle geschehen. Sie müssen also sehr gut von uns kontrolliert werden können, d. h. kein freier Zugang zu diesen Verstärkern außerhalb von Unterrichtssituationen. Außerdem müssen *angemessene* Verstärker sehr schnell durch Pairing mit anderen Dingen und Aktivitäten aufgebaut werden.

Bitte beachten Sie: Verstärkung darf nicht in Bestechung entarten. Also kein: „Wenn du das machst, dann kriegst du das." Erinnern Sie das Kind auch nicht

---

[3]Trotzdem ist ABA/VB **keine** „Gummibärchentherapie" (siehe Kapitel 8.6).

[4]Was kann denn schöner sein als das Klackern einer Türklinke? Das Klackern von zwei Türklinken (nach Axel Brauns, Buntschatten und Fledermäuse, siehe [21]).

an den Verstärker. Bestechung hilft vielleicht kurzfristig. Aber langfristig ist sie sehr kontraproduktiv. Und Sie haben sicher bald ein Gefeilsche wie auf einem orientalischen Basar.

2.2.6 Zeitplan für Verstärkung (Schedule of Reinforcement)

Nach welchem Zeitplan soll verstärkt werden? Dazu gibt es schöne Ergebnisse aus der Forschung (siehe [12], Kapitel 13). Hier sind die Zeitpläne aufgeführt, die sich als optimal herausgestellt haben:

Beim Erlernen eines neuen Verhaltens sollte jede richtige Reaktion verstärkt werden. Dies nennt man „schedule of continuous reinforcement (CRF)", übersetzt etwa: kontinuierlicher Zeitplan für Verstärkung. Die Verstärkung wird anschließend reduziert. Ist das Verhalten erlernt und gut generalisiert, soll nur noch gelegentlich und unregelmäßig verstärkt werden. Die Fachbezeichnung dafür ist „variable ratio (VR) schedule of reinforcement", übersetzt etwa: Zeitplan für Verstärkung nach variablem Verhältnis. Der Gegensatz dazu ist „fixed ratio (FR) schedule of reinforcement", übersetzt etwa: Zeitplan für Verstärkung nach festem Verhältnis. Das betreffende Verhalten wird verstärkt nach einer festen Anzahl seines Auftretens.

VR ist besser als FR, da es zu keinem Gewöhnungseffekt kommt. Da die Verstärkung nur gelegentlich und unregelmäßig auftritt, muss das betreffende Verhalten die ganze Zeit über gezeigt werden, um einen Verstärker zu verdienen. Diese Strategie ist auch für Ihre Handwerker gut geeignet: Am Anfang bekommt ein guter Handwerker bei jedem Besuch Trinkgeld, einen Kaffee, Aufmerksamkeit und Anerkennung. Anschließend dünnen Sie diese Verstärkung mit der Zeit aus. Ihr Handwerker bekommt dann nur noch gelegentlich und unregelmäßig Trinkgeld, einen Kaffee, Aufmerksamkeit und Anerkennung. Die Ziele dieser Zeitpläne für Verstärkung sind:

- Neues Verhalten soll schnell erlernt werden.

- Mit der Zeit wird die Verstärkung ausgedünnt.

- Bei erlerntem und generalisiertem Verhalten sollen mit der Zeit natürlich auftretende Verstärker ausreichen.

Erfolgreiche Personen kommen generell mit einem schlanken Zeitplan für Verstärkung aus. Sie funktionieren auch ohne viel Verstärkung.

2.2.7 Zeitverzug zwischen Reaktion und Verstärkung

Eine wichtige Frage ist bisher noch offengeblieben: Wie viel Zeit darf zwischen dem gezeigten Verhalten und seiner Verstärkung verstreichen, damit der Verstärker das betreffende Verhalten noch verstärkt? Die Ergebnisse der Verhaltensforschung sind sehr eindeutig: Es muss unmittelbar nach der richtig gezeigten Reaktion verstärkt werden, damit die Kontingenz zwischen beiden Ereignissen nicht verloren geht. Ein Zeitverzug von dreißig Sekunden kann schon zu viel sein. Meist ist diese zeitliche Nähe entscheidend für die Kontingenz. Nutzen Sie dieses Prinzip auch für Ihre Co-Therapeuten: Bargeld gegen Quittung direkt nach einer ABA/VB-Schicht ist besser als einmal im Monat eine Überweisung.

Soll mehr Zeit zwischen der gezeigten Reaktion und einer funktionierenden Verstärkung möglich sein, so muss auch das erlernt werden. Das ist die Grundlage von Tokensystemen. Hier muss das Kind eine gewisse Anzahl von Token (Punkte) verdienen, bevor es seinen Verstärker bekommt. Selbst die monatliche Gehaltsüberweisung für normalsterbliche Arbeitnehmer funktioniert aus verhaltensanalytischer Sicht auf ähnliche Weise.

2.2.8 Vierfach-Kontingenz (Four-Term Contingency)

Die Vierfach-Kontingenz ist die Erweiterung der Dreifach-Kontingenz mit den „Motivation Operations (MOs)", auf Deutsch etwa: Motivationsfaktoren. MOs sind Umgebungsvariablen, die die Effektivität des betreffenden Verstärkers beeinflussen. Sie sind z. B. sehr wichtig beim Mand-Training (siehe Kapitel 4.2.1). Es gibt zwei grundlegende Arten von MOs:

- Abolishing Operation (AO): Ein AO vermindert die Effektivität eines Verstärkers (Englisch: to abolish: abschaffen). Beispiel: Sättigung, d. h. vorhergehender Überfluss an Nahrungsmitteln, vermindert den Wert von Nahrung.

- Establishing Operation (EO): Ein EO erhöht die Effektivität eines Verstärkers (Englisch: to establish: etablieren). Beispiele: Hunger, d. h. vorhergehender Mangel an Nahrungsmitteln, erhöht den Wert von Nahrung. Schmerzen erhöhen den Wert schmerzlindernder Mittel.

Tabelle 2.7 zeigt die Vierfach-Kontingenz in schematischer Darstellung. S^D und MO sind beides Antezedenzien. Sie kommen also zeitlich *vor* dem betreffenden Verhalten, das sie beide beeinflussen. Der Begriff Antezedenzien (antecedents) leitet sich ab vom lateinischen „ante" (vor, vorher). Es ist wichtig, den Unterschied zwischen S^D und MO zu kennen:

- Ein S^D signalisiert die *Verfügbarkeit* der Konsequenz.

- Ein MO beeinflusst den *Wert* der Konsequenz.

Manche Autoren bezeichnen die Drei- bzw. Vierfach-Kontingenz auch als **ABC-Paradigma**: **A**ntecedents (Antezedenzien), **B**ehaviour (Verhalten), **C**onsequence (Konsequenz). Dieser Term hat den Vorteil, dass man den Begriff der Kontingenz nicht erklären muss.

$MO + S^D$	$\Rightarrow$	R	$\Rightarrow$	C
Motivation Operation + Discriminative Stimulus	$\Rightarrow$	Response	$\Rightarrow$	Consequence
Motivationsfaktoren + Unterscheidender Reiz	$\Rightarrow$	Reaktion	$\Rightarrow$	Konsequenz

Tabelle 2.7: Die Vierfach-Kontingenz

2.2.9 Klassifizierung von MOs (∗)

Bei den MOs gibt es wieder eine Einteilung in ungelernte (angeborene) und gelernte (konditionierte) MOs (siehe [12], Kapitel 16). Beispiele für unkonditionierte MOs (UMO) sind Mangelzustände (EO) oder Überflusszustände (AO) an primären Verstärkern (Essen, Trinken, Luft, Wärme, bei Erwachsenen sexuelle Stimulation). Ein Kind, das schon zwei Schachteln Kekse aufgegessen hat, kann man kaum noch mit einer dritten Schachtel beeindrucken. Dagegen gewinnen Nahrungsmittel bei Hungerzuständen an Wert. Die unkonditionierten MOs dienen dem Überleben eines Individuums und einer Spezies. Konditionierte MOs (CMO: Conditioned MO) sind dagegen erlernt. Es handelt sich um ehemals neutrale Stimuli, die durch Zusammenbringen mit einem anderen MO oder durch Erfahrung zu einem CMO werden. Die CMOs können weiter klassifiziert werden (siehe auch [48]):

- Surrogate CMO (CMO-S)
- Reflexive CMO (CMO-R)
- Transitive CMO (CMO-T)

Surrogate CMO (CMO-S)

Surrogat steht für Ersatz. Ein CMO-S erreicht das Gleiche wie der MO, mit dem er zusammengebracht wurde. CMO-S kommen selten zum Einsatz und werden hier nicht weiter dargestellt.

Reflexive CMO (CMO-R)

Ein CMO-R ist ein (warnender) Stimulus, dessen Anwendung die Motivation erzeugt, ebendiesen Stimulus zusammen mit der möglicherweise nachfolgenden aversiven Situation zu vermeiden. Ein CMO-R hat also Vermeidungs- oder Fluchtverhalten zur Folge. Ein Beispiel kann die Stimme der Lehrperson sein. Ein Kind reagiert schon mit Schreien und Davonrennen, allein wenn es die Stimme der Lehrperson im Flur hört. Da die Erfahrung des Kindes zeigt, dass diese Stimme wahrscheinlich das Folgen vieler schwieriger Aufgaben ankündigt, versucht es sich dieser Stimme und damit der nachfolgenden aversiven Situation zu entziehen. Anweisungen oder Anforderungen einer Unterrichtssituation können auch als CMO-R fungieren. So etwas ist aus therapeutischer Sicht natürlich unerwünscht und muss verhindert oder abgebaut werden. Es gibt eine sehr gute Studie über CMO-R (siehe [44]). Erst nach dieser Lektüre verstehen Sie den Begriff CMO-R wirklich, ebenso die feinen, aber wichtigen Unterschiede zu einem S^D und wie ein CMO-R den Wert der Konsequenz erhöht: stärkere negative Verstärkung durch Stoppen des CMO-R und dadurch sofortige Vermeidung einer sonst möglicherweise nachfolgenden aversiven Situation. Diese Studie beschreibt außerdem die geeigneten Gegenmittel: Methoden des guten Unterrichtens, wie sie in diesem Buch beschrieben werden. CMO-R lassen sich auch schön im Tierversuch bestätigen.

Transitive CMO (CMO-T)

Transitive CMOs sind MOs, die von einem Gegenstand bzw. einer Aktivität auf einen anderen Gegenstand oder eine andere Aktivität übertragen werden. Beispiel: Ein Kind soll lernen, nach einem Löffel zu verlangen. Dieses verbale Verhalten ist ein sogenannter Mand (siehe Kapitel 4.2.1). Der Therapeut stellt den Eisbecher hin, hält aber den Löffel zurück. Der Anblick des Eisbechers erhöht für das Kind die Motivation, den Löffel zu bekommen. Die Motivation für Eis wird auf die Erlangung des Löffels übertragen. Der Löffel wird in dieser Situation wertvoll.

Und nun noch ein CMO-T-Beispiel für Wasserratten: Viele Kinder lieben Wasserplanschen über alles. Ein Besuch im Schwimmbad steht hoch im Kurs. Diese Motivation lässt sich auf die vorbereitenden Handlungen übertragen: aufstehen, anziehen, frühstücken, Zähne putzen, zum Schwimmbad gehen, Eintritt bezahlen, umkleiden und duschen. Diese von der Motivation her ehemals neutralen Handlungen gewinnen an Wichtigkeit, da ja die ganze Zeit die große Möhre (⇒ Wasserplanschparadies) winkt. Es findet ein Transfer der Motivation statt. Dadurch ergeben sich schöne Lernsituationen. Denken Sie aber auch an das Verlassen des Schwimmbades. Das kann dann wieder sehr anstrengend werden, da die große Möhre fehlt.

2.3 Löschung (Extinction)

Ein bestimmtes Verhalten existiert aus verhaltensanalytischer Sicht nur, weil es durch eine – wie auch immer geartete – Verstärkung aufrechterhalten wird. Ein

Verhalten, das früher verstärkt wurde und jetzt nicht mehr verstärkt wird, ist auf Löschung (extinction) gesetzt. Hier kann es erst zum Löschungstrotz (extinction burst) kommen: Das betreffende Verhalten wird stärker oder tritt häufiger auf, bevor es abnimmt. Löschung ist sehr wichtig beim Abbau von Problemverhalten (siehe Kapitel 3.7).

2.4 Menschen sind keine Tauben

Um eine Brücke zu Tiefenpsychologen und anderen Freudianern zu bauen: Operante Konditionierungen und Kontingenzen können auch völlig unbewusst ablaufen. Skinner bezeichnet dies als „automaticity of reinforcement", auf Deutsch etwa: automatisches Ablaufen von Verstärkung.

Skinner gibt in seiner Autobiografie (siehe [12], Seite 266) auch gleich eine interessante Anekdote zum Besten. Schauplatz war eine Veranstaltung mit angesehenen Wissenschaftlern zum Thema Intention in politischen Aktivitäten. Dr. Erich Fromm (ein bekannter Psychoanalytiker, Philosoph und Sozialpsychologe) sagte in seinem Vortrag, Menschen seien keine Tauben. Was er damit ausdrücken wollte: Die operante Konditionierung sei vielleicht geeignet, das Verhalten von Tauben zu beschreiben. Aber ein Mensch sei nur seinen Gedanken und seinem freien Willen unterworfen. Skinner hatte nämlich sehr viel mit Tauben geforscht. Und er hatte es gewagt, die dabei gewonnenen Ergebnisse auf Menschen zu übertragen.

Fromms Seitenhieb konnte Skinner natürlich nicht auf sich sitzenlassen. Auf einem Schmierzettel schrieb er seinem Kollegen: „Schaue auf Fromms linke Hand. Ich werde daraus eine Schneide-Bewegung formen." Fromm gestikulierte bereits ziemlich intensiv. Skinner drehte seinen Stuhl seitlich, damit er Fromm aus den Augenwinkeln beobachten konnte. Jedes Mal, wenn Fromms Hand nach oben ging, sah er ihn direkt an. Wenn Fromm seine Hand nach unten bewegte, dann nickte und lächelte Skinner. Innerhalb von fünf Minuten schnitt Fromm die Luft so heftig mit seiner linken Hand, dass seine Armbanduhr ständig über die Hand rutschte.

Skinner verstärkte Fromms Handbewegung mit positiver Verstärkung (positive reinforcement) in Form von Aufmerksamkeit und Anerkennung, während Fromm vom freien Willen des Menschen referierte. Diese Konditionierung lief für Fromm völlig unbewusst ab. Menschen sind keine Tauben? Stimmt. Aber vielleicht haben wir mit Tauben doch mehr gemeinsam, als für unser Selbstbildnis („Krone der Schöpfung") vorteilhaft ist.

3 Applied Behaviour Analysis

Dr. Ole Ivar Lovaas legte ab den sechziger Jahren an der University of California, Los Angeles (UCLA), die Grundlagen zu Applied Behaviour Analysis (ABA). Obwohl ABA nicht speziell für Kinder mit Autismus entwickelt wurde, ist diese Therapieform der am besten erforschte und meist auch wirksamste Ansatz in der Förderung von Menschen mit Autismus.[1]

Lovaas arbeitete mit noch sehr jungen Kindern im Schnitt vierzig Stunden pro Woche. Das entspricht in diesem Alter der gesamten Wachzeit des Kindes. Spätere Forscher gehen – je nach Kind individuell verschieden – von fünfundzwanzig bis vierzig Stunden pro Woche aus. An diesen Zahlen sieht man, eine optimale ABA-Therapie ist eine sehr intensive Angelegenheit. Alle zwei Wochen zwei Stunden Förderung in einem Autismus-Therapie-Zentrum (ATZ) sind viel zu wenig. Das klassische ABA nach Lovaas wurde im Laufe der Jahrzehnte immer weiter verbessert und mit Verbal Behaviour (VB) ergänzt. Dieses Kapitel beschreibt in aufbauender Reihenfolge grundlegende ABA-Prinzipien. Klassisches ABA nach Lovaas ist aus heutiger Sicht suboptimal (im eigentlichen Sinne des Wortes). Fangen Sie gleich mit modernen ABA/VB-Formen an. Sie sind den klassischen Formen überlegen, da sie u.a. die Prinzipien von ABA auch auf expressive Sprache anwenden (⇒ Verbal Behaviour). Eine gute Gegenüberstellung von klassischem ABA und modernem ABA/VB gibt es unter [45].

3.1 Prompt

Die operante Konditionierung beeinflusst neue (d.h. nicht angeborene), ehemals **spontane** Reiz-Reaktions-Muster durch Konsequenzen wie Belohnung oder Bestrafung nachhaltig in ihrer Häufigkeit. Jetzt kann man aber meist nicht so lange warten, bis ein Kind ein gewünschtes Reiz-Reaktions-Muster spontan zeigt. Der Therapeut muss mit einem Prompt[2] nachhelfen, damit die richtige Reaktion von Anfang an sichergestellt ist. Dies ist die Basis von „fehlerfreiem Lernen" (errorless learning). Das Gegenstück zum fehlerfreien Lernen ist Lernen durch Versuch und Irrtum (learning by trial and error).

---

[1]ABA geht aber auch andersherum. Unterhalten sich zwei Mäuse: „Ich habe den Professor dressiert!" „Wie hast du das denn geschafft?" „War ganz einfach: Jedes Mal, wenn ich durch das Labyrinth renne, gibt er mir ein Stück Käse."

[2]Ein Prompt ist jede Art von Hilfestellung, um die richtige Reaktion zu erreichen.

Es gibt drei Grundformen von Prompts:

- Verbale Instruktion (z. B. gesprochen oder textuell)

- Vormachen und nachmachen lassen

- Körperliches Führen

Ein Prompt muss direkt (d. h. ohne Verzögerung) mit dem S^D gegeben werden. Er gehört damit auch zu den Antezedenzien. Die Gefahr bei den Prompts ist die Prompt-Abhängigkeit, die auf jeden Fall vermieden werden sollte. Deswegen gilt für Prompts generell: Es soll gerade so viel gepromptet werden, dass keine Fehler entstehen. Ein Prompt muss unbedingt mit der Zeit **ausgeblendet** werden (Prompt-Fading). Die Vierfach-Kontingenz ergänzt mit Prompt ist hier schematisch dargestellt:

$MO + S^D + $ **Prompt**	$\Rightarrow$ R	$\Rightarrow$	C
Motivation Operation + Discriminative Stimulus + **Prompt**	$\Rightarrow$ correct Response	$\Rightarrow$	Consequence
Motivationsfaktoren + Unterscheidender Reiz + **Prompt**	$\Rightarrow$ korrekte Reaktion	$\Rightarrow$	Konsequenz

Tabelle 3.1: Die Vierfach-Kontingenz mit Prompt

3.2 Discrete Trial Teaching (DTT)

Discrete Trial Teaching (DTT) bedeutet übersetzt etwa: Unterrichten in diskreten Versuchen. DTT beinhaltet das Unterrichten von Einzelfähigkeiten nach der Dreifach-Kontingenz mit Prompt und einer je nach Umständen hohen Wiederholungsrate. Es ist das Arbeitspferd von ABA. DTT ist hoch strukturiert und kommt dem Bedürfnis vieler Autisten nach gleichförmigen Abläufen sehr entgegen. Gerade am Anfang muss die Abfolge der Aufgaben schnell sein. Die Zeitdauer zwischen den diskreten Unterrichtsversuchen (ITI: inter trial interval) muss kurz sein, um Problemverhalten zu vermeiden. Ein schnelles Unterrichten führt auch dazu, dass die Aufgaben mit der Zeit selbst zum Verstärker werden. Ein Mischen von Aufgaben aus verschiedenen Kategorien verbessert die Generalisierung (siehe Kapitel 3.4) und vermindert den Wunsch nach Flucht vor der Lernsituation. DTT hat gewisse Analogien zum Pauken von lateinischen Vokabeln. Ein anderer Begriff für DTT ist ITT (intensive teaching trials).

Beispiel (Imitation):

1. Co-Therapeut: „Mach das!" und legt seine beiden Hände auf den eigenen Kopf (S^D).

2. Das Kind reagiert nicht. Der Co-Therapeut legt die Hände des Kindes auf den Kopf des Kindes (voller physikalischer Prompt).

3. Co-Therapeut lobt das Kind (Verstärker).

Neurotypische Kinder lernen im Alter von fünf Jahren zu rund 90 % über Imitation. Die Fähigkeit zur Imitation ist Grundlage für viele andere Fähigkeiten. Sie ermöglicht das Lernen und wird daher auch als „tool-skill (Werkzeugfähigkeit)" bezeichnet. Bei Menschen mit Autismus ist die Fähigkeit zum Imitieren mehr oder weniger stark eingeschränkt. Viele Wissenschaftler sehen darin den Grund für das gestörte Lernverhalten und die Entwicklungsverzögerungen. Ein ABA-Programm sollte daher von Anfang an die Imitationsfähigkeit trainieren (aus [16], Seite 34).

3.3 Natural Environment Teaching (NET)

Die Ergänzung zu DTT ist Natural Environment Teaching (NET), zu Deutsch etwa: Lernen in natürlicher Umgebung oder beiläufiges Lernen. Dr. Robert Koegel (ein Schüler von Lovaas) hat sich um NET sehr verdient gemacht. NET ist weitaus weniger strukturiert als DTT und beruht auf der Vierfach-Kontingenz unter Einbeziehung von Motivationsfaktoren. Es wird nicht nur am Tisch gelernt. Die Welt ist das Klassenzimmer. Die natürlichen Interessen des Kindes werden mit einbezogen. NET ist gut geeignet für Generalisierung und das Unterrichten von Mands (siehe Kapitel 4.2.1). Ein artverwandter Begriff ist „On the Move Teaching" (OTM), das Lernen unterwegs.

Alle neurotypischen Eltern machen spontan NET mit ihren Sprösslingen. Für Kinder mit Autismus muss das allerdings intensiviert werden. Obwohl NET bezüglich der Motivation des Kindes sicher besser abschneidet als DTT, braucht man beides. Beide Prinzipien haben ihre Vor- und Nachteile. Die nötige Mischung ist individuell sehr verschieden.

3.4 Generalisierung

Eine erworbene Fähigkeit muss auch in anderen Situationen, an anderen Orten, mit anderen Personen, bei Variationen der Umgebungsparameter und bei artverwandtem Verhalten funktionieren. Als Beispiel sei Lesenlernen genannt: Nachdem

DTT/ITT: gesetztes Lernziel, aber keine natürliche Motivation.

NET: gesetztes Lernziel plus natürliche Motivation.

OTM: kein gesetztes Lernziel, aber natürliche Motivation.

Tabelle 3.2: Unterschiede zwischen DTT/ITT, NET und OTM

ein Kind einige Wörter aus Holzbuchstaben lesen kann, sollte sofort generalisiert werden: auf gedruckte Wörter in der Fibel, auf Erstleser-Bücher, auf verschiedene Buchstabengrößen, mit anderen Personen, unterwegs etc. Generalisierung ist die Ausbreitung des Lerneffektes über die eigentliche Unterrichtssituation hinaus. Der Gegensatz dazu wäre trainieren und hoffen (train and hope).

Da von Beginn an generalisiert wird, ist das nicht so arbeitsintensiv oder kompliziert: von Anfang an verschiedene Arten von Aufgabenstellungen, unterschiedliche Materialien, mehrere Personen, die unterrichten, verschiedene Örtlichkeiten oder Räume usw. Natural Environment Teaching (NET) eignet sich meist gut für Generalisierung (siehe Kapitel 3.3). Generalisierung ermöglicht auch die Integration von neuen Einzelfähigkeiten zu bestehenden Fähigkeiten.

3.5 Verkettung (Chaining)

Bei einer Verkettung werden komplexe Handlungsabläufe in kleinere Einzelschritte zerlegt, diese zum Beispiel mit DTT (siehe Kapitel 3.2) erlernt und dann wieder zusammengesetzt. Es gibt die Vorwärts- und die Rückwärtsverkettung sowie Mischformen. Bei einer Verkettung wird die vorhergehende Reaktion (R) zum S^D für die nachfolgende Reaktion: $S^D \Rightarrow R \Rightarrow R \Rightarrow R \Rightarrow R \Rightarrow R \Rightarrow C$ (S^{R+}). Beispiele für komplexe Handlungsabläufe, bei denen eine Verkettung infrage kommt, sind:

- Hände waschen

- Zähne putzen

- Toiletten-Training

Händewaschen lässt sich folgendermaßen in Einzelschritte zerlegen: (1) ins Badezimmer gehen; (2) Wasserhahn öffnen und Hände nass machen; (3) Seife nehmen, Hände einseifen, Seife wieder hinlegen; (4) Hände spülen, Wasserhahn schließen; (5) Hände abtrocknen; (6) Badezimmer verlassen.

3.6 Formung (Shaping)

Bei Shaping nähert man sich sukzessive einem Zielverhalten (terminal behaviour) an. Dabei kommt differenziertes Verstärken (differential reinforcement) zum Einsatz. Je nach Qualität und Anstrengung des gezeigten Verhaltens wird mehr / weniger, schneller / langsamer oder nach einem kürzeren / längeren Zeitraum verstärkt. Mit der Zeit wird die Latte höher gelegt.

In der Literatur (siehe [12], Seite 424) gibt es für Shaping das sehr eindrucksvolle Beispiel mit Andrew (Isaac, Thomas, Goldiamond (1960)): Andrew war 19 Jahre alt. Er hatte katatone Schizophrenie[3], konnte nicht sprechen und war sehr passiv. Dann passierte der Sechser im Lotto oder besser in seinem Leben: Einem aufmerksamen Psychologen fiel aus Versehen eine Packung Kaugummi herunter. Der sonst sehr passive Andrew zeigte eine erkennbare Reaktion. Daraus folgerte der Psychologe messerscharf: Kaugummis könnten für Andrew ein guter Verstärker sein. Tatsächlich tat Andrew für einen Kaugummi so ziemlich alles. Der Psychologe wählte gesprochene Sprache als Zielverhalten aus und gliederte den Weg dahin in verschiedene Schritte auf:

1. Bei Andrew wurden Lippenbewegungen verstärkt.

2. Andrew musste zusätzlich Geräusche von sich geben, um seinen Verstärker (Kaugummi) zu erhalten.

3. Jetzt wurde seine Aussprache differenziert verstärkt.

4. Andrews Laute wurden nun zum Wort „gum" (Kaugummi) geformt.

5. Nach sechs Wochen Shaping konnte Andrew sagen: „Gum, please (Kaugummi, bitte)."

Später entwickelte Andrew qualitativ hochwertige Sprache. Er begann, sich mit Psychologen und anderen Mitarbeitern des Instituts über seine Identität und seine Hintergründe zu unterhalten. Das Zielverhalten war damit erreicht.

---

[3]Die katatone Schizophrenie, eine Unterform der „Gruppe der Schizophrenien" (Eugen Bleuler, 1911), geht mit Störungen der Motorik einher, die zwischen den Extremen Erregung und Passivität alternieren können (siehe [66]).

3.7 Abbau von unerwünschtem Verhalten (∗)

> You should become an S^D for good behaviour
> and an S^Δ for bad behaviour.
>
> (Sie sollten zum S^D für gutes Verhalten werden
> und zum S^Δ für schlechtes Verhalten.)

Dr. Vincent Carbone

In diesem Kapitel geht es um den Abbau von Problemverhalten mittels Funktionsanalyse, Löschung, Verstärkerentzug und Aufbau von alternativen Verhaltensweisen. Manche Verhaltensprobleme können aber auch handfeste medizinische Ursachen haben, wie z. B. Nahrungsmittelunverträglichkeiten, insbesondere auf Gluten. Lassen Sie das durch einen Arzt abklären, der sich wirklich mit Autismus und biomedizinischen Ansätzen auskennt (siehe Kapitel 7.1).

3.7.1 Funktionsanalyse (Functional Analysis)

Sind direkte medizinische Gründe ausgeschlossen, kommen als Erstes die ein bis zwei Verhaltensweisen dran, die für Sie am schlimmsten sind.[4] Für diese wird eine sogenannte Funktionsanalyse (functional analysis) durchgeführt: Welche Umgebungsvariablen beeinflussen das Verhalten? Durch was wird es ausgelöst? Sind Antezedenzien wie S^D oder MO (im Besonderen CMO-R) erkennbar? Wie wird das betreffende Verhalten verstärkt? Oft wird Problemverhalten durch eine der folgenden Verstärkungsarten aufrechterhalten:

- Aufmerksamkeit (z. B. durch Schimpfen, positive Verstärkung)

- Selbststimulation (selbstverstärkendes Verhalten, positive Verstärkung)

- Flucht vor oder Vermeidung von Aufgaben oder anderen aversiven Situationen (negative Verstärkung)

Zeigt ein Kind das betreffende Verhalten auch alleine (d. h. andere Personen sind nicht anwesend), dann ist das ein Indiz für Verstärkung durch Selbststimulation.

3.7.2 Löschung des Verhaltens

Anschließend geht es darum, die erkannte Verstärkung zu beseitigen oder zumindest die Motivation (Wert der Verstärkung) herabzusetzen (AO). Ein Verhalten, das früher verstärkt wurde und jetzt nicht mehr verstärkt wird, ist auf Löschung

---

[4]Mehr können Sie nicht gleichzeitig löschen!

(extinction) gesetzt (siehe Kapitel 2.3). Hier kann es erst zum Löschungstrotz (extinction burst) kommen. Das betreffende Verhalten wird stärker oder tritt häufiger auf, bevor es abnimmt. Bezugspersonen müssen den Löschungstrotz aushalten können, andernfalls sollte das betreffende Verhalten nicht auf Löschung gesetzt werden. Löschung ist ein nichtstrafendes Verfahren. Das zu löschende Verhalten bekommt einfach keine Verstärkung mehr. Dem Kind wird aber nicht direkt irgendein Verstärker weggenommen. Das wäre negative Bestrafung.

Sie sollten bei Löschung einige praktische Gesichtspunkte beachten, gerade wenn ein heftiger Löschungstrotz zu befürchten ist: Wählen Sie einen richtigen Zeitpunkt. Wichtige Feste wie z. B. Weihnachten mit Besuch von zahlreichen Verwandten könnten ungünstig sein, ebenso ein Urlaubsaufenthalt in einer großen Hotelanlage. Unter Umständen sollten Sie auch Ihre Nachbarn vorab informieren, denn das Geschrei Ihres Kindes kann heftig werden und könnte fehlinterpretiert werden. Wenn Ihre Nerven wegen des Löschungstrotzes sowieso schon blank liegen, wollen Sie sicher nicht auch noch Überzeugungsarbeit bei Polizisten oder Vertretern des Jugendamtes leisten müssen, die plötzlich unangemeldet vor Ihrer Haustür stehen. Sie selbst müssen völlig emotionslos bleiben und mit ruhiger Stimme arbeiten, egal wie laut Ihr Kind brüllt. Schimpfen, Meckern oder gar Trösten sind während des Problemverhaltens tabu, das wäre Aufmerksamkeit und damit positive Verstärkung. Selbstverletzendes oder sonst wie gefährliches Verhalten muss natürlich blockiert werden, ansonsten schenken Sie dem Problemverhalten keinerlei Beachtung. Aufmerksamkeit und andere Verstärkung bekommt Ihr Kind nur für gutes Verhalten. Beispiele für Löschung sind:

- Ein junger Mann mit schwerer geistiger Behinderung zeigte über viele Jahre selbstverletzendes Verhalten in Form von Augenstechen, das bereits visuelle Beeinträchtigungen zur Folge hatte. Man vermutete, dass das Augenstechen die Funktion einer sensorischen Stimulation hatte, weil es meistens dann erfolgte, wenn der junge Mann alleine war. Seine Therapeuten schafften es erfolgreich, ihm eine Schutzbrille aufzusetzen, die er zum Glück auch aufbehielt. Das Augenstechen konnte so drastisch reduziert werden (siehe [12], Seite 460).

- Ein Kind betätigte ständig einen Lichtschalter. Dieses Verhalten wurde durch die visuellen Reize (Licht an/aus) verstärkt. Es war damit selbstverstärkendes Verhalten. Seine Eltern klemmten kurzerhand den Lichtschalter ab. Damit war der visuelle Reiz weg und das Verhalten auf Löschung gesetzt.

- Ein anderes Kind lief beim ersten Anzeichen einer DTT-Unterrichtssituation weg und schrie heftig. Durch Erfahrung wusste es, dass gleich jede Menge schwerer Anforderungen folgen würden, derer es sich in der Vergangenheit durch Weglaufen und Geschrei erfolgreich entziehen konnte. Das Verhalten wurde also durch einen CMO-R beeinflusst. Die Anforderung, zum Tisch zu kommen, wurde mit ruhiger Stimme aufrechterhalten: „Stehe auf und komme mit!" Das Kind wurde zwar immer wieder auf die Füße gestellt, aber nicht zum Tisch getragen, denn es sollte selbst dorthin gehen. Gleichzeitig lief am Tisch das Lieblingsvideo des Kindes. Der verstärkende Wert des Davonlaufens (negative Verstärkung) wurde durch das Video stark reduziert (AO). Nach kurzer Zeit konnten die Therapeuten nach und nach Anforderungen einblenden, denn die DTT-Unterrichtssituation am Tisch war durch das Video auf einmal hoch verstärkend (aus [47]).

Bei schwierigen Löschungssituationen sollten Sie sich nicht scheuen, Rat und Tat von Ihren professionellen ABA/VB-Beratern zu holen. Sie haben jede gute Hilfe dringend nötig. Löschung ist ebenso wie Verstärkung oder Bestrafung rein durch das Ergebnis definiert. Das auf Löschung gesetzte Verhalten muss weniger werden, ansonsten war es keine Löschung. Gelöscht, verstärkt oder bestraft wird auch nur das jeweilige Verhalten – und nicht etwa die betreffende Person, die dieses Verhalten zeigt (siehe [17]).

3.7.3 Verstärkerentzug

Eine andere Methode begegnet unerwünschtem Verhalten durch sofortigen Verstärkerentzug (punishment by removal of a stimulus). Das ist negative Bestrafung (negative punishment). Es gibt milde, aber hochwirksame Formen: Beispiele sind Minikonsequenzen wie das Pausieren des DVD-Players, das Zuhalten des Bilderlexikons oder andere Auszeitverfahren (time-out). Hier winkt bei korrektem Verhalten wieder der Zugang zum Verstärker. Das wäre dann eine Art Versprechen (promise procedure) von positiver Verstärkung (positive reinforcement) für zukünftiges korrektes Verhalten (time-in).

3.7.4 Aufbau alternativer Verhaltensweisen

Zusätzlich müssen je nach Bedarf erwünschte und sozialverträgliche alternative Verhaltensweisen erlernt werden. Beispiele:

- In der Öffentlichkeit das Streicheln des Bauches anstelle der Geschlechtteile.

- Verwendung eines Taschentuches anstelle von Nasebohren mit anschließendem Verspeisen der Popel.

- Sozial adäquates Äußern des Nichtwollens anstelle von Geschrei und Kopfstoßen.

3.7.5 Kombinationen

Beide Methoden (Löschung und negative Bestrafung) lassen sich auch kombinieren: Mein Sohn Gregor hatte die unerwünschte Verhaltensweise, (fremde) Leute anzufummeln. Der Verstärker für dieses Verhalten war Aufmerksamkeit. Diese Verstärkung musste durch Ignorieren verhindert werden. An einem schönen Sonntag waren wir in der schönen Stadt Blaubeuren wandern. Es waren viele Spaziergänger unterwegs. Wenn er anfing, fremde Leute zu befummeln, nahm ich ihm seine Tüte Chips weg (negative Bestrafung), machte die fremden Personen auf seine Behinderung aufmerksam und gab ihnen die Anweisung, sie mögen sein Verhalten komplett ignorieren, sich wegdrehen und langsam weggehen; das sei Teil seiner Therapie. Alle (aber wirklich alle) Spaziergänger haben mitgemacht. Damit wurde sein Verhalten durch Entzug von Aufmerksamkeit auf Löschung gesetzt. Anschließend drehte ich mich weg, ging langsam weg und futterte dabei seine Chips. Nach etwa zwanzig Metern kam Gregor hinter mir hergespurtet. Er musste einen Schwung bereits gemeisterter Aufgaben machen, bevor er wieder einen Chip bekam. Bei jedem Fehlverhalten steigerte sich die Menge der Aufgaben. Das Fehlverhalten wurde zunächst häufiger, bevor es nach etwa zwei Stunden nachließ.

4 Verbal Behaviour

Verbal Behaviour (Verbales Verhalten) ist der Titel eines Buches von Dr. Burrhus Frederic Skinner.[1] Skinner brauchte dreiundzwanzig Jahre bis zu dessen Fertigstellung. Verbal Behaviour erschien 1957 und gilt als das bedeutendste Werk des Behaviourismus. Trotzdem brauchte es nochmals zwanzig Jahre, bis es die verdiente Anerkennung fand (siehe [12], Kapitel 25). Bis heute gibt es noch keine deutsche Übersetzung. Es dauerte lange, bis die Fachwelt Kenntnis von diesem Buch nahm. Dies lag sicher auch an dem schwerfälligen Schreibstil von Skinner. Er war schon zu Lebzeiten eine anerkannte Kapazität. Seine Bücher hingegen sind sehr schwer zu lesen.

ABA beinhaltet unter anderem **rezeptives** Sprachvermögen. VB gliedert **expressive** Sprache auf. Damit ist VB eine ideale Ergänzung von ABA. Sprache ist hierbei nicht auf gesprochene (vokale) Sprache beschränkt. VB beinhaltet auch andere sprachliche Formen wie zum Beispiel Schrift oder Gebärdensprache. Die Verbesserung und Ergänzung von ABA durch und mit VB geht zurück auf die Wissenschaftler Dres. Mark Sundberg, James Partington, Jack Michael, Vincent Carbone und andere Forscher.

Verbales Verhalten unterliegt den gleichen Gesetzmäßigkeiten wie anderes Verhalten auch. Es zeichnet sich aber dadurch aus, dass es nicht direkt durch die Umgebung, sondern nur indirekt durch das Verhalten anderer Personen verstärkt wird. Menschliches Verhalten ist überwiegend verbales Verhalten.

4.1 Abgrenzung zur Linguistik

Prof. Dr. Noam Chomsky, ein führender Linguist, hatte Skinners Buch Verbal Behaviour gelesen[2] und anschließend heftig kritisiert. Skinner antwortete nie auf diese Kritik. Aus heutiger Sicht meint man, Chomsky hatte gar nicht verstanden, um was es bei Verbal Behaviour geht.

Die **Linguistik** beschäftigt sich mit den formalen Aspekten der Sprache, wie zum Beispiel Phoneme, Morpheme, Lexikon, Syntax, Grammatik, Semantik, Artikulation, Prosodie, Intonation usw. **Verbal Behaviour** geht von der Funktion

---

[1]B. F. Skinner war Amerikaner. Für unsere amerikanischen Kollegen ist Englisch auch nur eine Fremdsprache. Sie schreiben „Behaviour" ohne „u". Es hat ihnen wohl noch niemand beigebracht, wie man es richtig macht.

[2]Das Lesen von Skinners Büchern erfordert das Durchhaltevermögen eines Asperger-Autisten.

der Sprache aus und betrachtet Sprache als erlerntes Verhalten. Es gibt demnach keinen Interessenkonflikt zwischen Linguistik und Verbal Behaviour.

4.2 Arten elementarer verbaler Operanten

Rezeptives Sprachvermögen wird bereits in ABA abgedeckt und taucht daher bei den folgenden Arten elementarer verbaler Operanten nicht mehr auf:

- Mand

- Echoic

- Tact

- Intraverbal

- Textual

- Transkription

Skinner kreierte hier zum Teil englische Kunstworte, die in den folgenden Kapiteln erklärt werden. Zusätzlich zu den elementaren verbalen Operanten gibt es noch das „Complex Verbal Behaviour", das in diesem Buch nicht behandelt wird.

Verbales Verhalten ist genau genommen nicht das, was man z. B. bei einem Mand zu hören oder zu fühlen bekommt. Verbales Verhalten besteht aus den Muskelbewegungen (z. B. des Stimmapparates), die notwendig sind, um die entsprechende Äußerung zu erzeugen. Das, was man zu hören oder zu fühlen bekommt, ist also nur das *Ergebnis* des verbalen Verhaltens.

4.2.1 Mand

Ein Mand liegt dann vor, wenn jemand etwas will oder nicht will und dies auch verbal ausdrücken kann. Der Begriff Mand ist abgeleitet von:

- com**mand** (engl. Anordnung, Anweisung)

- de**mand** (engl. Anforderung)

- counter**mand** (engl. Absage)

Mand ist die erste Art von verbalem Operant, die ein Kind sich anfangs in Form von Schreien oder Weinen aneignet. Eltern werden zu richtigen Schreiforschern, denn mit der Zeit schreit ein Kind unterschiedlich je nach Grund: Hunger, Müdigkeit, Schmerz, Kälte, Angst, Wunsch nach Aufmerksamkeit, einem Spielzeug etc.

Das Schreien wird mit fortschreitender Entwicklung nach und nach ausgetauscht gegen gesprochene Sprache. Dabei gibt es auch nicht sprechende Zwischenschritte, zum Beispiel Zeigen (auch mit den Fingern der Eltern) auf den gewünschten Gegenstand. Mands sind sehr wichtig in der beginnenden Sprachentwicklung. Mands werden durch starke Motivation kontrolliert, denn das Kind will ja etwas, muss es aber ausdrücken können, um das Gewünschte zu erreichen. Am Anfang stehen Mands nach Dingen oder Aktionen. Später folgen Mands nach Informationen.

Problemverhalten ist fast immer ein Mand (z. B. ein Wunsch nach etwas oder Vermeidung von Anforderungen). Es tritt oft dann auf, wenn das Kind noch keine andere Form der Kommunikation gelernt hat (siehe [47]). Wenn Ihnen Ihr Kind z. B. gegen das Schienbein tritt, dann kann das ein Mand sein.

4.2.2 Echoic

Echoic ist eine Art von verbalem Operant, mit dem ein Sprecher das verbale Verhalten einer anderen Person wiederholt. Ein Kind sagt z. B. „Auto", weil es „Auto" gehört hat. Die Fähigkeit, Laute und Wörter wiederzugeben, ist nötig, um das Identifizieren von Objekten und Aktionen zu erlernen. Das Echoic-Repertoire ist sehr wichtig, um Kindern mit Sprachverzögerungen Sprache beizubringen. Es spielt eine kritische Rolle beim Erlernen von komplexeren verbalen Fähigkeiten.

Wenn der Arzt in der Diagnose schreibt, das Kind hätte Echolalie, dann klingt das fast so schlimm, als hätte das Kind die Masern. Im Gegenteil, man sollte froh sein, wenn ein Kind Echolalie zeigt. Das ist ein ganz normaler Entwicklungsschritt, der mit etwa drei Jahren seinen Höhepunkt hat. Ein Kind ohne Echolalie müsste man im Normalfall erst zu diesem Entwicklungsschritt bringen.

4.2.3 Tact

Tact ist eine Art von verbalem Operant, mit der ein Sprecher etwas benennt (Label). Ein Kind sagt z. B. „Auto", weil es ein Auto sieht. Das Wort Tact ist abgeleitet von con**tact** (engl. Kontakt). Ein Takt kann aber auch ein Mand nach Aufmerksamkeit sein. Beim Tact ist mindestens einer der fünf Sinne beteiligt. Das Kind muss noch nicht seine Vorstellungskraft einsetzen.

4.2.4 Intraverbal

Intraverbal[3] ist eine Art von verbalem Operant, bei dem ein Sprecher auf das verbale Verhalten von anderen Personen (z. B. in Form von Fragen oder Aufforderungen) entsprechend verbal reagiert. Intraverbals sind sehr vielfältig, deswegen hier nur einige Beispiele:

---

[3]Zum besseren Verständnis des Begriffs: **Inter**verbal oder **Extra**verbal hat bisher noch niemand erfunden.

- „Wie heißt die Hauptstadt von Bayern?" ⇒ „München."

- „Wie viel ist acht mal acht?" ⇒ „64."

- „Nenne mir Obstsorten!" ⇒ „Apfel, Banane, Birne, ..."

- „Ein Fahrrad gehört zu den ...?" ⇒ „Fahrzeugen."

Im Gegensatz zum Tacting muss das Kind bei den Intraverbals seine eigene Vorstellungskraft einsetzen, um Fragen zu beantworten oder Sätze zu ergänzen. Bildmaterial oder reale Objekte stehen nicht mehr zur Verfügung.

4.2.5 Textual

Mit Textual ist Lesen gemeint. Dabei wird nicht vorausgesetzt, dass der Inhalt auch verstanden wird.[4] Das Verständnis eines Textes setzt weitere verbale und nichtverbale Operanten voraus, wie z. B. Intraverbals und rezeptives Sprachvermögen. Lesen ist ein visueller Zugang zur Sprache. Autisten sind meist sehr visuelle Menschen. Der Zugang zur Schrift ist für viele von ihnen eine Brücke zum Erlernen der gesprochenen Sprache. Textuals sind auch als Prompts einsetzbar und erweitern so das Prompt-Repertoire.

4.2.6 Transkription

Transkription beinhaltet das Schreiben bzw. Tippen und Buchstabieren (auch Fingeralphabet) von gesprochenen Wörtern. Transkription ist damit das Gegenstück zu den Textuals. Beispiele für Transkriptionen sind das Schreiben eines Textes in Form eines Diktates und das Buchstabieren eines Wortes nach Aufforderung.

4.3 Merkmal, Funktion und Klasse (FFC: Feature, Function and Class)

Wichtiger Bestandteil von modernen ABA/VB-Programmen sind FFC: Feature (Merkmal), Function (Funktion) and Class (Klasse oder Kategorie). Beispiel: Ein Fahrrad gehört zu den Fahrzeugen (Klasse). Man kann damit radeln (Funktion). Es hat zwei Räder, einen Sattel und eine Klingel (Merkmale). FFC werden im rezeptiven Sprachvermögen, im Tacting und in den Intraverbals eingesetzt. Meist werden alle drei Bereiche gleichzeitig unterrichtet:

---

[4]In den ABLLS-R™ (siehe Kapitel 6.2.2) wird in den letzten zwei Bereichen der Lernziel-Kategorie Lesen auch das Verständnis des Gelesenen erwartet.

- Im **rezeptiven Sprachvermögen** muss ein Kind Dinge zeigen, die einer bestimmte Klasse angehören und bestimmte Funktionen oder Eigenschaften haben.

- Beim **Tacting** muss das Kind Dinge benennen, die einer bestimmten Klasse angehören, bestimmte Eigenschaften oder Funktionen haben. Dabei sind Objekte oder Bildkarten im Blickfeld, entsprechende Geräusche hörbar, etwas fühlbar oder essbar etc. Beim Tacting ist mindestens einer der fünf Sinne beteiligt.

- Bei den **Intraverbals** muss das Kind Fragen beantworten oder Sätze ergänzen, ohne dass Material zur Verfügung steht. Das Kind muss hier also seine eigene Vorstellungskraft einsetzen können.

4.4 Unterrichten von funktionaler Sprache

> You mand for personal reasons,
> you tact for social reasons.
>
> (Man mandet aus persönlichen Gründen,
> man tactet aus sozialen Gründen.)

Dr. Vincent Carbone

Dieser Abschnitt gibt Empfehlungen zu einem Verbal-Behaviour-Training, einschließlich der zeitlichen Reihenfolge, in der die Arten der elementaren verbalen Operanten eingeführt werden sollen, um eine funktionale Sprache zu erreichen (aus [47]). Diese Ratschläge sind allerdings nur allgemeine Richtlinien und keine Dogmen, denn jedes Kind ist anders betroffen.

Ein Verbal-Behaviour-Training für ein autistisch behindertes Kind soll die natürliche Sprachentwicklung eines neurotypischen Kindes imitieren. Die erlernten Sprachkenntnisse müssen für das Kind wichtig und wertvoll sein. Ein neurotypisches Kind lernt seine ersten vollständigen Wörter normalerweise im Alter von etwa einem Jahr. Mit zwei Jahren hat sich sein Wortschatz im Schnitt auf etwa 100 bis 150 Wörter vergrößert, die überwiegend in Ein- oder Zweiwortsätzen (meist Nomen + Verb: z. B. Tür auf, Bonbon haben, Spielplatz gehen, Eis kaufen, schaukeln, ...) gebraucht werden, von denen fast alle Mands sind. Deswegen sollen gerade am Anfang Mands unterrichtet werden, und zwar in der natürlichen Umgebung des Kindes (NET). So lernt das Kind, seine Wünsche verbal auszudrücken. Starke Verstärkung ist beim Mand-Training reichlich vorhanden. Der entscheidende Antezedent für vollständig erlernte, spontane (d. h. nicht mehr gepromptete) Mands ist Motivation. Viele problematische Verhaltensweisen sind auch Mands, die Sie durch Unterrichten eines adäquaten Mand-Repertoires austauschen können.

Verlangen Sie ganze Sätze (z. B. „ich möchte ...") erst dann, wenn das Kind eine ausreichende Anzahl an Mands beherrscht (Richtwert: etwa 150 bis 200). Jetzt können Sie auch anfangen, zusätzlich Tacts, rezeptives Sprachvermögen, (motorische) Imitationen, Zuordnungsaufgaben etc. zu unterrichten. Dies geschieht in einer DTT-Situation. Motorische Imitation ist eine wichtige Voraussetzung zum Erlernen von Zeichensprache bei nicht sprechenden Kindern.

Trainieren Sie Intraverbals erst dann, wenn das Kind einige Hundert Tacts beherrscht. FFCs dienen als Brücke zwischen rezeptivem Sprachvermögen, Tacts und Intraverbals. Beim Unterrichten von Mands, Tacts und Intraverbals sind Echo-Prompts sehr hilfreich. Blickkontakt fällt beim Mand-Training manchmal als Nebenprodukt ab, manchmal aber auch nicht.

Die jeweiligen Arten elementarer verbaler Operanten sind funktional unabhängig voneinander. Neurotypische Kinder schaffen z. B. den Transfer vom Mand- zum Tact-Repertoire leicht und schnell. Bei Kindern mit Autismus und beginnender Sprachentwicklung sieht das anders aus: Nur weil das Kind z. B. den Mand nach einem entsprechenden Gegenstand gelernt hat, bedeutet das noch lange nicht, dass es auch den dazugehörigen Tact beherrscht. Dieser muss meist zusätzlich unterrichtet werden. Dazu eignen sich die Transferprozeduren (siehe Kapitel 5.5).

Es ist wichtig, bei einem Sprachtraining nach ABA/VB als Erstes Mands zu unterrichten. Leider beginnen viele ABA/VB-Förderprogramme stattdessen mit rezeptivem Sprachvermögen, Echo-Training und Tacts.

5 Moderne ABA/VB-Ansätze

Dieses Kapitel enthält wertvolle zusätzliche Bestandteile moderner ABA/VB-Ansätze. Diese sind: Beziehungsaufbau (Pairing), Korrekturverfahren, eine moderne Form der Fluchtlöschung (escape extinction), Unterrichtskontrolle und Transferverfahren.

5.1 Beziehungsaufbau (Pairing)

Pairing ist sehr wichtig. Sie als Eltern, (Co-)Therapeuten und Lehrer sollen selbst zum generalisierten Verstärker des Kindes werden. Ihr Kind soll lernen, dass es **mit** Ihnen besser ist also **ohne** Sie. Kennzeichen von Pairing sind:

- Keine Aufgaben

- Viel Spaß und Freude **miteinander**

- Großzügiger Einsatz von Verstärkern

Wenn man gerade nicht weiß, was man mit seinem Kind machen soll, dann sollte man Pairing mit ihm machen. Pairing ist vergleichbar mit einem Bankkonto: Wer viel einzahlt (Pairing), kann auch viel abheben (z. B. DTT). Gerade am Anfang sollte ein ABA/VB-Programm zum überwiegenden Teil aus Pairing bestehen. Bauen Sie erst nach und nach Anforderungen ein.

5.2 Korrekturverfahren (Correction Procedure)

Eigentlich sollte gerade so viel gepromptet werden, dass es nicht zu Fehlern kommt (siehe Kapitel 3.1). Das sind die Prinzipien von fehlerfreiem Lernen (errorless learning). Trotzdem kommt es gelegentlich zu Fehlern oder die Antwort dauert zu lange, weil man zum Beispiel beim Ausblenden des Promptes zu schnell war. Hier kommt das Korrekturverfahren zum Einsatz (nach [71]): Stellen Sie die Aufgabe erneut, diesmal aber mit ausreichendem Prompt (1). Dann stellen Sie die Aufgabe **ein zweites Mal** ohne oder mit weniger Prompt (2). Jetzt kommen bis zu drei Ablenkungen in Form von vollständig gemeisterten Aufgaben (3). Danach wird die Aufgabe erneut ohne Prompt (4) gestellt (siehe Tabelle 5.1). Sollte das Kind wieder falsch antworten, dann geht das Korrekturverfahren von vorne los.

Abbildung 5.1: Katharina mit Gregor während einer ABA/VB-Beratung

Papa:	„Nenne mir ein Tier, das fliegen kann!"	⇒ Aufgabe
Kind:	„Igel." (Oder das Kind gibt keine	
	Antwort oder braucht zu lange.)	⇒ Fehler
Papa:	„Nenne mir ein Tier, das fliegen kann! **Vogel**."	⇒ Aufgabe mit Prompt (1)
Kind:	„Vogel."	
Papa:	„Nenne mir ein Tier, das fliegen kann!"	⇒ Aufgabe ohne Prompt (2)
Kind:	„Vogel."	
Papa:	„Gut. Fass deine Nase an!"	⇒ erste Ablenkung (3)
Kind:	(Fasst seine Nase an.)	
Papa:	„Klatsch in die Hände!"	⇒ zweite Ablenkung (3)
Kind:	(Klatscht in die Hände.)	
Papa:	„Nenne mir ein Tier, das fliegen kann!"	⇒ Aufgabe ohne Prompt (4)
Kind:	„Vogel."	
Papa:	(Lobt das Kind, z. B.: „Genau, das war viel besser!")	

Tabelle 5.1: Beispiel zum Korrekturverfahren

Korrekturverfahren werden nicht nur zur Korrektur von Fehlern eingesetzt, sie finden auch Verwendung bei sofort geprompteten Aufgaben, um den Prompt auszublenden (Prompt-Fading). Ein Korrekturverfahren ist eine sehr milde Form von positiver Bestrafung. Das Kind versucht die Aufgabe richtig zu machen, um das Korrekturverfahren zu vermeiden.

5.3 Fluchtlöschung (Escape Extinction)

Falls Ihr Kind eine Aufgabe verweigert, einfach aufsteht und weggeht, obwohl Sie die Unterrichtseinheit noch nicht beendet haben, die Hilfestellung nicht akzeptiert oder sich anderweitig nach einer gestellten Aufgabe unangemessen verhält, wird die folgende Form der Fluchtlöschung (escape extinction) eingesetzt (nach [71]):

- Wiederholen Sie die Anforderung alle zwei bis drei Sekunden. Behalten Sie dabei einen ruhigen, aber bestimmten und gleichbleibenden Ton.

- Bieten Sie Ihrem Kind immer wieder auch die volle Hilfestellung (Prompt) an, führen Sie die Aufgabe aber nicht für das Kind aus.

- Falls das Kind in der Zwischenzeit aufsteht, ist es zuerst das Ziel, es wieder zum Sitzen zu bekommen. Deshalb ändert sich der S^D kurzfristig in: „Setze dich!" Auch dieser wird alle zwei bis drei Sekunden wiederholt, bis sich das Kind wieder setzt. Dafür gibt es **keine** Verstärkung. Nun wird der ursprüngliche S^D wieder gestellt und alle zwei bis drei Sekunden wiederholt.

- Warten Sie, bis Ihr Kind zusätzliche zwei bis drei gute und nicht gepromptete Reaktionen zeigt (bitte nur vollständig gemeisterte Aufgaben stellen), für die Ihr Kind weder gelobt noch verstärkt wird, bevor Sie die ursprüngliche Aufgabe erneut stellen.

- Bieten Sie dann wieder Verstärkung und erfreuten Tonfall an, solange Ihr Kind kein unangemessenes Verhalten zeigt und kooperiert.

Diese Art der Fluchtlöschung wird in der Klinik von Dr. Carbone eingesetzt. Das Kind darf sich einer gestellten Aufgabe nicht entziehen. Der Anspruch der Aufgabe wird aufrechterhalten. Es wird aber nicht nur die Aufgabenstellung ständig wiederholt, es wird auch gleichzeitig so lange gepromptet, bis eine korrekte ungepromptete Reaktion zustande kommt. Durch die Mitarbeit des Kindes wird ein leicht aversiver Reiz (Nörgeln) beendet. Dieser Reiz kann in Zukunft durch sofortige Mitarbeit vermieden werden. Wird der Unterricht korrekt und gut ausgeführt, ist Fluchtlöschung normalerweise nicht nötig, da ausreichend Motivation eingesetzt wird und schneller Verstärkerwechsel stattfindet. Verwenden Sie Fluchtlöschung nur dann, wenn sie wirklich nötig ist.

Einige Leute bezeichnen die beschriebene Form der Fluchtlöschung auch als Nörgelprozedur (nagging procedure). Das ist aber kein offizieller Begriff und er sollte daher vermieden werden.

5.4 Unterrichtskontrolle (Instructional Control)

Wenn Sie Ihr Kind unterrichten wollen, dann müssen Sie die Unterrichtskontrolle erlangen. Auch das ist ein Lernprozess, für Ihr Kind und mehr noch für Sie. Hier sind wichtige Prinzipien dazu zusammengefasst (siehe auch [9], [10] und [44]):

- Wesentlicher Bestandteil von Unterrichtskontrolle ist Verstärkerkontrolle. Sie sind der Chef über die Verstärker Ihres Kindes. Nur Sie haben Kontrolle darüber. Ihr Kind darf für unangemessenes Verhalten **keine** Verstärkung erhalten ($\Rightarrow$ Löschung, siehe Kapitel 2.3 und 3.7). Wichtig: Manche Kinder machen alles, um Aufmerksamkeit zu bekommen. Schimpfen ist Aufmerksamkeit und kann als Verstärker wirken. Das muss auf jeden Fall vermieden werden. In solchen Situationen dürfen Sie keine Emotionen zeigen.

- Ihr Kind soll gerne mit Ihnen zusammen sein, einfach weil es Spaß macht ($\Rightarrow$ Pairing, siehe Kapitel 5.1). Sie selbst sollen zum generalisierten Verstärker für Ihr Kind werden. Wenn Ihr Kind mit Ihnen weiter lernen will, obwohl Sie eigentlich schon aufhören wollen, dann haben Sie dieses Ziel erreicht.

- Ehrlichkeit ist wichtig. Bedienen Sie sich einer einfachen, geradlinigen und korrekten Sprache. Versprochenes soll auch stattfinden. Ihr Sprechen muss mit Ihrem Handeln übereinstimmen. Das schafft Sicherheit und Vertrauen für Ihr Kind.

- Sorgen Sie dafür, dass Ihr Kind Ihre Anweisungen befolgt. Sie müssen hier sehr konsequent sein. Wenn nötig, arbeiten Sie mit Prompts. Formulieren Sie Anweisungen nicht als Frage. Auf eine Frage kann Ihr Kind auch mit „Nein" antworten. Das müssen Sie dann akzeptieren.

- Verstärken Sie das Befolgen von Anweisungen. Geben Sie Ihrem Kind viele einfache Anweisungen. So sorgen Sie für Erfolgserlebnisse. Mischen Sie die Aufgaben: neue (etwa 20 %) mit bereits gemeisterten (etwa 80 %), einfache mit schwierigen und aus verschiedenen Kategorien.

- Bauen Sie einen Unterrichtsbogen auf: Beginnen Sie mit einfachen Aufgaben. Steigern Sie langsam die Schwierigkeit bis etwa zur Halbzeit und senken Sie diese dann wieder. Beenden Sie die Unterrichtseinheit mit einfachen Aufgaben.

- Beim Erlernen eines neuen Verhaltens sollte jede richtige Reaktion verstärkt werden. Dünnen Sie die Verstärkung mit der Zeit aus. Steigern Sie die Anzahl der richtigen Reaktionen, die einen Verstärker verdienen. Ist das Verhalten erlernt und gut generalisiert, soll nur noch gelegentlich und unregelmäßig verstärkt werden ($\Rightarrow$ Zeitplan für Verstärkung, siehe Kapitel 2.2.6).

- Beherzigen Sie die Prinzipien des fehlerfreien Lernens (siehe 3.1).

- Berücksichtigen Sie die natürlichen Interessen Ihres Kindes ($\Rightarrow$ Einsatz von Motivationsfaktoren, siehe Kapitel 2.2.8).

- Sie müssen erkennen, wann bereits gemeisterte Aufgaben mit der Zeit langweilig werden und aus dem Programm verschwinden sollten.

- Kinder mit Autismus sind oft Kontrollkinder.[1] Sie haben den Zwang, ihre Umgebung zu kontrollieren. Das gibt ihnen Sicherheit. Das teilweise Überlassen der Kontrolle kann daher sehr motivierend sein. Beispiele sind:

---

[1]In [9] bzw. [10] befindet sich ein sehr schönes Kapitel über Kontrollkinder. Nur ein Kontrollkind kann so gut über Kontrollkinder schreiben.

- „Willst du zuerst rechnen oder lesen?"

- „Suche ein Bild aus!"

- „Sollen wir zum Spielplatz oder zum Baggersee fahren?"

Drehen Sie aber die Frage auch um, um reine Echoantworten zu erkennen.

Es existieren keine wissenschaftlichen Nachweise für Kontrollkinder (Stand 2009). Dr. Carbone meint, es gebe nichts dergleichen. Das Kontrollverhalten hat nur Aufmerksamkeit als Ziel.

- Falls Ihr Kind eine Aufgabe verweigert oder nach Aufgabenstellung unangemessenes Verhalten zeigt, kommt die Form der Fluchtlöschung (escape extinction), wie in Kapitel 5.3 gezeigt, zum Einsatz.

- Auch das Nicht-Wollen eines Kindes lässt sich für Lernzwecke kultivieren. Aus ablehnendem Geschrei wird ein „Nein". Weiter geht es mit: „Ich will nicht." Später: „Ich will nicht lesen (schreiben, rechnen, ...)." Anschließend kann man dann nach dem Grund fragen: „Warum willst du nicht ...?" Die nächste Steigerung wäre dann, nach Alternativen zu fragen. Das verbale Ausdrücken des Nicht-Wollens ist ein Mand (siehe Kapitel 4.2.1).

- Sorgen Sie – wenn nötig – für eine reizarme Lernumgebung. Die Sinnesverarbeitung von Autisten ist beeinträchtigt. Manche Kinder lassen sich durch Umgebungsreize sehr leicht ablenken. Andererseits müssen Kinder in einer „normalen" Welt zurechtkommen und die gelernten Fähigkeiten möglichst schnell generalisieren. Daher wird von professionellen Beratern nur eine kontrollierte Lernumgebung gefordert (Verstärkerkontrolle). Falls eine reizarme Lernumgebung zum Einsatz kommt, dann sollte diese – ähnlich wie ein Prompt – mit der Zeit ausgeblendet werden.

- Achten Sie auch auf Faktoren, die außerhalb von ABA/VB liegen: ein geregelter Tagesablauf, genügend Schlaf, eine ausgewogene Ernährung, reichlich Trinken, nicht zu viel Fernsehkonsum und ausreichend Bewegung.

5.5 Transferverfahren (Transfer Procedures)

Es ist wichtig, dass Ihr Kind beim Unterricht ständig Erfolg hat und sich in der Aufwärtsspirale befindet. Um das zu erreichen, gibt es zwei Prinzipien, die gleichzeitig zum Einsatz kommen:

- Fehlerfreies Lernen (siehe 3.1).

- Transferverfahren (siehe [49]).

Ein Transfer findet dann statt, wenn ein Reiz-Reaktions-Muster bereits erlernt ist und jetzt die gleiche oder ähnliche Reaktion auch mit einem anderen Reiz (S^D) funktionieren soll. Wenn Sie eine neue Fähigkeit trainieren wollen, überlegen Sie sich jedes Mal, unter welchen Bedingungen das Kind die gleiche oder eine ähnliche Reaktion hervorbringen kann. Das benutzen Sie als Startpunkt. Das Kind zeigt die gewünschte Reaktion auf den neuen S^D mit höherer Wahrscheinlichkeit, wenn es diese bereits kurz zuvor mit dem alten S^D gezeigt hat. Vergrößern Sie nach und nach den „Abstand" zwischen beiden Reiz-Reaktions-Mustern z. B. durch Dazwischenschieben von bereits gemeisterten Aufgaben, bis das Kind auch auf den neuen S^D richtig reagiert. Sie können auch alten und neuen S^D eine Weile lang paaren und anschließend den alten S^D mit der Zeit ausblenden. Hier sind einige Beispiele aufgeführt. In [49] gibt es noch mehr davon.

Imitation $\Rightarrow$ neuer S^D

Das Kind kann springen imitieren und soll den S^D für springen lernen:

Papa: „Mache das!" (Papa springt.)
Kind: (Kind imitiert das Springen.)
Papa: „Springe!" (Papa springt.)
Kind: (Kind springt.)
Papa: „Springe!"
Kind: (Kind springt.)

Mand $\Rightarrow$ Tact Transfer

Das Kind beherrscht den Mand für Puzzle und soll jetzt den Tact für den gleichen Gegenstand lernen:

Papa: (Papa zeigt ein Puzzle.) „Was willst du?"
Kind: „Puzzle."
Papa: „Was ist das?"
Kind: „Puzzle."
Papa: „Was willst du?"
Kind: „Puzzle."

Jetzt besteht eine gemeinsame Kontrolle (joint control) von Mand und Tact. Mischen Sie mit der Zeit andere Aufgaben zwischen den Mand und den Tact für das Puzzle.

Tact ⇒ Intraverbal, FFC

Das Kind kann ein Fahrrad bezeichnen aber noch nicht korrekt antworten, wenn Merkmal, Funktion oder Kategorie von einem Fahrrad gegeben sind:

Papa: „Was ist das?" (Papa zeigt Fahrrad.)
Kind: „Fahrrad."
Papa: „Was hat zwei Räder und eine Klingel?"
Kind: „Fahrrad."

6 ABA/VB in der Praxis

Eine komplette ABA/VB-Therapie mit professionellen Therapeuten (die es im deutschsprachigen Raum praktisch nicht gibt) kostet ungefähr 90.000 Euro im Jahr. Das kann sich ein Normalverdiener nicht leisten. Dieses Kapitel zeigt neben anderen vielen praktischen Gesichtspunkten einen Weg, der für insgesamt etwa 15.000 Euro im Jahr und unter Einsatz von Sozialleistungen auch für Eltern mit durchschnittlichem Budget machbar ist.

6.1 Diagnose Autismus – was nun?

Ihr Kind hat eine Diagnose aus dem autistischen Spektrum. Was ist zu tun? Wichtig ist: keine Zeit verlieren. Denn je jünger Ihr Kind bei der Diagnose ist, umso besser. Auch wenn Sie nur eine Verdachtsdiagnose haben oder wenn Ihr Kind „nur" autistische Züge oder PDD-NOS[1] hat, sollten Sie gleich durchstarten. Jedes Kind ist anders betroffen. Die folgenden Vorschläge werden nicht auf alle Kinder zutreffen:

1. Lesen Sie das Buch von Catherine Maurice, „Ich würde euch so gern verstehen" (siehe [2]). Wer will, kann alternativ das amerikanische Original lesen: „Let Me Hear Your Voice, A Family's Triumph Over Autism" (siehe [1]). Die Autorin hatte eine frühe Diagnose (Alter: zwei Jahre) für ihre Tochter. Mit klassischem ABA – angelehnt an Lovaas – hat sie sie so weit gebracht, dass die Diagnose Autismus nicht mehr Bestand hatte. Der Fall ist auch medizinisch belegt. Sie war noch nicht mit ihrer Tochter fertig, da bekam auch ihr Sohn Autismus. Catherine musste gleich zwei ihrer Kinder dem Autismus entreißen. Das Buch ist sehr lesenswert und fesselnd. Obwohl die Autorin eine reichlich „amerikanisch-verrückte" Mutter ist, konnte ich das Buch nicht mehr aus der Hand legen und las die ganze Nacht durch. Für mich war es die Initialzündung, mit ABA bei meinem Sohn zu beginnen.

2. Besuchen Sie einen ABA/VB-Einführungs-Workshop, um die Grundlagen von Applied Behaviour Analysis (ABA) und Verbal Behaviour (VB) zu lernen. Anbieter sind unter [57] aufgelistet. So ein Workshop kostet Geld, aber

---

[1]Pervasive Development Disorder, Not Otherwise Specified: durchdringende Entwicklungsstörung, nicht anderweitig spezifiziert.

er ist sein Geld wert. Treten Sie dem Forum von ABA-Eltern e. V. (siehe [57]) bei, sowie der Yahoo ABA E-Mail-Gruppe (siehe [59]). Der Austausch und die Vernetzung mit anderen Eltern sind wertvoll.

3. Installieren Sie ein ABA/VB-Programm zu Hause. Holen Sie sich professionelle Beratung ins Haus. Diese Berater stellen fest, wo Ihr Kind steht, und erstellen ein individuelles Rahmenprogramm mit den nächsten Lernzielen. Stellen Sie mehrere Co-Therapeuten ein und lernen Sie sie an. Sie können nicht alles alleine machen.

4. Beginnen Sie mit biomedizinischen Ansätzen (siehe [24] und [56]). Wenn möglich, sollte das zeitgleich mit den anderen Aktionen laufen.

5. Beantragen Sie Sozialleistungen (siehe Kapitel 6.4.1). Dies sollte parallel zu den anderen Aktionen laufen.

6. Treten Sie in den für Ihre Gegend zuständigen Autismusverband ein und besuchen Sie die Veranstaltungen des Verbandes. Werden Sie Mitglied beim Verein ABA-Eltern e. V. in Deutschland (siehe [57]) oder beim Verein ABA-Parents in der Schweiz (siehe [58]).

7. Eignen Sie sich viel Wissen über Autismus, mögliche Therapieformen und alternative Sprachformen an: neben ABA/VB und Biomedizin z. B. Tomatis, TEACCH, Gebärdensprache[2], PECS, Sensorische Integration, Neurofeedback, Reittherapie, FC etc. Probieren Sie aus, wovon Ihr Kind am meisten profitiert.

Es gibt viel zu tun. Sie sehen vielleicht vor lauter Bäumen den Wald nicht mehr. Aber fangen Sie einfach an. Andere Eltern haben es auch geschafft. Die Fortschritte Ihres Kindes sollten für Sie selbst Verstärkung genug sein. Wenn Sie als Eltern nicht für die adäquate Förderung Ihres Kindes mit autistischer Behinderung sorgen, dann tut es niemand.

6.2 ABA/VB-Programme

Ein ABA/VB-Programm muss immer individuell angepasst werden. Es gibt nichts fertig von der Stange. Die mir bekannten professionellen ABA/VB-Anbieter arbeiten nach den ABLLS-R™ (Assessment of Basic Language and Learning Skills – Revised, auf Deutsch etwa: Feststellen der grundlegenden Sprach- und Lernfähigkeiten – überarbeitete Ausgabe). Schauen Sie sich aber auch die anderen Programme an. Da sind sehr interessante Sachen dabei.

---

[2]Gebärdensprache ist meist besser als PECS.

6.2.1 Klassische Programme

Die ABA-Methode basiert auf den Pionierleistungen des Norwegers Dr. Ole Ivar Lovaas. Die von ihm entwickelte ABA-Grundform wird auch klassisches ABA genannt. Sein Buch „*Teaching Developmentally Disabled Children, The ME Book*" (siehe [4]), kurz auch „The ME Book" (das Mich-Buch) genannt, ist der Klassiker schlechthin. Auch wenn Sie modernes ABA/VB betreiben (was ich Ihnen sehr ans Herz lege), so sollten Sie trotzdem dieses Buch lesen. Obwohl es aus heutiger Sicht eingeschränkt ist, können Sie doch viele wertvolle Erkenntnisse daraus ziehen. Keiner zeigt die Problematik so gut auf wie Lovaas. Die beschriebenen Lernziele sind grundlegend für weiterführende Programme.

Das andere Buch von Lovaas heißt: „*The Autistic Child, Language Development Through Behavior Modification*" (siehe [3]). Es ist vergriffen und nur noch über Fernleihe erhältlich. Hier beschreibt Lovaas handfeste Schritte, um nicht sprechenden Autisten die mündliche Sprache beizubringen. Falls dies nicht funktioniert, empfiehlt er schon damals den Einsatz von Zeichensprache.

Aufbauend auf Lovaas beschreibt Catherine Maurice zusammen mit anderen Autoren in ihrem Buch „*Behavioral Intervention For Young Children With Autism, A Manual for Parents and Professionals*" (siehe [7]) das Programm, mit dem sie ihre beiden Kinder dem Autismus entrissen hat.

6.2.2 Moderne Programme

Ein gutes Programm ist das von Ron Leaf und John McEachin: „*A Work in Progress: Behavior Management Strategies and a Curriculum for Intensive Behavioral Treatment of Autism*" (siehe [8]). Die Autoren waren Schüler von Lovaas und haben seine Ergebnisse erweitert und verbessert. Obwohl sie zwanzig Jahre gebraucht haben, um dieses Buch zu schreiben, bezeichnen sie es als „A Work in Progress". Das bedeutet frei übersetzt so viel wie „Baustelle", also etwas, das noch nicht fertig ist. Es kommen immer neue Erkenntnisse hinzu, oder vorhandene Ansätze werden verbessert. Das Werk ist umfassend und praxisorientiert. Obwohl Verbal Behaviour (VB) nicht explizit erwähnt wird, so sind doch VB-Elemente mit enthalten.

Wie schon am Kapitelanfang erwähnt, sind die ABLLS-R™ führend unter den ABA/VB-Programmen: „*The Assessment of Basic Language and Learning Skills – Revised (The ABLLS(TM)-R Protocol)*" von James W. Partington (siehe [5]). Mehrere Hundert Lernziele (objectives) sind gut sortiert aufgelistet. Die Buchstaben von A bis Z bezeichnen die jeweilige Kategorie (siehe Tabelle 6.1). Innerhalb einer Kategorie werden die Lernziele mit Zahlen durchnummeriert. Die ABLLS-R™ lassen sich sehr schön in einem Excel- oder OpenOffice-Formular darstellen. Es gibt fertige Excel-Vorlagen im Internet, einfach danach bei Google suchen. Ihre professionellen ABA/VB-Berater stellen fest, welche Lernziele bereits erreicht sind. Diese werden dann – bei jedem Beratungstermin in einer neuen Farbe – im Excel-Formular markiert. Die Lernziele in den Kategorien A bis I entsprechen Kenntnissen, die ein neurotypisches Kind im Alter von vier Jahren normalerweise hat. So gut und umfassend die ABLLS-R™ auch sind, sie haben einen Nachteil: Sie beschreiben zwar die Lernziele, aber nicht, wie man sie erreicht. Da sind dann Ihre Berater und Ihre eigene Kreativität gefragt.

	Englische Bezeichnung	Deutsche Übersetzung	Bereich
A	Cooperation & Reinforcer Effectiveness	Kooperation & Verstärker Effektivität	Soziale und sprachliche Fertigkeiten
B	Visual Performance	Visuelle Performance	
C	Receptive Language	Rezeptives Sprachvermögen	
D	Imitation	Imitation	
E	Vocal Imitation	Vokale (stimmliche) Imitation	
F	Requests (Mand)	Fordern (Mand)	
G	Labeling (Tact)	Bezeichnen (Tact)	
H	Intraverbals	Intraverbals	
I	Spontaneous Vocalizations	Spontanes Sprechen	
J	Syntax and Grammar	Syntax und Grammatik	
K	Play and Leisure	Spiel und Freizeit	
L	Social Interaction	Soziale Interaktion	
M	Group Instruction	Gruppenanweisungen	
N	Classroom Routines	Klassenzimmerroutinen	
O			
P	Generalized Responding	Generalisiertes Antworten	Akademische Fähigkeiten
Q	Reading (Textual)	Lesen (Textual)	
R	Math	Mathe	
S	Writing (Transcription)	Schreiben (Transkription)	
T	Spelling	Buchstabieren	
U	Dressing	Ankleiden	Selbsthilfe
V	Eating	Essen	
W	Grooming	Körperpflege	
X	Toileting	Toilettengang	
Y	Gross Motor	Grobmotorik	Motorik
Z	Fine Motor	Feinmotorik	

Tabelle 6.1: ABLLS-R™ Lernziel-Kategorien

Gerade für junge Kinder ist das *Verbal Behaviour Milestones Assessment and Placement Program (VB-MAPP™)* von Dr. Mark Sundberg eine Alternative zu den ABLLS-R™ (siehe [6]). Auf Deutsch heißt dieses Programm etwa: Beurteilungs- und Einordnungsprogramm für verbales Verhalten. Es hat den Vorteil, dass ein direkter Bezug zwischen den betreffenden Fähigkeiten und dem Entwicklungsstand eines neurotypischen Kindes dargestellt wird.

6.2.3 Programme für den fortgeschrittenen ABA/VB-Schüler

„Was machen wir nur, wenn wir mit dem Lovaas-Programm durch sind?" Diese Frage stellten sich die Autorinnen Sabrina Freeman und Lorelei Dake, und ihre Antwort ist dieses Buch: „*Teach Me Language. A language manual for children with autism, Asperger's syndrome and related development disorders*" (siehe [11]). In der heutigen Zeit würde ich die einführende Frage austauschen gegen: „Was machen wir nur, wenn wir mit den ABLLS-R™ durch sind?" Die Antwort ist immer noch die gleiche: mit „Teach Me Language" (TML) weitermachen.

6.3 Umsetzung einer ABA/VB-Therapie

Aller Anfang ist bekanntlich schwer. Die Umsetzung einer ABA/VB-Therapie bei Ihnen zu Hause ist machbar: Sie brauchen Wissen, professionelle Beratung, Co-Therapeuten, Gehirnschmalz, Geld und viel Kraft. Dieses Kapitel will Ihnen zeigen, wie Sie das bewerkstelligen können.

6.3.1 Eigene Lernkurve

Bevor Sie anfangen, Ihr Kind fit zu machen, müssen Sie selbst erst einmal fit werden. Sie brauchen ausreichend Wissen über ABA/VB. Dies bekommen Sie durch Lesen der Fachliteratur und durch Besuche von ABA/VB-Workshops. Im Literaturverzeichnis sind entsprechende Empfehlungen. Englische Sprachkenntnisse sind vorteilhaft, deutsche Übersetzungen der meist amerikanischen Fachliteratur sind noch selten. Lernen Sie von anderen betroffenen Eltern. Nutzen Sie das Internet (siehe auch Kapitel 6.1), um an Informationen und Kontakte zu kommen. Werden Sie zum besten Lehrer Ihres Kindes. Geben Sie später Ihr Wissen und Ihre Erfahrungen an andere betroffene Eltern weiter.

6.3.2 Professionelle Beratung

Eigenes ABA/VB-Wissen ist notwendig, aber nicht hinreichend. Lassen Sie sich professionelle ABA/VB-Beratung mehrmals im Jahr ins Haus kommen. Diese Leute stellen fest, wo Ihr Kind steht, und sie erstellen ein individuell angepasstes Rahmenprogramm über die nächsten Lernziele. Weiterhin bekommen Sie von erfahrenen Beratern wertvolle Tipps im Umgang mit Ihrem Kind. Manchmal gibt es sogar Videoaufnahmen, die für das Anlernen von neuen Co-Therapeuten sehr hilfreich sind. Professionelle Berater kosten Geld. Die Leute leben schließlich davon. Aber sie sind ihr Geld wert.

6.3.3 Co-Therapeuten

Sie können nicht alles alleine machen, auch nicht ansatzweise. Sie sind kräftemäßig eher am Ende als Ihr Kind. Ihr Kind hält länger durch als Sie. Deswegen brauchen Sie mehrere Co-Therapeuten. Das sind im ABA/VB-Jargon angelernte Leute, die mit Ihrem Kind arbeiten. Die Eltern sollten zwar die Hauptlast einer ABA/VB-Therapie tragen. Sie sollten dabei aber tatkräftig von Co-Therapeuten unterstützt werden. Falls diese jedoch gehen, fällt das Programm nicht zusammen, sondern bleibt durch die Eltern bestehen. Eltern sollten auch so gut über die Programme Bescheid wissen, dass sie neue Leute anleiten können. Manche Co-Therapeuten werden mit der Zeit zu echten Profis, die Sie nicht mehr missen wollen.

Einstellen von Co-Therapeuten

Wie kommt man an Co-Therapeuten? Fragen Sie nach: in der Verwandtschaft, in der Nachbarschaft und im Bekanntenkreis. Schreiben Sie entsprechende Anzeigen in der regionalen Presse oder in regionalen Internet-Stellenbörsen. Meist kommen Schüler (ab etwa sechzehn Jahre) oder Studenten infrage. Wir hatten aber auch schon einmal einen frühpensionierten Beamten. Es müssen Leute sein, die Zeit haben, Geld brauchen, gefestigte Persönlichkeiten sind und Lernfähigkeit sowie Einfühlungsvermögen mitbringen. Sie sollen Teil der Lösung sein, nicht Teil des Problems. Beruflich nicht vorbelastete Personen sind oft leichter auf ABA/VB anzulernen als einschlägige Fachleute, die ihr Fachwissen schon mitbringen und eine gewisse Lernresistenz für Neues haben. Falls sich an Ihrem Ort eine Hochschule mit der Fachrichtung Psychologie oder (Sonder-)Pädagogik befindet, dann können sich die Studenten ihre Co-Therapeutentätigkeit unter Umständen als Praktikum anrechnen lassen.

Eine Stellenanzeige könnte neben Ihren Kontaktdaten und den üblichen Details über Arbeitszeiten, Bezahlung und Arbeitsort folgenden Text enthalten: „Wir suchen mehrere Schüler oder Studenten (m/w) als Co-Therapeuten zur stundenweisen Förderung unseres Sohnes (x Jahre, autistisch behindert) nach Applied Behaviour Analysis / Verbal Behaviour (ABA/VB). Sie wissen nicht, was ABA/VB ist? Das macht überhaupt nichts. Wir lernen Sie gründlich ein in diese wissenschaftlich am besten erforschte Methode zur Förderung von Menschen mit Autismus. Wir stellen Ihnen auch ein entsprechendes Lernprogramm.

Sie bringen mit:

- Lernfähigkeit

- Einfühlungsvermögen in ein Kind mit autistischer Behinderung

- Eine solide Persönlichkeit

- Geduld und Ausdauer

Diese sinnvolle und interessante Tätigkeit bringt Ihnen neben einer angemessenen Bezahlung wertvolle Kenntnisse über Autismus und über den verhaltenstherapeutischen Ansatz nach ABA/VB. Studenten der Fachrichtungen (Sonder-)Pädagogik und Psychologie können sich unter Umständen Praktikumszeiten anrechnen lassen."

Anlernen von Co-Therapeuten

Da ABA/VB in Deutschland leider noch wenig bekannt ist, werden Sie kaum Co-Therapeuten bekommen, die schon in einer anderen Familie gearbeitet haben. Sie müssen bereit sein, unerfahrene Leute einzustellen. Wenn Sie mit einer ABA/VB-Therapie am Anfang stehen, dann dürfen Sie die neuen Co-Therapeuten selbst anlernen. Wenn Sie bereits erfahrene Co-Therapeuten haben, die Ihnen durch einen neuen Lebensabschnitt (Studium oder Beruf) in naher Zukunft abhandenkommen, dann delegieren Sie das Anlernen von neuen Leuten rechtzeitig an Ihre erfahrenen Co-Therapeuten.

Laden Sie Ihre Co-Therapeuten unbedingt zu den Terminen Ihrer professionellen ABA/VB-Berater ein und bezahlen Sie auch diese Zeit. Geben Sie Ihren Co-Therapeuten Ihre Fachliteratur zum Lesen. Sehr bewährt hat sich für Anfänger das Buch von Catherine Maurice (siehe [2]).

Bezahlung von Co-Therapeuten

Seien Sie auf keinen Fall geizig. Entlohnung ist ein Hygienefaktor. Sie muss stimmen. Sauberer als sauber geht allerdings nicht mehr. Analog dazu bringt eine mehr als gute Bezahlung keine zusätzlichen Vorteile. Orientieren Sie sich an dem Stundenlohn, den ein guter Babysitter an Ihrem Wohnort bekommt, und legen Sie noch ein paar Euronen obendrauf. Bauen Sie zusätzlich eine Progression ein: Wenn Ihre Co-Therapeuten mit der Zeit richtig gut werden, dann sollen sie auch mehr Geld bekommen. Das motiviert sie, noch besser zu werden. Sie stehen dann auch gerne zur Verfügung, wenn sie gebraucht werden. Sie bekommen neben Geld zusätzlich wertvolles Wissen, das sie später unter anderem für ihre eigenen Kinder einsetzen können. Manchmal ergeben sich daraus auch berufliche Perspektiven. Zu besonderen Anlässen, z.B. Weihnachten, sollten Sie Ihre Co-Therapeuten mit kleinen Aufmerksamkeiten verwöhnen.

Umgang mit Co-Therapeuten

Spöttische Zungen in der Industrie behaupten, Team stehe für: Toll, ein anderer macht's. Bei Ihnen zu Hause sollte Team natürlich wirklich Team bedeuten: Gehen Sie mit Ihren Co-Therapeuten pfleglich um. Nehmen Sie Rücksicht auf besondere Umstände, zum Beispiel wenn Prüfungen (Abitur, Studium etc.) anstehen. Stellen Sie lieber einen Co-Therapeuten mehr ein, damit bei Verhinderung jemand anderes einspringen kann. Teilen Sie den Tag in Schichten ein. Bewährt haben sich eine Vormittags- und eine Nachmittagsschicht zu je drei Stunden am Tag. Bei schulpflichtigen Kindern ist die Vormittagsschicht während der Schultage zu Hause natürlich nicht möglich. Ein Co-Therapeut sollte immer nur eine Schicht pro Tag fahren, sonst droht Verschleiß. Vergleichen Sie Ihre Co-Therapeuten nicht untereinander. Kommunizieren Sie gute Ideen und Vorschläge. Schreiben Sie für die betreffende Schicht ein Programm. Sorgen Sie aber dafür, dass sich Ihre Co-Therapeuten nicht sklavisch daran halten, sondern die jeweilige Situation mit einbeziehen und ihre eigene Kreativität entwickeln.

6.3.4 Kindergarten

Die Diagnose Autismus erfolgt meist leider erst recht spät im Alter von vier Jahren. Zu diesem Zeitpunkt sind die Kinder üblicherweise im Kindergarten. Oft stellen auch erst die Erzieherinnen fest, dass etwas nicht stimmt. Erzieher wissen im Normalfall nicht viel über Autismus und effektive Therapieformen. Bis die Eltern wissen, was Autismus ist, und ihre Lernkurve durchschritten haben, vergeht viel zu viel wertvolle Zeit.

Ob nun ein Sonder- oder ein Regelkindergarten Sinn macht, bleibt dem Einzelfall überlassen. Eltern haben gegenüber den Erziehern keine Weisungsbefugnis. Sie müssen überzeugend tätig werden und die Kooperation suchen. Da die Kinder recht viel Zeit im Kindergarten verbringen, soll diese gut genutzt sein. Schicken Sie – nach Absprache mit den Erziehern – Ihren professionellen ABA/VB-Berater auch in den Kindergarten. Leihen Sie den Erziehern Ihre Fachliteratur aus. Am Anfang empfiehlt sich das Buch von Catherine Maurice (siehe [2]). Es kann auch sinnvoll sein, die eigenen Co-Therapeuten in den Kindergarten zu schicken. Eine Erzieherin hat oft mehr als zwanzig Kinder zu betreuen. Kinder mit Autismus dagegen brauchen Kleingruppen und eine intensive Einzelförderung, die eine Erzieherin wegen der üblichen Gruppenstärken gar nicht leisten kann.

Im Gegensatz zur Schulpflicht gibt es keine Kindergartenpflicht. Sie haben die Alternative, Ihr Kind zu Hause zu fördern. Das sollten Sie auch tun, falls es im Kindergarten nicht so gut läuft.

6.3.5 Schule

Die Schulsituation ist für Kinder mit Autismus oft unbefriedigend. Sie passen meistens nirgends so recht hinein. Einerseits brauchen sie eine intensive Förderung in kleinen Gruppen mit gesunden sozialen Strukturen, andererseits sind sie nicht geistig behindert und in einer Schule für Kinder mit geistiger Behinderung (GB-Schule) entsprechend unterfordert. In individuellen Fällen kann es Sinn machen, die Einschulung zurückzustellen, um mehr Zeit zu gewinnen, das Kind für die Regelschule fit zu machen. Hier ist in der Regel eine Schulbegleitung nötig.

Wegen Verhaltensproblemen und Defiziten im Sozialverhalten ist für viele Kinder mit Autismus auch bei normaler Intelligenz eine GB-Schule die einzig sinnvolle Lösung. Die Kinder verbringen viel Zeit in der Schule. In einer GB-Schule hat man zwar Kleingruppen mit intensiver Betreuung, Kinder mit Autismus laufen aber Gefahr, unterfordert zu werden. Die Kulturtechniken Lesen, Schreiben und Rechnen sind nicht primäres Lernziel an GB-Schulen. Wenn Sie Ihrem Kind diese Kulturtechniken nicht zu Hause beibringen, dann tut es im Normalfall niemand. Ein stundenweiser Besuch einer Regelschule mit Schulbegleiter in Kombination mit einer GB-Schule kann im Einzelfall auch Sinn machen.

Sie haben keine Weisungsbefugnis gegenüber den (Sonder-)Pädagogen. Sie müssen also wieder überzeugend tätig werden und die Lehrer mit Informationen versorgen. Erwarten Sie nicht, dass ein Sonderpädagoge Ahnung von ABA/VB hat. Aber im Vergleich zu anderen Fachleuten sind sie deutlich weniger lernresistent und oft offen für neue Ansätze. Die beste Motivation für Lehrer, selbst ABA/VB einzusetzen, sind die Fortschritte Ihres Kindes, die Sie zu Hause erarbeitet haben.

Schicken Sie – nach Absprache mit den Lehrern – Ihren professionellen ABA/VB-Berater auch in die Schule oder laden Sie die Lehrer zu den Beratungsterminen nach Hause ein.

6.3.6 Geschwisterkinder

Das Kind mit autistischer Behinderung steht im Mittelpunkt der Familie. Neurotypische Geschwisterkinder dürfen nicht zu kurz kommen. Planen Sie feste Zeiten mit Aktivitäten für Ihre neurotypischen Kinder ein, bei denen das Kind mit Behinderung nicht dabei ist. So haben Geschwisterkinder auch einmal eine Pause vom Autismus. Lokale Autismusverbände bieten spezielle Geschwisterwochenenden an. Nutzen Sie diese Angebote.

Versuchen Sie Verständnis bei den Geschwisterkindern für die Behinderung des Kindes mit Autismus zu wecken. Ein Problem ist, dass sie mit ihrer behinderten Schwester oder ihrem behinderten Bruder nicht wie mit anderen Kindern spielen können. Wenn es Streit zwischen den Kindern gibt, dann müssen Sie sich ganz leise freuen können. Für ein Kind mit Autismus ist es ein großer Fortschritt, wenn es sich mit seiner neurotypischen Schwester oder seinem neurotypischen Bruder streiten kann. ABA/VB funktioniert übrigens auch bei neurotypischen Kindern sehr gut. Sie brauchen nur viel weniger davon.

6.4 Finanzielle Aspekte

ABA does not fix the resource problem.

(ABA löst nicht das Ressourcenproblem.)

Dr. Vincent Carbone

„Pecunia non olet (Geld stinkt nicht)", entgegnete Kaiser Augustus vor etwa 2000 Jahren seinen Beratern, die ihm vergeblich die Absicht ausreden wollten, Geld für die Benutzung der öffentlichen Bedürfnisanstalten zu verlangen. In diesem Kapitel interessiert weniger der Geruch von Geld, sondern mehr die einfache Tatsache, dass Sie jede Menge davon brauchen. Es stehen Ihnen Sozialleistungen zu, die Sie unbedingt einsetzen sollten, um die Kosten einer ABA/VB-Therapie wenigstens teilweise abzudecken. Dann müssen Sie natürlich auch wissen, wie man die Kosten aus eigener Tasche beim Finanzamt als außergewöhnliche Belastung anerkannt bekommt.

6.4.1 Sozialleistungen

Das Thema Sozialleistungen für Menschen mit Behinderung ist recht komplex und kann hier nur umrissen werden. Die Regelungen dazu sind ständig im Fluss; jedes Jahr gibt es Änderungen. Dieses Buch kann und darf keine juristische Beratung machen, das ist den Rechtsanwälten vorbehalten. Gute Informationen und Literatur gibt es u. a. auf der Homepage der Lebenshilfe (siehe [63]). Wir hatten eine gute Sozialberatung im Kinderzentrum Maulbronn. Eines gleich vorweg: Haben Sie absolut keine Skrupel, diese Gelder zum Wohle Ihres Kindes in Anspruch zu nehmen. Informieren Sie sich gut. Wenn Sie es nicht tun, dann freuen sich andere, weil man Gelder spart. Oft gibt es nichts rückwirkend. Beantragen Sie diese Leistungen umgehend. Das Pflegegesetz ist im Internet frei verfügbar und kann leicht per Google gefunden werden. Hier sind im Überblick die wichtigsten Sozialleistungen für Autisten in Deutschland beschrieben (Stand 2016). Die Situation in der Schweiz oder in Österreich ist sicher eine ganz andere.

Vorher noch ein Wort in eigener Sache: Mir wäre es bedeutend lieber, mein Sohn wäre nicht behindert und wir könnten auf diese ganzen Sozialleistungen verzichten.

Schwerbehindertenausweis

Den Schwerbehindertenausweis beantragt man beim Versorgungsamt. Mein Sohn Gregor hat einen Grad der Behinderung (GdB) von 100 % mit den Merkzeichen B,

G und H. Damit hat er bundesweit Freifahrt im öffentlichen Nahverkehr. Nur im IC oder ICE muss er zahlen. Eine Begleitperson fährt kostenlos mit. Sobald Sie den Schwerbehindertenausweis haben, sollten Sie sich den Behindertenpauschbetrag auf der Lohnsteuerkarte eintragen lassen.

Pflegegeld

Dieses wird formlos bei der Pflegekasse beantragt, etwa so: Ich beantrage hiermit Leistungen nach dem Pflegegesetz für meinen Sohn ... Dann kommt der medizinische Dienst der Krankenkassen (MdK) ins Haus und stellt fest, ob eine, und wenn ja, welche Pflegestufe vorliegt. Mein Sohn Gregor hatte zuerst Pflegestufe I. Inzwischen hat er die Pflegestufe II mit erheblichem allgemeinen Betreuungsbedarf. Das macht im Monat 545 Euro an Pflegegeld (Stand 2016). Außerdem gibt es noch Leistungen in Form von Verhinderungspflege und zusätzlichen Betreuungsleistungen.

Verhinderungspflege

Die Pflegeperson braucht auch mal Erholung oder hat einen Arztbesuch nötig. Hierzu muss das Kind mit Behinderung von anderen Leuten betreut werden. Zu diesem Zweck gibt es die Verhinderungspflege. Diese beträgt 1.612 Euro (Stand 2016) im Jahr und verfällt mit Ablauf des betreffendes Jahres. Man kann damit aber nur Betreuung bezahlen, keine Therapie. Ich habe Folgendes mit der Pflegekasse vereinbart: Ich trete in Vorkasse und bezahle die Betreuungspersonen direkt gegen Quittung. Diese sammle ich und schicke sie ein- bis zweimal im Jahr an die Pflegekasse mit Bitte um Erstattung. Als Grund gebe ich die nötige Erholung der Pflegeperson an. Die Betreuungspersonen dürfen keine Verwandten ersten Grades sein. Sie sind auch bei der Pflegekasse gemeldet. Vorsicht: Bei acht und mehr Stunden Verhinderungspflege pro Tag wird das Pflegegeld gekürzt. Bis sieben Stunden neunundfünfzig Minuten wird nichts gekürzt. Sie wollen mit dem Geld aus der Verhinderungspflege die Co-Therapeuten für eine ABA/VB-Therapie bezahlen? Seien Sie doch auch mal ein bisschen kreativ! Auch Co-Therapeuten dürfen Kinder mit Autismus betreuen. Und was während der Betreuung gemacht wird, das bleibt Ihnen selbst überlassen. Auf der Quittung steht dann korrekterweise Betreuung mit Uhrzeit und Datum. Den Stundenlohn für die Betreuungspersonen legen Sie selbst fest.

Kurzzeitpflege

Pflegebedürftige Menschen mit einer Pflegestufe können sich unter gewissen Bedingungen in einer Pflegeeinrichtung vollstationär betreuen lassen, wenn es zu Hause für diesen Zeitraum keine Betreuungsmöglichkeit gibt. Der Kostenzuschuss der Pflegekasse beträgt 1.612 Euro im Jahr (Stand 2016). Die Hälfte dieses Betrages kann man sich per Antrag zusätzlich auf die Verhinderungspflege übertragen lassen.

Zusätzliche Betreuungsleistungen

Unter gewissen Voraussetzungen gibt es zusätzliche Betreuungsleistungen von der Pflegekasse in Höhe von 104 Euro pro Monat. Wieder unter gewissen Voraussetzungen und nach Antrag gibt es erhöhte zusätzliche Betreuungsleistungen in Höhe von 208 Euro pro Monat (Stand 2016). Diese Gelder verfallen mit Ablauf des Folge**halb**jahres. Man kann sie nur über „anerkannte" Organisationen abgreifen. Das Ehrenamt und niederschwellige Betreuungsangebote sollen gefördert werden. Die Co-Therapeuten müssen ehrenamtliche Mitarbeiter bei dieser Organisation werden.

Grundsätzlich beantrage ich immer zum Jahresende Verhinderungspflege und zusätzliche Betreuungsleistungen für das neue kommende Jahr, nur um sicherzugehen, dass es keine Probleme gibt. So, und jetzt zücken Sie mal den Taschenrechner und rechnen Sie nach, was Ihrem Kind mit Behinderung an Leistungen der Pflegekasse zusteht. Mit diesen Geldern können Sie schon eine ganze Menge an ABA/VB-Förderung auf die Beine stellen, ohne das eigene Portemonnaie angreifen zu müssen.

Eingliederungshilfe

Eingliederungshilfe ist Sozialhilfe und immer nachrangig. Die gesetzlichen Regelungen stehen im Sozialgesetzbuch (SGB). Dieses ist im Internet frei verfügbar. Ein ganz wichtiger Punkt bei diesem sehr komplexen Thema: Nach § 19 III SGB XII wird Eingliederungshilfe zwar generell abhängig vom eigenen Einkommen der Behinderten bzw. ihrer Ehegatten oder bei Minderjährigen ihrer Eltern gewährt. Jedoch wird nach § 92 SGB XII diese Anrechnung eingeschränkt auf die Kosten des Lebensunterhalts im Falle von (siehe [65]):

- Heilpädagogischen Maßnahmen (und Maßnahmen zur Teilhabe an der Gemeinschaft) *für Kinder, die noch nicht eingeschult sind.*

- Hilfe zu einer *angemessenen Schulbildung* einschließlich der Vorbereitung hierzu.

- Hilfe zur *schulischen Ausbildung für einen angemessenen Beruf* in speziellen Einrichtungen etc.

Sofern Sie also ein halbwegs passables Einkommen haben, sollten Sie bei Ihrem Antrag geltend machen, dass die geplante Maßnahme in eine der drei oben genannten Kategorien fällt. Andernfalls wird man Ihnen vorrechnen, dass Sie zu viel verdienen. Sie sollten sich in diesem Fall auch weigern, Ihre finanzielle Situation gegenüber dem Sozialamt offenzulegen.

Anstelle von Eingliederungshilfe (Sozialamt) kann auch Jugendhilfe (Jugendamt) infrage kommen, wenn bei Kindern oder Jugendlichen eine sogenannte „seelische Behinderung" vorliegt. Diese reichlich unglückliche Bezeichnung trifft aber (wenn überhaupt) nur auf Personen mit Asperger-Autismus zu. Da Behördenmitarbeiter im überwiegenden Fall keine Ahnung von Autismus haben, kann es zwischen Sozialamt und Jugendamt zu einem unseligen Pingpong der Zuständigkeit kommen. Hat Ihr Kind frühkindlichen Autismus, dann sollten Sie auf jeden Fall auf Eingliederungshilfe bestehen.

Das Verhalten der Sozialämter bei einem Antrag auf Eingliederungshilfe für eine Therapie bzw. Förderung nach ABA/VB ist in Deutschland sehr unterschiedlich: Es gibt Sozialämter, die funktionieren und bezahlen diese Therapieform anstandslos. Es gibt andere Sozialämter, die sich mit aller Gewalt und sehr dünnen Begründungen ums Zahlen drücken. Lassen Sie sich das nicht gefallen. Wenn das Sozialamt seine Fristen für einen Bescheid überschreitet, dann setzen Sie es unter Verzug und drohen mit Untätigkeitsklage. Im Falle einer Ablehnung legen Sie Widerspruch ein. Falls auch dieser abgelehnt wird, dann klagen Sie vor dem Sozialgericht. Die Klage selbst ist kostenfrei. Sie können sich selbst vertreten, trotzdem ist ein im Sozialrecht fitter Rechtsanwalt zu empfehlen. Deutsche Sozialgerichte sind chronisch überlastet. Die Verfahrensdauern liegen üblicherweise bei zwei bis drei Jahren. Das ist ein völlig inakzeptabler Zustand, der dringend verbessert werden muss.

Persönliches Budget

Das persönliche Budget ist seit dem 01.01.2008 rechtlich verbindlich. Hier hat man unter anderem die Möglichkeit, die Leistungen verschiedener Kostenträger zu bündeln. Es besteht die Wahlmöglichkeit, ob man das persönliche Budget in Anspruch nimmt oder nicht. Es kommt auf den Einzelfall an, ob sich das persönliche Budget lohnt. Man bekommt nicht mehr Geld dadurch. Zusätzliche Betreuungsleistungen müssen auch weiterhin über eine anerkannte Einrichtung laufen.

Behindertentestament

Sozialhilfe ist immer nachrangig. Falls Ihr Kind mit Behinderung durch Erbschaft zu Vermögen kommt, kassiert das Sozialamt diese Gelder (bis auf einen Schonbetrag), ohne dass Ihr Kind irgendeinen Vorteil davon hat. Enterben hilft auch nicht, dann bekommt Ihr Kind mit Behinderung das gesetzliche Pflichterbe. Auch darauf hat das Sozialamt Zugriff. Sie müssen mit fachkundiger Anleitung ein sogenanntes Behindertentestament erstellen. Es gibt Konstruktionen mit Vorerbe und Nacherbe, mit denen Sie den Zugriff des Sozialamtes auf das Erbe verhindern können. Auf der Homepage des Vereins ABA-Eltern e. V. (siehe [57]) gibt es unter dem Menü Dateien eine PDF-Datei mit wertvollen Informationen über das Behindertentestament. Schieben Sie die Erstellung eines für Ihre Situation passenden Behindertentestaments nicht auf die lange Bank. Sozialämter sind völlig gnadenlos im Eintreiben von Geldern.

6.4.2 Kosten einer ABA/VB-Therapie

Die Ausgaben für eine Therapie bzw. Förderung nach ABA/VB umfassen im Wesentlichen folgende Posten:

- Fachliteratur

- (Sonder-)Pädagogikmaterial: Bildkarten, Holzbuchstaben, Verstärkerspielzeug, Schulbücher, Lernpuzzle, Spiele und vieles mehr (siehe [60] und [61])

- Professionelle Beratung

- Fortbildungskurse und Workshops

- Entlohnung der Co-Therapeuten

Die Kosten für Fachliteratur müssen Sie selbst erbringen. Sie werden nicht einmal steuerlich als außergewöhnliche Belastung gewürdigt. Auch das Sonderpädagogikmaterial dürfen Sie selbst bezahlen, falls Sie keine Eingliederungshilfe genehmigt bekommen haben. Aber hier ist zumindest steuerlich etwas drin. Professionelle Beratung ist steuertechnisch interessant, weil Sie hier ohne Eingliederungshilfe wieder alles selbst zahlen dürfen.

Bei Fortbildungskursen und Workshops können Sie die Pflegekasse um Kostenerstattung der reinen Kurskosten bitten. Nach SGB XI § 45 (Pflegekurse für Angehörige und ehrenamtliche Pflegepersonen) sind die Pflegekassen angehalten, entsprechende Kurse anzubieten. Die Kosten für Fahrt, Hotel etc. dürfen Sie allerdings wieder selbst zahlen. Diese sind – als kleiner Trost – auch wieder interessant für Ihre Steuererklärung.

Für die Entlohnung der Co-Therapeuten können Sie mit etwas Fantasie (alles muss Betreuung sein!) die Leistungen der Pflegekasse einsetzen (siehe Kapitel 6.4.1). Das sind die Verhinderungspflege (1.612 Euro im Jahr, Stand 2016) und erhöhte zusätzliche Betreuungsleistungen (208 Euro im Monat, 2496 Euro im Jahr). Was darüber hinausgeht, melden Sie bei der Knappschaft als 400-Euro-Jobs an und zahlen es selbst. Die Bürokratie ist hier zum Glück überschaubar. Sie brauchen unbedingt legale Arbeitsverhältnisse, alleine schon, wenn Sie auf Eingliederungshilfe klagen und rückwirkend Gelder vom Sozialamt haben wollen. Was Sie dabei an Steuern und Abgaben bezahlen, können Sie sich in Ihrer nächsten Steuererklärung zum Teil wieder vom Finanzamt zurückholen.

6.4.3 Steuerliche Aspekte

Dieses Buch kann und darf keine Steuerberatung machen. Das ist gesetzlich den Steuerberatern vorbehalten. Aber Tipps sind erlaubt. Einen Tag über Ihre Steuer nachzudenken kann mehr bringen als eine Woche harte Arbeit. Schließlich haben Sie für die Therapien und Förderung Ihres Kindes mit Behinderung mehr als genug Kosten. Für diese möchten Sie nicht auch noch Steuern zahlen müssen.

Es gibt den Behinderten-Pauschbetrag. Er beträgt derzeit immerhin 3700 Euro für Hilflose und Blinde, unabhängig vom Grad der Behinderung. Dieser Betrag lässt sich als Freibetrag auf der Lohnsteuerkarte eintragen. Weiter gibt es die „zusätzlichen behinderungsbedingten Aufwendungen". Das sind außergewöhnliche Belastungen allgemeiner Art. Das Finanzamt zieht Ihnen die sogenannte zumutbare Belastung ab. Bei einem Merkzeichen „H" (und aG oder Bl) können Sie Privatfahrten bis 15.000 km geltend machen. Eine Reisebegleitung in den Urlaub lässt sich mit bis zu 767 Euro absetzen. Beim Besuch eines auswärtigen Arztes zählen auch Fahrtkosten, Übernachtungskosten und Verpflegungsmehraufwendungen, auch für die nötige Begleitperson. Der Aufenthalt darf aber ausschließlich der Krankheitsbehandlung dienen. Bei wissenschaftlich noch nicht anerkannten Heilmethoden verlangt das Finanzamt ein **vor** Behandlungsbeginn ausgestelltes amtsärztliches Attest. Aber finden Sie mal einen Amtsarzt, der sich mit Autismus auskennt! Hier sollten Sie mit dem Finanzamt verhandeln, ob eine Bescheinigung des behandelnden Arztes vielleicht doch ausreichend ist. Mehrkosten für eine casein- und glutenfreie Diät (CF/GF-Diät) lassen sich nicht absetzen.

Sie sehen, eine Behinderung hat auch viele steuerliche Aspekte. Obwohl Sie schon mehr als genug zu tun haben, die Therapien für Ihr Kind zu managen, müssen Sie sich noch über die steuerlichen Regelungen gründlich informieren. Sonst geht Ihnen viel Geld verloren.

Abbildung 6.1: Familie Kern-Waidelich im Bällebad

7 Ergänzende und alternative Therapieformen

Ein nicht zu unterschätzender Vorteil von ABA/VB sind die Kombinations- oder Ergänzungsmöglichkeiten mit anderen Ansätzen. Die Prinzipien von ABA/VB sind offen für andere Methoden. Plündern Sie jede Methode, um für Ihr Kind das Beste herauszuholen. Beteiligen Sie sich nicht am Methodenstreit. Das führt zu nichts.

Die in diesem Kapitel gezeigten alternativen oder ergänzenden Ansätze sind nur eine unvollständige Auswahl. Wie im Kapitel 1.2 beschrieben, gibt es für die Behandlung von Autisten mehrere Dutzend Therapieformen. Ein einheitliches Vorgehen hat sich noch nicht durchsetzen können. Leider bin ich in den hier beschriebenen Methoden nicht sattelfest. Mit meinem Halbwissen laufe ich natürlich Gefahr, bei den Profis durchzufallen, oder – noch schlimmer – der jeweiligen Methode nicht gerecht zu werden. Trotzdem wage ich eine kurze Darstellung. Auch als ABA/VB-Anhänger will man schließlich über den eigenen Tellerrand schauen.

Jeder hier aufgelistete Ansatz ist schon mal heftig in die Kritik gekommen. Das tut besonders den Eltern weh, die mit dem betreffenden Ansatz gute Fortschritte erzielt haben. Drehen Sie den Spieß um. Sehen Sie Kritik als ein Gütekriterium: Eine Methode, die nicht irgendwo heftig kritisiert worden ist, kann einfach nichts taugen. Sie ist mangels Aufmerksamkeit auf Löschung gesetzt.

7.1 Biomedizin

Die medizinisch relevanten Beeinträchtigungen eines Kindes mit Autismus sind wieder individuell sehr verschieden. Einiges davon lässt sich sehr wohl behandeln (siehe [24] und [56]). Suchen Sie sich einen Arzt, der sich auf Autismus spezialisiert hat. Unter den betroffenen Eltern sind auch Ärzte. Eigene Betroffenheit ist eine sehr starke Motivation.

Ein Kind, dessen biologische „Stressoren" reduziert sind, lernt auch besser. Oft wird eine ABA/VB-Therapie erst durch Biomedizin sinnvoll durchführbar. Etwa 70 % aller Menschen mit Autismus haben Probleme mit einer Casein- oder Glutenunverträglichkeit (siehe [24]). Casein ist Milcheiweiß und in allen Milchprodukten (außer Kamelmilch) enthalten. Gluten ist das Klebereiweiß im Getreide. Durch unvollständiges Aufbrechen dieser Eiweiße entstehen Casomorphine (aus dem Casein) und Gliadorphine (aus dem Gluten). Aufgrund erhöhter Darmdurchlässigkeit oder verminderter bzw. gestörter Enzymaktivitäten gelangen diese Stoffe ins Blut und wirken im Gehirn wie Opiate und Morphine. Verdachtsmomente bestehen bereits, wenn sich das Kind fast ausschließlich von Milch- oder Getreideprodukten ernährt. Erhöhte Werte von Casomorphinen und Gliadorphinen lassen sich labortechnisch im Urin nachweisen. Ein Kind, das Milch nicht verträgt, hat häufig auch Probleme mit Soja. Das können Sie dann durch Weglassen und Ausprobieren testen.

Mein Sohn ist durch eine casein- und glutenfreie Diät (CF/GF-Diät) seine Hyperaktivität und seine Neurodermitis losgeworden. Nach etwa zwei Jahren CF/GF-Diät wollten wir es wirklich wissen und machten einen Glutenversuch: Eines Abends bekam Gregor die volle Dosis Gluten in Form von chinesischen Maultaschen aus Weizenmehl. Er wurde schnell wieder sehr hyperaktiv und schlief erst nach Mitternacht ein. Nach wenigen Tagen bekam er wieder Neurodermitis. Es dauerte fast drei Monate, bis wir diese wieder losgeworden sind. So lange dauert es, bis der Körper das Gluten vollständig abgebaut hat. Casein ist hier viel einfacher: Der Abbau dauert nur etwa drei Tage. Susanne Strasser hat ein gutes Kochbuch über CF/GF-Ernährung geschrieben (siehe [28]). Dort steht eigentlich alles drin, was betroffene Eltern darüber wissen müssen.

Viele Autisten haben Defizite bei der Entgiftung. Durch vorsichtige Ausleitung sind Gregors Werte für Schwermetalle auf normal. Verdauungsenzyme helfen seiner Verdauung. Es waren zu viel Fett, Eiweiß und Kohlenhydrate in seinem Stuhl. Zusätzlich bekommt er noch einiges an Vitaminen, Mineralien und Spurenelementen. Flohsamen helfen erfolgreich gegen seine Verstopfung.

7.2 Gehörtraining nach Tomatis

Eine Tomatis-Therapie hat die Verbesserung der Hörwahrnehmung zum Ziel. Man arbeitet mit Musik von Mozart, mit gregorianischen Gesängen und der aufgenommenen Mutterstimme (siehe auch [56]).

Die Musik bzw. die Mutterstimme werden mit einem elektronischen Gerät gefiltert und verändert. Die Mutterstimme hört sich dann so an, wie ein ungeborenes Kind sie im Bauch der Mutter hört. Der Kopfhörer hat neben den beiden Muscheln für die Ohren noch oben einen Schallgeber für die Schädelknochen (Knochenleitung). Eine Tomatis-Therapie ist recht anstrengend: Drei mal neunzig Minuten Gehörtraining pro Tag mit jeweils neunzig Minuten Pause dazwischen. Der erste Block dauert zehn Tage, die Folgeblöcke dauern im Normalfall sieben Tage. An Wochenenden und an Feiertagen wird durchgearbeitet.

Die Erfahrungen der Eltern reichen von „hat bisher nichts gebracht" (dritter Block) bis zu „nach dem ersten Block gingen seine Fähigkeiten zurück, aber nach dem dritten Block konnte er sprechen". Und ich konnte mit dem Kind (damals

Abbildung 7.1: Gregor beim Gehörtraining nach Tomatis

vier Jahre alt) selbst sprechen. Die Ergebnisse einer Tomatis-Therapie sind also wieder individuell sehr unterschiedlich. Eine Verbesserung der Hörwahrnehmung hat positiven Einfluss auf Lernen und Verhalten. Meiner Meinung nach besteht der einzige Nachteil von Tomatis darin, dass man während dieser Zeit kein ABA/VB machen kann.

7.3 Montessori

Die Montessori-Pädagogik legt viel Wert auf multisensorisches Lernen und benutzt entsprechende taktil-motorische Materialien. Buchstaben oder Ziffern werden zum Beispiel aus Sandpapier ausgeschnitten und aufgeklebt. Alternativ kann man dicke Holzbuchstaben verwenden, bevor man auf gedruckte Wörter generalisiert. Für Kinder mit Autismus ist Montessori allein viel zu unstrukturiert. Dieser Ansatz bietet aber viele Anregungen, ein ABA/VB-Programm abwechslungsreicher zu gestalten (siehe [23]).

7.4 Sozialtraining

Sozialtraining zielt mehr auf Asperger-Autisten ab, kann aber auch für Kanner-Autisten wertvoll sein. Der Regionalverband Stuttgart (siehe [62]) bietet ein Sozialtraining nach dem Münchner Modell an. Damit sollen die betreffenden Personen soziale Alltagskompetenzen erwerben. Dieses Training funktioniert weitaus besser, wenn Sie die Therapeuten in die Grundzüge von ABA/VB einweihen, ihnen Ihre Fachliteratur ausleihen und sie mit Verstärkern (siehe Kapitel 2.2.3) ausstatten.

Gute Literatur über das Unterrichten von sozialen Fähigkeiten sind die Skill-Streaming-Bücher von Ellen McGinnis und Arnold P. Goldstein (siehe [18], [19] und [20]). Sie haben keinen direkten Bezug zu Autismus, basieren aber auf wissenschaftlicher Forschung und verhaltenstherapeutischen Grundsätzen.

7.5 TEACCH

Unproven statements!

Dr. Vincent Carbone im Jahr 2009 auf die Frage nach seiner Meinung über TEACCH und RDI (Relationship Development Intervention).

TEACCH steht für das Wortmonster „**T**reatment and **E**ducation of **A**utistic and related **C**ommunication-handicapped **CH**ildren", auf Deutsch etwa: Behandlung und Erziehung von autistisch und verwandt kommunikationsbehinderten Kindern. TEACCH verwendet auch ABA-Elemente, ist hoch strukturiert und arbeitet viel mit Piktogrammen als visuellen Hilfen.[1] Damit lässt sich jedes ABA/VB-Programm bereichern. Denn alles, was man visualisieren kann, ist gut für Kinder mit Autismus. Sie sind stark visuelle Menschen. Von den Augen geht eine vernünftige Datenrate ins Gehirn. Beim Gehör ist das völlig anders: Das Gezappel von zwei Hautfetzen (Trommelfelle) liefert nur eine sehr magere Datenrate. Unser Gehirn muss sich richtig anstrengen, um da noch etwas daraus zu machen. Bei Autisten ist oft zusätzlich die Hörwahrnehmung beeinträchtigt.

Einige amerikanische Eltern aus dem ABA/VB-Lager äußern sich sehr kritisch über TEACCH, da es hier mehr um das Management von Autisten geht, weniger darum, ihnen etwas beizubringen. Ein Beispiel, das ich von Robert Schramm während einer ABA/VB-Schulung aufgeschnappt habe: Ein Kind soll einen Tisch für fünf Personen decken, kann aber nur bis drei zählen. Bei ABA/VB würde man jetzt ein Programm auf die Beine stellen, um den Zahlenbereich des Kindes zu erweitern. Bei TEACCH passt man sich den eingeschränkten Fähigkeiten des Kindes an: Ein Piktogramm gibt die Anweisung, drei Teller hinzustellen, und das nächste Piktogramm gibt die Anweisung, die fehlenden zwei Teller hinzuzustellen. Das Kind funktioniert zwar, hat aber zahlentechnisch nichts dazugelernt.

Eine Leserin, die TEACCH-Anhängerin ist, schrieb mir, dass dieses Beispiel nicht vollständig sei. Zwar würde man das Tischdecken so strukturieren, dass das Kind ihn decken kann, ohne bis fünf zählen zu können. Das fördert die Selbstständigkeit und ist sehr gut für das Selbstvertrauen des Kindes. Gleichzeitig würde man jedoch daran arbeiten, den Zahlenbereich des Kindes zu erweitern, indem man z. B. selbstständige Arbeiten anbietet, die genau darauf abzielen. TEACCH arbeitet also zweigleisig. Bleibt natürlich die Frage offen, ob das betreffende Kind auf diese Weise seinen Zahlenbereich erweitern kann. Falls nicht, wäre es zumindest hier sinnvoll, TEACCH mit ABA/VB zu ergänzen.

Eine Kommunikationspädagogin an Gregors Schule war totale Anhängerin von TEACCH. Wie kriegt man die Frau nun dazu, sich auch um ABA/VB zu kümmern? Ich wählte den Weg der Provokation. Bei einem Gespräch fragte ich sie, ob sie nicht wisse, dass ABA/VB viel besser als TEACCH sei. Sie holte tief Luft, um mir Kontra zu geben. Diese Pause nutzte ich für die Aussage, das Beste sei aber sicher die Kombination aus beiden Ansätzen. Damit konnte sie wieder einverstanden sein. Und tatsächlich setzte sie später eine Kombination aus TEACCH und ABA/VB ein, um ein sehr anstrengendes Verhaltensproblem zu lösen: Sohn Gregor nässte absichtlich ein, zuerst in der Schule, dann auch zu Hause. Nichts hat geholfen. Gregor bekam überall die Aufmerksamkeit, die er so liebte. Das Problem zog sich bereits über Wochen hin. Mitschüler, Lehrer und Mitfahrer im Schulbus waren schon völlig genervt. Dann hatte die Kommunikationspädagogin die rettende Idee. Sie erstellte zwei Reihen von Piktogrammen:

---

[1] TEACCH ist allerdings viel mehr als nur Strukturierung und Piktogramme.

- Erste Reihe: trockene Hose ⇒ alle Verstärker in der Schule aufgelistet (Badewanne, Gebärdenposter, Bilderlexikon, ...)

- Zweite Reihe: nasse Hose ⇒ wieder alle Verstärker aufgelistet, diesmal aber einzeln mit jeweils einem fetten roten Kreuz durchgestrichen.

Diese Piktogramme haben einen großen Vorteil: Es sind nicht die bösen Erwachsenen, die Gregor seine Verstärker wegnehmen und ihm damit Aufmerksamkeit schenken. Es sind die blöden Piktogramme. Die kann man sogar gemeinsam schimpfen. Gregor konnte sich selbst frei entscheiden,[2] die kognitiven Fähigkeiten zum Verständnis der Piktogramme waren zu diesem Zeitpunkt bereits vorhanden. Es dauerte zwei Tage, dann war der Spuk zu Ende und die Hose blieb wieder trocken.

Die visuelle Hilfestellung bei TEACCH ist auch eine Art von Prompt und sollte nach ABA/VB wieder ausgeblendet werden, bevor es zu einer Prompt-Abhängigkeit kommt.

7.6 Affolter

Die Schweizer Psychologin und Psychotherapeutin Félicie Affolter entwickelte als Schülerin des Entwicklungspsychologen Jean Piaget während ihrer jahrelangen Arbeit mit stark wahrnehmungsbeeinträchtigten Personen die „Geführte Interaktionstherapie". Der Therapeut führt seinen Schützling physikalisch bei alltäglichen Handlungsabläufen. Damit kann der Patient den Handlungsablauf erlernen. Aus ABA/VB-Sicht ist das ein voller physikalischer Prompt. Affolter hat in erster Linie eine Verbesserung der Wahrnehmung zum Ziel. Dabei kommen auch ABA-Elemente zum Einsatz. Ähnlich wie bei ABA/VB werden die Bezugspersonen intensiv mit einbezogen. Die körperliche Hilfestellung (Prompt) sollte nach ABA/VB wieder ausgeblendet werden, bevor es zu einer Prompt-Abhängigkeit kommt.

7.7 Gestützte Kommunikation

> Auch wer nicht sprechen kann,
> hat etwas zu sagen.

Dr. med. Salaheddin Faraji

Der Begriff „Gestützte Kommunikation" ist das deutsche Äquivalent zum englischen Fachausdruck „Facilitated Communication (FC)".

---

[2] Aus verhaltenstherapeutischer Sicht hatte er nicht wirklich eine freie Wahl.

Ich muss gestehen, als ich das erste Mal von FC gelesen habe, hat mich dieser Ansatz nicht überzeugt. Erst später lernte ich durch die Videoaufnahmen einer betroffenen Mutter, dass FC zumindest für einige Autisten das alternative Medium ist, um mit ihrer Umwelt kommunizieren zu können. Ihr nicht sprechender Sohn schaffte sein Abitur – trotz schwerem Kanner-Autismus. Das funktionierte nur mit Laptop, einem Team an Stützern und dem unermüdlichen Einsatz seiner Eltern. Der junge Mann tippte Buchstabe für Buchstabe: Der Stützer musste seine Schulter berühren, seine Hand Richtung Tastatur bewegen, diese zurück in die Ausgangsstellung bringen und den getippten Buchstaben gesprochen wiederholen. Längere Kommunikation ist damit natürlich schwierig. Deswegen wurden kurze, fest umrissene Themen ausgewählt.

Dietmar Zöller schrieb mit FC und Stützung seiner Mutter bisher rund ein Dutzend Bücher über sich und seine autistische Behinderung. Er schildert darin sprachlich sehr gewandt und eindrucksvoll seine Wahrnehmungs- und Handlungsstörungen sowie seine guten Erfahrungen mit FC. Dietmars Eltern verwendeten gerade am Anfang auch verhaltenstherapeutische Ansätze, um ihrem Sohn grundlegende Fähigkeiten beizubringen (siehe [22] und [42]).

Die Kritik, die FC-Stützern und ihren Schützlingen am meisten wehtut, ist diese Behauptung: Der Stützer schreibt. So, und jetzt setzen Sie mal die ABA/VB-Brille auf. Das riecht doch geradezu nach Prompt. Bei FC wird zwar gestützt und nicht geführt (das wird bei Affolter gemacht), aber mit der Kritik an FC können Sie Ihrem Kind Schreiben beibringen: Das Kind setzt man sich auf den Schoß und führt am Anfang die Hand des Kindes vollständig (voller physikalischer Prompt). Sie schreiben, nicht das Kind. Mit der Zeit muss der Prompt nach und nach ausgeblendet werden, durch teilweises Führen, nur noch Zeilenbegrenzung und schließlich freies Schreiben.

7.8 Unterstützte Kommunikation

Der Begriff „Unterstützte Kommunikation (UK)" ist die deutsche Übersetzung des englischen Fachausdrucks „Augmentative and Alternative Communication (AAC)", der wörtlich übersetzt eigentlich „erweiterte und alternative Kommunikation" bedeutet. Erweitert und alternativ bezieht sich hierbei auf die (noch) fehlende oder unzureichende Lautsprache.

Es gibt viele Formen der UK. Bei ABA/VB und anderen Therapieformen für nicht sprechende Menschen mit Autismus kommen als alternative Kommunikationsformen häufig Bildkartensysteme wie z. B. PECS (Picture Exchange Communication System), Gebärdensprache, Buchstabentafeln oder elektronische Kommunikationshilfen (Talker) zum Einsatz. Wichtig ist, dass die betroffene Person ein grundlegendes Verständnis von Sprache entwickelt. Oft sind diese alternativen Kommunikationsformen ein Hilfsmittel auf dem Weg zum Erlernen der Lautsprache. Sie haben alle ihre Vor- und Nachteile. Es gibt erste Studien, die zeigen, dass Gebärdensprache Bildkartensystemen wie PECS überlegen ist (siehe [47]).

7.9 Neurofeedback

Neurofeedback ist eine spezielle Form des Biofeedbacks: Ein EEG-System (EEG: Elektroenzephalografie) erfasst über Elektroden an der Kopfhaut elektrische Gehirnaktivitäten in Echtzeit, zerlegt die Messergebnisse in ihre Frequenzanteile und stellt sie ausgewertet am Bildschirm dar. Entsprechen die Gehirnwellen dem, was als vorteilhaft bekannt ist, dann erfolgt eine Rückkopplung (Feedback) in Form von z.B. Videoanimationen, d.h. die richtigen Gehirnwellen werden belohnt (positive Verstärkung). Neurofeedback ist also im Wesentlichen operante Konditionierung direkt auf Gehirnwellen. So können abnormale EEG-Muster korrigiert und die Selbstregulierung des Gehirns verbessert werden. Das Verfahren ist völlig nichtinvasiv. Es gibt verschiedene Verfahren mit individuell auf den Patienten zugeschnittenen Behandlungsprotokollen. Die Behandlung selbst sieht einfach aus. Die Auswertung der Messergebnisse und die Wahl des individuell richtigen Vorgehens ist aber eine komplexe und umfangreiche Angelegenheit, die viel Wissen und Erfahrung erfordert. Informieren Sie sich und lassen Sie sich eingehend von jemandem beraten, der sich mit dieser Therapieform gut auskennt. Ein gute populärwissenschaftliche Einführung in das Thema bietet das Buch „A Symphony in the Brain" von Jim Robbins (siehe [25]). Die heute verfügbare Technik erlaubt auch Neurofeedback zu Hause mit Supervision über das Internet.

7.10 Neurologische Reorganisation

Die folgende Zusammenstellung über die neurologische Reorganisation nach Doman und Delacato schrieb Ingrid Klimpel. Sie förderte damit ihren Sohn Tobias.

Der amerikanische Neurochirurg Temple Fay (1895-1963) schuf die Grundlage zu dieser Behandlungsmethode. Er nannte die natürlichen Phasen in der Entwicklung eines Kindes von der Geburt bis zum aufrechten Gang neurologische Organisation und war davon überzeugt, dass eine gesunde Entwicklung des Kindes nur möglich sei, wenn die einzelnen Phasen alle nacheinander durchlaufen werden.

Neurologische Reorganisation ist die Methode, die diesen normalen Entwicklungsprozess eines Kindes nachvollzieht. Es beginnt mit den primitiven, natürlichen Bewegungen, die alle Säuglinge gleich nach der Geburt ausführen. Darauf folgen die Phasen der Fortbewegung über rollen, robben, kriechen, krabbeln bis zum aufrechten Gang.

Der junge Physiotherapeut Glenn Doman lernte Dr. Fay 1941 kennen und arbeitete in dessen 1947 eröffneten Rehabilitationszentrum für hirnverletzte Kinder mit ihm zusammen. Die Krankenschwester Florence Scott gehörte ebenfalls zum Team. 1955 gründete Glenn Doman zusammen mit dem Psychologen Carl Delacato (1923-2007) ein Institut in Philadelphia (The Institutes for The Achievement of Human Potenzial), um hirnverletzte Kinder zu behandeln. Florence Scott arbeitete die ersten fünf Jahre im Institut mit.

Mit der neurologischen Reorganisation sollen bei entwicklungsverzögerten Kindern Störungen der Motorik, der Sprache, des Lernens und sogar des Verhaltens verbessert werden können. Zuerst müssen die einfachen motorischen Funktionen erlernt und beherrscht werden, damit die komplexere Funktion darauf aufbauen kann. Dabei spielen die Kreuzmusterbewegungen (Kreuzmuster-Patterning) eine zentrale Rolle und werden auch mit Kindern eingeübt, die schon laufen gelernt haben, aber feinmotorische Entwicklungsstörungen aufweisen. Bei den aktiven Übungen des Kindes werden alle Bewegungsmuster (Rollen, Krabbeln, Kriechen ...) so lange wiederholt, bis sie selbstständig korrekt ausgeführt werden können. Die Kreuzmusterbewegungen werden von Helfern übernommen. Während das Kind bäuchlings auf einer Matte liegt, werden Kopf und Extremitäten nach diesem Muster exakt bewegt, um die Reflexe im Gehirn zu speichern. Außer den motorischen Übungen gehören unter anderem visuelle, auditive und taktile Stimulationen zum Programm. Das Kind wird ganzheitlich gefördert.

1974 veröffentlichte Doman das Buch *„What To Do About Your Brain-injured Child"* (1980 Hyperion, Freiburg *„Was können Sie für Ihr hirnverletztes Kind tun?"*, siehe [31] und [32]). Er stellte darin die Arbeit des Instituts in Philadelphia vor. Im Untertitel wird das autistische Kind neben anderen Arten von Behinderung erwähnt. Im gleichen Jahr erschien Carl H. Delacatos Buch *„The Ultimate Stranger, The Autistic Child"* (1975 Hyperion, Freiburg *„Der unheimliche Fremdling – Das autistische Kind"*, siehe [29] und [30]). Delacato hat 1973 das Institut verlassen, um sich ausschließlich schwer verhaltensgestörten Kindern, vor allem Autisten, zu widmen. In einer ersten Behandlungsphase konzentrierte er sich ganz auf die Wahrnehmungsstörungen der Autisten und versuchte die Stereotypien abzubauen, um die Aufmerksamkeit des Kindes überhaupt auf andere Dinge lenken zu können. Erst dann begann er, die Entwicklung des Kindes zu fördern nach der im Institut angewandten Methode, die er mit Glenn Doman entwickelt hatte.

Die Engländerin Linda Scotson kam mit ihrem schwer hirngeschädigten Sohn zur Therapie in dieses Institut und beschreibt 1985 in ihrem sehr beeindruckenden Buch *„Doran – Child Of Courage"* (1987 Knaur *„Doran – Ein Kind lernt leben"*, siehe [33] und [34]) dessen erfolgreiche Entwicklung unter Anwendung der neurologischen Reorganisation mit vielen Helfern und einem enormen täglichen Zeitaufwand, und das über Jahre hinweg!

8 Kritik an ABA/VB

Wie jede effektive Therapieform hat auch ABA/VB seine Heerscharen an Kritikern. Die Motivation zur Kritik mag vielfältig sein, eines haben diese Personen gemeinsam: Sie haben weder ABA/VB bei einem Kind mit Autismus ausprobiert noch haben sie gesehen, welche substanziellen Fortschritte damit möglich sind. Wenn es eine wissenschaftlich fundierte Methode gäbe, die besser wäre als ABA/VB, würde ich sofort umsteigen.

In diesem Kapitel werden die wichtigsten Kritiken an ABA/VB durchgesprochen und entsprechende Antworten gegeben. Im Übrigen sollten Sie mit lernresistenten Kritikern keine sinnlosen Diskussionen führen, sondern sie notfalls auf Löschung setzen, getreu dem Kohl-Zitat: „Die Hunde bellen, aber die Karawane zieht weiter."

8.1 Dressur

Die klassische Kritik an der klassischen ABA-Variante ist: ABA sei Dressur. Dies wird mit der Empfehlung verbunden, nicht einmal daran zu denken, seinem Kind so etwas Schlimmes anzutun. Die Kritiker reduzieren ABA dabei ausschließlich auf seinen DTT-Anteil.

Klassisches ABA macht heute kein gesunder informierter Mensch mehr. Die Methode ist stark verbessert und mit VB ergänzt worden. Alleine deswegen läuft die Kritik schon ins Leere. ABA/VB und Dressur haben die operante Konditionierung als Grundlage. Das ist aber auch schon das Ende der Gemeinsamkeiten. Dressur kennt keine Generalisierung, kein NET, kein Pairing, kein Mand, keine Selbstbestimmung und so weiter. Operante Konditionierung ist der zentrale Lernmechanismus. Wir sind alle in unserem Leben konditioniert worden. Wir haben im Alltag viele Reiz-Reaktions-Muster, die weitgehend automatisch ablaufen: Sie bleiben bei Rot an der Ampel stehen und gehen erst bei Grün weiter. Sie gehen ans Telefon, wenn es klingelt. Sie nehmen einen Regenschirm mit, wenn es nach Regen aussieht. Sie fassen auf keine heiße Herdplatte mehr. Das haben Sie bereits als Kind getan. Fühlen Sie sich deswegen etwa dressiert?

Die etwas höflichere Variante von „ABA ist Dressur" ist diese Frage: „Ist er denn nur konditioniert?" Die korrekte Antwort ist: „Nein, er ist auch generalisiert."

8.2 Aus dem Kind wird ein Roboter gemacht

Klar, wenn jemand nur klassisches Lovaas macht und hier ausschließlich DTT verwendet, dann züchtet er roboterhaftes Verhalten heran. Solch ein Therapeut oder Berater verdient seine Bezeichnung nicht und sollte sofort aus dem Verkehr gezogen werden. Mit Generalisierung, NET und Verbal Behaviour sieht die Sache völlig anders aus. Das sind im modernen ABA/VB die implizit eingebauten Anti-Roboter- und Anti-Dressur-Maßnahmen.

8.3 Aufwand

Ein weiterer Kritikpunkt ist der hohe Aufwand einer ABA/VB-Therapie. Diese Methode ist tatsächlich aufwendig. Die Erfolge rechtfertigen den Aufwand aber mehr als genug. In diesem Buch ist ein Weg aufgezeigt, wie mit dem Einsatz von Co-Therapeuten und den Leistungen der Pflegekasse ABA/VB auch für Normalsterbliche finanzierbar ist.

8.4 Eltern werden unter Druck gesetzt

Zum Unter-Druck-Setzen gehören immer zwei: Einer, der den Druck aufbaut, und ein anderer, der den Druck zulässt. Beides muss verhindert werden. Ich meine, betroffene Eltern haben ganz andere Probleme: Sie werden mit ihren Schwierigkeiten weitgehend alleine gelassen: Eine Diagnose erfolgt zu spät, meist erst im Alter von vier Jahren. Eine angemessene Beratung findet nicht statt, die Fachleute haben nicht das nötige Wissen dazu. Fachärzte wollen bei hyperaktiven Autisten Stimulanzien verschreiben, die unter Betäubungsmittelgesetz stehen, und richten damit meist mehr Schaden als Nutzen an. Die Eltern müssen im Alleingang effektive Therapieansätze ausfindig machen. Das Sozialamt drückt sich mit dünnen Argumenten um die Zahlung von Eingliederungshilfe. Sozialgerichte sind notorisch überlastet. Die Verfahrensdauer liegt bei bis zu drei Jahren.

Die Schulsituation von vielen Autisten ist unbefriedigend, und nichts wird dagegen unternommen. Einrichtungen für behinderte Menschen können nicht mit Autisten umgehen. Das Finanzamt ist nicht unbedingt kooperativ bei der Anerkennung der Therapiekosten als außergewöhnliche Belastungen. Der Gesetzgeber zeigt sich äußerst einfallsreich, wenn es darum geht, das geerbte Vermögen von behinderten Menschen abzuschöpfen, die nicht selbst für ihren Lebensunterhalt sorgen können und auf Sozialhilfe angewiesen sind. Eltern können sich nur durch ein juristisch einwandfreies Behindertentestament dagegen wehren. Manche weniger liebe Mitmenschen erkennen die autistische Behinderung nicht und unterstellen den Eltern bei Verhaltensproblemen des Kindes, sie hätten in der Erziehung versagt. Das ist ungefähr das Letzte, was betroffene Eltern hören wollen. Und es erzeugt weiteren völlig unnötigen Druck.

In diesem Fall besteht meine persönliche Strategie darin, den weniger lieben Mitmenschen auf die Behinderung meines Sohnes aufmerksam zu machen. Meistens erfolgt dann ein Einlenken und somit eine Entschärfung der Situation. Andernfalls führe ich Aggressionsabbau durch, indem ich die betreffende Person lautstark ausschimpfe. Aus verhaltenstherapeutischer Sicht ist das für mich negative Verstärkung wegen Abbau einer aversiven Situation. Für mein Gegenüber ist das Ganze dann hoffentlich eine positive Bestrafung.

8.5 Überforderung des Kindes

Ein neurotypisches Kleinkind saugt seine Umgebungsreize auf wie ein trockener Schwamm. Es lernt praktisch während seiner ganzen Wachzeit. Zu keiner anderen Zeit lernt ein Mensch so viel wie in seinen ersten Lebensjahren. Ein Autist betreibt wegen seiner Wahrnehmungsstörungen stattdessen Selbststimulation. Diese muss durch geistige Nahrung ersetzt werden. Sie überfordern mit ABA/VB vielleicht sich selbst. Um das zu vermeiden, ist der Einsatz von Co-Therapeuten nötig. Sie werden es aber nicht schaffen, Ihr Kind zu überfordern.

8.6 Gummibärchentherapie

Das ist die mit Abstand süßeste Kritik an ABA/VB. Oftmals kommen am Anfang eines ABA/VB-Programms tatsächlich Nahrungsmittel oder Süßigkeiten als primäre Verstärker zum Einsatz. Gleichzeitig werden aber neue Verstärker gesucht und sekundäre Verstärker aufgebaut (siehe Kapitel 2.2.5). Dies führt zu einer ganzen Liste an Verstärkern, die ständig gepflegt wird, da bisherige Verstärker mit der Zeit an Wirkung verlieren können und durch neue ersetzt werden müssen. Letztlich sollen natürlich vorkommende Verstärker (z. B. Lob des Lehrers) ausreichen. Gummibärchen können ein Anfang sein.

9 Erfahrungsberichte

Erfahrungsberichte machen Hoffnung. Das sollen sie. Sie sollen aber keine falschen oder überzogenen Erwartungen wecken. Erfahrungsberichte zeigen aber auch Grenzen auf. In diesem Spannungsfeld bewegen sich die folgenden Berichte betroffener Eltern, (Co-)Therapeuten und ABA/VB-Berater. Sie handeln überwiegend von Kindern männlichen Geschlechts, denn Jungs sind vier- bis fünfmal häufiger von Autismus betroffen als Mädchen. Sie sind auch nicht allein auf ABA/VB fokussiert, auch andere Therapieformen kommen zu Wort.

Den folgenden einführenden Beitrag schrieb Anne Burzinski. Sie hat Publizistik mit den Nebenfächern Psychologie und Kulturanthropologie studiert. Anne ist Journalistin und arbeitet als freie Redakteurin bei einer großen Rundfunkanstalt.

9.1 Verschlossenen Kindern die Melodie des Lebens beibringen

Auf den ersten Blick fällt Jakob gar nicht besonders auf. Aber auf dem Spielplatz ist er immer allein. Er wirft in der immer gleichen Bewegung mit Sand und wippt dabei rhythmisch vor und zurück. Wenn jemand mit seinem Spielzeug spielen möchte, fängt er laut an zu kreischen. Und wenn ein anderes Kind ihn aus Versehen berührt, schlägt er wie wild um sich. Er meidet den Blickkontakt mit den anderen und verhält sich insgesamt irgendwie merkwürdig. Weil seine Entwicklungsstörung nicht sichtbar ist, denken die anderen Kinder, Jakob sei ungezogen. Aber das ist nicht richtig.

Autismus ist nicht unbedingt sichtbar

Jakob ist Autist. Autismus ist eine tiefgreifende Entwicklungsstörung und wird als unheilbare Wahrnehmungs- und Informationsverarbeitungsstörung des Gehirns beschrieben, die sich schon im frühen Kindesalter bemerkbar macht. Anders als andere Einschränkungen und Erkrankungen sind die Symptome von Autismus normalerweise bei der Geburt nicht zu erkennen. Sie äußern sich in der Regel innerhalb der ersten drei Lebensjahre, sind aber nicht immer eindeutig. Ein Kind wird mit Autismus diagnostiziert, wenn es verschiedene Verhaltensformen in drei Defizitbereichen aufzeigt. Diese drei Bereiche sind: soziale Interaktion, Kommunikation und Verhalten/Interesse. Leider erfolgt die Diagnose oft erst sehr spät – wichtige Zeit, die später für die gezielte Förderung fehlt.

Ursachen und Risikofaktoren

Ein ständig ansteigender Prozentsatz der Bevölkerung ist davon betroffen (1 in 88) – Jungen etwa vier Mal so häufig wie Mädchen. Die genauen Ursachen von Autismus sind noch nicht erforscht. Aber genetische Veranlagung scheint eine wichtige Rolle zu spielen. Zum Beispiel kommen Sprachprobleme häufiger bei Verwandten von Kindern mit Autismus vor. Auch Veränderungen der Chromosomen und andere neurologische Probleme treten häufiger in Familien mit Autismus auf. In Verbindung mit einer genetischen Disposition können körperliche Einflüsse wie Veränderungen im Verdauungstrakt, Ernährung oder eine unzureichende Verwertung von Vitaminen und Mineralstoffen im Körper eine Rolle spielen. Hinzu kommen Umwelteinflüsse wie zum Beispiel Quecksilbervergiftungen oder mögliche Reaktionen auf Impfungen.

Autismus erkennen

Obwohl Autismus nicht auf den ersten Blick erkennbar ist, gibt es Verhaltensweisen, die darauf hinweisen. Theresa zum Beispiel reiht ihre Spielzeuge gern in einer bestimmten Ordnung in der ganzen Wohnung hintereinander auf. Das könnte sie stundenlang machen, ohne dass es ihr langweilig wird. Sie ist dann wie in einer anderen Welt und reagiert auf nichts, was von außen auf sie eindringen möchte. Ihre Eltern sind verzweifelt und sie haben das Gefühl, nicht mehr an sie heranzukommen. Wer Theresa in der Stadt begegnet, wird nicht unbedingt merken, dass sie ein Entwicklungsdefizit hat. Wenn sie sich im Supermarkt in einem Wutanfall auf dem Boden wälzt, geben die Passanten den Eltern die Schuld für ihr scheinbar unerzogenes Kind. Was sie jedoch nicht wissen, ist, dass Theresa gerade völlig reizüberflutet ist und nicht in der Lage, ihre Gefühle und Bedürfnisse zu äußern. Die Symptome und Ausprägungen im Verhalten von Autisten sind unendlich variabel. Sie können sich in leichten, kaum auffallenden Verhaltensproblemen äußern und bis zur schweren geistigen Behinderung reichen. Defizite in der Entwicklung, die als Zeichen für Autismus gelten, schließen mangelnden Blickkontakt, fehlenden Beziehungsaufbau zu Gleichaltrigen, Schwierigkeiten, sich in die Lage anderer zu versetzen und fehlendes Fantasiespiel ein. Oft verändert sich die sensorische Wahrnehmung, Rituale und Stereotypien werden entwickelt, die gesamte Kommunikation ist gestört und die Kinder können sich schlecht in ihr Gegenüber hineinversetzen – sie haben Schwierigkeiten, Gefühle zu erkennen und zu zeigen. Und in vielen Fällen gibt es auch eine aggressive Komponente, gegen sich selbst oder gegen andere.

Notwendige Hilfe

Personen mit Autismus fällt es schwer, Gesichtsausdrücke zu deuten, Emotionen in der Intonation der Stimme zu erkennen oder Körpersprache zu interpretieren. Zum Beispiel verstehen sie vielleicht nicht, wenn sie ein anderes Kind anlächelt und mit einer Handbewegung auffordert, herzukommen. Für Autisten ist es deshalb sehr schwer, Freundschaften zu schließen. Schnell geben andere Kinder die Kontaktaufnahme auf und das Kind mit Autismus wird bereits im Kindergarten zum Außenseiter. Ein Kind mit Autismus-Spektrum-Störung verändert das Leben einer ganzen Familie. Vor allem für die Eltern ist die Situation schwierig. Sie schämen sich, in der Öffentlichkeit negative Aufmerksamkeit auf sich zu ziehen. Sie werden von Schuldgefühlen geplagt, sie sind bis an die Grenzen ihrer Belastbarkeit gestresst und finden oft von selbst keinen Weg zu einem normalen familiären Miteinander. Das Verständnis und die Unterstützung aus dem sozialen Umfeld sind nicht immer vorhanden. Und sie quälen sich mit Fragen wie: Wie kann man an ein Kind herankommen, das nicht auf einen reagiert? Wie kann man es beruhigen, wenn es von einer aggressiven Schreiattacke übermannt wird? Werde ich jemals wieder Freunde zum Essen einladen können?

Aus Sicht eines Autisten

Dr. med. Dagmar Hoehne, Kinder- und Jugendpsychiaterin in Friedrichshafen, hat einmal ein Kind im autistischen Spektrum gefragt, wie es ihm mit der Entwicklungsstörung gehe. Es erwiderte: „Wenn ich in meinem Zimmer allein bin, bin ich nicht autistisch. Ich bin es erst, wenn ihr dabei seid." Wie kann man diesen Kindern nahebringen, wie wundervoll unsere Welt ist und wie lohnenswert, sich ihr zu öffnen? Solange sie nur mit sich selbst konfrontiert sind, haben sie kein Problem. Aber um in unserer interaktiven Welt voller Kommunikation zurechtzukommen, ist es wichtig, kommunizieren zu können – eine Fähigkeit, die bei Personen mit Autismus erst mühsam erlernt werden muss. Dies schließt sie und oft auch ihre Familie von vielen Bereichen des Alltags aus. Denn das heißt gleichzeitig, dass wenig von der Außenwelt ins eigene Heim gelangen kann – Grillabende mit Freunden oder die Kindergeburtstage der Geschwister können aufgrund der Reizüberflutung zu einer absoluten Überforderung führen. Entweder zieht sich das Kind in seine eigene Welt zurück oder es dreht auf und der Abend wird für alle Beteiligten, besonders aber für das Kind selbst, zu einem sehr unangenehmen Erlebnis. Um das tägliche Miteinander zu lernen und ein Leben in unserer Welt gemeinsam zu ermöglichen, brauchen diese Familien Unterstützung.

Die Diagnose „Autismus" ist kein Ende, sondern ein Anfang

Diese Unterstützung bietet das Melody Learning Center. Seit 2008 arbeitet es mit Familien, in denen Kinder aus dem autistischen Formenkreis aufwachsen. Das

Hauptanliegen ist es, Eltern, Lehrern, Therapeuten und anderen Bezugspersonen von Kindern und Erwachsenen mit Autismus, aber auch mit anderen Entwicklungsschwierigkeiten oder mit Verhaltensproblemen, eine wirksame Methode an die Hand zu geben. Die Methode heißt ABA/VB (Applied Behaviour Analysis / Verbal Behaviour) und steht für „angewandte Verhaltensanalyse" bzw. „sprachliches Verhalten". Konkret bedeutet das: Bevor ein Anspruch an das Kind gestellt wird, wird zuerst Motivation aufgebaut; erwünschtes Verhalten wird belohnt und verstärkt, auf unerwünschtes Verhalten wird zum Beispiel durch Entzug von Aufmerksamkeit reagiert. In Verbindung mit dem Aufbau von angemessenen alternativen Verhaltensweisen wird auf Dauer unerwünschtes Verhalten abgebaut. Lernen mit ABA findet keineswegs in anonymen kühlen Labors statt. Um wirklich herauszufinden, wie am besten geholfen werden kann, gehen die ABA-Berater (qualifizierte Verhaltensanalytiker) in die Familien. Sie analysieren das Verhalten und die aktuellen Fähigkeiten des Lerners in verschiedenen Entwicklungsbereichen wie zum Beispiel Kommunikation, Spiel und sozialer Interaktion. Sie ermitteln sozusagen den Istzustand des Kindes und bauen darauf konkrete individuelle Unterrichtsziele und Lernstrategien auf. Um den sich ständig ändernden Bedürfnissen und den zunehmenden Fähigkeiten des Kindes gerecht zu werden, wird das Lern- und Verhaltensprogramm in regelmäßigen Abständen erneuert und an den neuen Istzustand angepasst.

Eine Methode mit Erfolgsgarantie

Der Hauptbestandteil der ABA-Intervention ist Motivation, deshalb ist es fast das Wichtigste, die Vorlieben des Kindes zu kennen und zu erfassen. Während der Beratung wird gehüpft, getobt und gespielt. Die Kinder haben viel Spaß und fühlen sich voll in ihrem Element. Ganz nebenbei werden kleine Ansprüche eingeflochten, zum Beispiel, dass das Kind angemessen fragen soll, damit eine Aktivität weitergeht. Abhängig von der Entwicklungsstufe des Kindes erfolgt dies durch Gebärde, in einem ganzen Satz und in erwünschtem Tonfall oder mithilfe von Bildern. Im Vordergrund steht, die Kinder zu motivieren, sich mit einer breiten Palette von Dingen zu beschäftigen – auch mit solchen, mit denen sie sich aus eigenem Antrieb nicht auseinandersetzen würden. In dem Kind wird der Wunsch geweckt zu lernen. Die daraus entstehende Motivation ist die beste Voraussetzung für eine weitere Entwicklung. Schritt für Schritt entfalten so die Familien mithilfe der Berater des Melody Learning Centers das volle Potenzial der Kinder. Und davon profitieren die Betroffenen und ihre Angehörigen.

Ein wichtiger Schwerpunkt der Berater ist die Ausbildung der Eltern und Bezugspersonen zu Experten. Beim Coaching der Eltern geht es vor allem darum, den Unterricht in den Alltag einfließen zu lassen. Deshalb findet der Unterricht überall statt: daheim, im Kinderzimmer, am Esstisch, beim Einkaufen, im Restaurant, auf dem Spielplatz und bei Bedarf auch in der Schule oder im Kindergarten.

Nicht nur die Kinder lernen immer mehr, in unserer Welt zurechtzukommen. Auch den Eltern werden die Augen geöffnet, um die Welt ihrer Kinder und ihre Kinder selbst besser zu verstehen. In Konfliktsituationen ist es dann einfacher, angemessen und zielführend zu reagieren und den Kindern entsprechende Unterstützung zu bieten. Studien belegen: Keine andere Methode ist so effektiv, um ein breites Spektrum an Fähigkeiten zu entfalten und unangemessenes Verhalten zu verringern, wie ABA- basierte Interventionen. Zum Teil liegt dieser Erfolg mit Sicherheit auch an der Einstellung der unterrichtenden Personen. „75 Prozent der Zeit sollte darin bestehen, gemeinsam Freude zu erleben", so der Grundsatz von Silke Johnson, ABA-Beraterin und Geschäftsführerin des Melody Learning Centers Donaueschingen. „Wenn es Spaß macht, dann lernt man auch gerne."

9.2 Betroffene Kinder

Es gibt eine Menge an Autismusfachliteratur. Sie deckt viele Aspekte dieses Syndroms ab. Es ist aber auch wichtig, über die betroffenen Kinder selbst zu schreiben. Denn hinter jedem „Fall" stehen Menschen, Familien und Schicksale.

9.2.1 Benjamin

Audrey Johnson veröffentlichte ihre Erfahrungen mit ABA und dem Bremer Elterntrainingsprogramm (BET) bei ihrem Sohn Benjamin auch in der Zeitschrift „Autismus" (Mai-Nr. 61/06) des Vereins Autismus Deutschland e. V. (Bundesverband zur Förderung von Menschen mit Autismus). Der folgende Erfahrungsbericht ist eine überarbeitete Fassung.

Erste Verdachtsmomente und Diagnosestellung:

Irgendwie war Benjamin bereits im Babyalter auffällig. Als er ungefähr sechs Monate alt war, besuchten wir verschiedene Mutter-Kind-Kurse, wie Babyschwimmen oder einen PEKiP[1]-Kurs. Benjamin reagierte einfach nicht wie andere gleichaltrige Kinder. Er schmiegte sich nicht an mich, sondern schaute durch die Gegend und weinte sehr oft. Im Alter von einem Jahr kamen Fütterungsprobleme hinzu. Sowohl beim Trinken als auch beim Essen schrie er ständig. Ich beruhigte ihn zwischendurch mit einem Schnuller und konnte mit dem Füttern kurz weitermachen, aber dann ging die Schreierei von neuem los.

Ich erwähnte meine Bedenken gegenüber Benjamins damaligem Kinderarzt. Zunächst beruhigte mich dieser mit dem üblichen Spruch: „Er ist ein Junge und Spätzünder, das wächst sich noch aus." Leider bewahrheitete sich diese Aussage nicht. Als erste Verdachtsdiagnose wurde nach mehreren Untersuchungen eine

---

[1]Prager-Eltern-Kind-Programm

seltene mitochondriale Stoffwechselerkrankung ausgesprochen. Diese ist bis zum heutigen Tag nicht bestätigt. Als Benjamin zwei Jahre alt war, sagte der Kinderarzt zu mir, ich solle aufpassen, dass Benjamin nicht autistisch wird. Damals konnte ich nicht viel damit anfangen, heute erst recht nicht. Mir ist immer noch nicht klar, wie man aufpassen kann, dass ein Kind nicht autistisch wird. Es sei denn, man vertritt überholte Bettelheimsche Denkweisen und sieht sogenannte Eisschrank-Mütter oder -Väter als Ursache für die Misere ihrer Kinder.

Als Benjamin mit knapp drei Jahren in einem integrativen Kindergarten aufgenommen wurde, äußerten die Erzieherin sowie die Ärztin im SPZ ebenfalls den Verdacht auf Autismus. Benjamins Vorliebe für gleichbleibende Routinen, seine heftigen Reaktionen beim Richtungswechsel, das Aufreihen von Gegenständen und nicht zuletzt das Ausbleiben der Sprache waren genügend Anhaltspunkte. Ich vereinbarte einen Termin im zuständigen Autismustherapiezentrum in Langen.

Die diagnostische Untersuchung nach DSM-IV zeigte in allen Bereichen das Vorliegen eines frühkindlichen Autismus. Eine konkrete Hilfestellung bekamen wir jedoch nicht. Für Therapieplätze gab es eine Warteliste von ein bis zwei Jahren. Weiterhin bekamen wir die Empfehlung, nicht zu viele Therapien mit Benjamin zu machen. Seitdem wir mit Applied Behaviour Analysis vertraut sind, wissen wir, dass man ein autistisches Kind nicht überfordern kann. Das Gegenteil ist der Fall. Die Notwendigkeit, ein autistisches Kind ständig zu fordern, am besten in einer Eins-zu-eins-Situation, entspricht eher den Tatsachen. „Freizeit ist Autistenzeit", habe ich dazu einmal gehört. Überlässt man ein Kind mit Autismus sich selbst, wird es sich in seiner Autistenwelt nur selbst stimulieren. Um aber konkret auf die Überforderungssituation einzugehen, nenne ich die damaligen Therapien: Benjamin bekam Physio- und Ergotherapie während seines Aufenthalts im Kindergarten. Einmal wöchentlich ging er noch nachmittags zur Musiktherapie. Wir nahmen noch ein Beratungsangebot zur unterstützten Kommunikation in Anspruch, um Benjamin Alternativen zur gesprochenen Sprache zu ermöglichen. Unabhängig von der Frage, ob man einen Autisten überfordern kann oder nicht, empfinde ich nicht, dass die Quantität der Therapien ein Überangebot darstellte. Bereits damals nahm Benjamin die Therapien positiv auf und ging interessiert auf die Angebote ein.

Wie wir von ABA erfuhren:

Aufgrund der langen Wartezeiten für einen Therapieplatz beim ATZ informierte ich mich im Internet über weitere Fördermöglichkeiten bei Autismus.

Ich erfuhr das erste Mal von ABA auf den Seiten des Early Autism Projekts (EAP). Die Informationen zur Therapie hörten sich vielversprechend an, jedoch konnte ich mir zum damaligen Zeitpunkt kaum vorstellen, wie man eine so zeitintensive Therapie auf die Reihe bekommen kann, insbesondere wenn man noch berufstätig ist. Außerdem stellte sich die Frage nach den Kosten. Für mich war zunächst erst einmal klar, dass ich unserem Sohn diese Therapie nicht ermöglichen konnte. Durch eine spätere Anfrage beim EAP bezüglich einer Betreuung erfuhr ich, dass der Anbieter restlos ausgebucht war und keine weiteren Kunden annehmen konnte.

Einige Zeit später las ich wieder von ABA auf der privaten Homepage einer Mutter. Das Ganze erschien nun greifbarer für mich. Ich telefonierte mit ihr, um mich über ABA zu informieren, und kaufte mir dann das Buch „Ich würde euch so gern verstehen", die deutsche Übersetzung von Catherine Maurices „Let Me Hear Your Voice" (siehe [1] und [2]). Meine erste Meinung, dass diese Therapie kaum durchführbar wäre, war zwar nicht gänzlich widerlegt. Ich war aber der festen Meinung, dass wir alles versuchen mussten, um Benjamin diese vielversprechende Therapie zu ermöglichen. Ich suchte nach weiteren Eltern, die hier in Deutschland nach ABA therapierten.

So hörte ich vom „Bremer Elterntrainingsprogramm (BET)". Dieses Projekt wurde von Frau Dr. Cordes und ihrem Vater Hermann Cordes angeboten. Ich nahm zu ihnen Kontakt auf und informierte mich über das Angebot und die Rahmenbedingungen. Daraufhin entschlossen wir uns, daran teilzunehmen. Bis zum Beginn vergingen noch knapp drei Monate. Frau Dr. Cordes erarbeitete einen Vorschlag, wie Familien Co-Therapeuten anwerben können, und gab Anregungen, um die Kostenübernahme durch die entsprechenden Träger bewilligt zu bekommen.

Beginn mit dem Bremer Elterntrainingsprogramm:

Im Juni 2003 fuhren wir zusammen mit Benjamin nach Bremen zur Diagnostik. Wir wunderten uns, wie ausdauernd Benjamin sein konnte, obwohl er nur wenig von dem verstand, was von ihm verlangt wurde. In der freien Beobachtungsphase wirkte er nicht an seiner Umwelt interessiert, lief stereotyp auf und ab und warf gelegentlich sein Stofftier umher. Während uns Herr Cordes über unseren Sohn befragte, ließ sich Benjamin mehrere Stunden hinweg durch Frau Dr. Cordes in einer direkten Eins-zu-eins-Situation testen.

Benjamin lag damals hinsichtlich seines Entwicklungsstandes weit hinter seinem chronologischen Alter von 4,4 Jahren zurück. Er konnte kaum etwas. Er sprach kein Wort außer Mama und gelegentlich Papa. Und er hatte noch immer vermehrten Speichelfluss. Sein Interesse an einem Objekt vermittelte er nicht durch Zeigen. Er zog uns an der Hand zu dem Objekt und fing zu jammern an. Imitieren konnte er zu dieser Zeit überhaupt nicht, sein Sprachverständnis war sehr gering. Auf Berührungen und gewisse Geräusche reagierte er oft mit Abwehr.

Bevor wir einen Monat später mit dem ersten Workshop und Heimtraining begannen, schauten wir uns nach weiteren Hilfen um, die uns bei der Durchführung der Therapie unterstützen könnten. Das angestrebte Ziel, dreißig Stunden in der Woche mit Benjamin zu arbeiten, wäre für zwei berufstätige Eltern nicht durchführbar gewesen. Die Suche nach geeigneten Co-Therapeuten gestaltete sich aber schwieriger, als wir dachten. Obwohl die Stadt Frankfurt aus den entsprechenden Fachbereichen wie Psychologie, Sonderschulpädagogik, Heilpädagogik etc. einiges an Studenten zu bieten hat, gibt es in unserer Umgebung attraktivere Praktikumsangebote. Bei einer Therapiezeit von drei bis vier Stunden ist es nicht besonders lukrativ, noch eine Fahrtzeit von knapp zwei Stunden hinzurechnen zu müssen.

Dennoch haben wir es geschafft. Im Juli 2003 besuchten wir zusammen mit einer Studentin der Psychologie und einem guten Freund den ersten BET-Workshop, der an einem Wochenende über zwei Tage ging. Details über die Inhalte der Workshops und des BET wurden im letzten Heft „Autismus" von Frau Dr. Cordes veröffentlicht.

Direkt nach dem Workshop fand das erste Heimtraining statt. Alle Teammitglieder sowie die Großeltern nahmen daran teil. Zunächst demonstrierten die Trainer verschiedene Einzel-Lernsituationen, die anhand der in Bremen durchgeführten Diagnostik als Förderziele festgehalten wurden. Sämtliche Teammitglieder durften anschließend ihre Arbeit mit Benjamin demonstrieren und bekamen sofort fachliches Feedback. Benjamin nahm die neue Situation hervorragend an. Er saß ganz lieb auf seinem Stühlchen und schaute uns erwartungsvoll an, so als wolle er sagen: „Wann geht es endlich weiter?" Er war sehr motiviert, den gestellten Aufgaben zu folgen. Essbare Verstärker (Salzstangen) und viel Lob wurden eingesetzt, um sein gutes Verhalten zu belohnen.

Innerhalb von wenigen Tagen erhielten wir Benjamins erste Lernprogramme und konnten uns schrittweise an das wöchentliche Therapieziel von dreißig Stunden herantasten. Diese Intensität haben wir aufgrund verschiedener Faktoren nie erreicht: fehlende Fremdkapazitäten, Berufstätigkeit beider Eltern und Benjamins täglicher Kindergartenbesuch. An Wochentagen wäre eine Therapie von mehr als drei Stunden nach 15:00 Uhr für Benjamin nicht machbar gewesen. Wir ließen jedoch kaum einen Samstag oder Sonntag für die Therapie aus.

Was Benjamin durch das BET gelernt hat:

Seit dem Beginn mit ABA sind mittlerweile zweieinhalb Jahre vergangen. Benjamin konnte von BET bzw. ABA sehr viel profitieren und lernen. Benjamin hat durch diese Maßnahme das Sprechen erlernt. Das war unser wichtigstes Ziel.

Angefangen haben wir mit Imitationsübungen und einfachen Aufforderungen. Es ist sicherlich jedem bewusst, der sich mit Autismus beschäftigt, dass es einem Autisten schwer möglich ist, durch Imitation und Beobachtung zu lernen. Durch die verhaltenstherapeutische Vorgehensweise mittels Belohnung und Prompten hat Benjamin diesen Punkt schnell verstanden. Wir begannen mit Übungen wie Klatschen, Aufstehen, an die Nase fassen und auch mit dem Umgang von Objekten: sich ein Telefon ans Ohr halten, aus einer Tasse trinken oder einen Hut aufsetzen. Dies folgte immer unserer Aufforderung: „Mach nach!" Weitere Ziele, die Benjamin erlernt hat:

- Sprachverständnis: Benjamin sollte Objekte/Bildkarten auswählen, dabei zwischen „zeig" und „gib" unterscheiden. Bei diesem Lernziel haben wir uns zunächst täuschen lassen. Benjamin achtete auf das genannte Objekt, konnte aber zwischen den Aufforderungen „gib" und „zeig" nicht differenzieren.

- In den Anfangszeiten der Therapie kamen weitere Übungen zum Sprachverständnis hinzu, wie z. B. das Unterscheiden von Gegenständen, Handlungen, Körperteilen und Personen. Später übten wir auch komplexere Konzepte wie Präpositionen und Emotionen.

- Erste Übungen zur Selbstständigkeit bezogen sich auf das Aus- und Anziehen. Mittlerweile kann Benjamin vieles selbstständig. Aufforderungen sind manchmal noch nötig. Jedoch zeigt mir Benjamin immer öfter, dass er etwas alleine machen möchte: „Ich mache Knopf alleine zu."

- Zuordnungsaufgaben lagen Benjamin von Anfang an sehr: identische Objekte zu Objekten, Objekte zu Bildern, ähnliche Objekte zueinander, Farben, Größen, Formen oder komplexere Aufgaben wie Wörter zu Bildern, Mengen zu Mengen, Zahlen, Groß- zu Kleinbuchstaben, später auch Kategorien und Emotionen. Benjamin rauschte durch diese Lernprogramme. Ich kam kaum nach, Arbeitsmaterialien in Form von Bildkärtchen zu erstellen.

- Grobmotorische Übungen waren anfangs schwierig für Benjamin: rückwärts laufen, über einen Balken balancieren, auf einem Bein stehen und vorwärts hüpfen, Ball fangen und werfen. Heute genießt er diese Spiele, guckt sich vieles von anderen Kindern ab und hatte im Sommer eine Tanzrolle bei einer Aufführung im Kindergarten, die er sehr genau kannte.

- Bei den feinmotorischen Übungen lernte Benjamin Legosteine zu einem Turm zusammenzustecken, mit der Schere umzugehen, Flaschen zu öffnen, Bilder auszumalen, einfache Figuren zu malen und Buchstaben auf Linienpapier zu schreiben.

- Mundmotorische Übungen zur Kräftigung der Zunge und der Lippen sowie Nachahmen von Lauten und ersten Wörtern waren ein weiteres Lernziel.

- Ein besonders wichtiger Punkt war die nicht sprechende Kommunikation durch PECS. Hier lernte Benjamin seine Wünsche durch den Austausch von Bildkärtchen zu kommunizieren, zunächst auf Wortebene, später durch das Bilden eines Satzes: „Ich möchte Banane." Durch die nicht sprechende Kommunikation war für Benjamin eine Möglichkeit geschaffen, Zugang zu seinen Lieblingsobjekten (Verstärker) zu erlangen. Er war total motiviert bei der Sache und betrachtete das Ganze als Spiel.

- Benjamin zeigte großes Interesse an vorschulischen Fähigkeiten. Anfangs übten wir Wörter in einzelne Buchstaben zu zerlegen, zunächst nach Vorlage, dann auch aus dem Gedächtnis. Weiterhin übten wir das Lesen von Sichtwörtern, Mengen- und Zahlenverständnis und Rechnen. Wir fingen mit einem Abakus an. Mittlerweile kann Benjamin im Zahlenraum bis hundert mit Zehnerübergang addieren und subtrahieren.

- Vor einigen Monaten haben wir Spielprogramme aufgegriffen. Benjamin fing mit einfachen Spielen an: Puzzle, Türme nachbauen, Autos und Briobahnen. Aus diesen Spielen haben wir uns immer mehr zurückgezogen, um Benjamin das Alleinspiel beizubringen. Inzwischen hat er großen Spaß an Regelspielen gewonnen.

Aus unserer Sicht waren das PECS-Programm und das Erlernen von Sichtwörtern durch Zuordnungen und Schreibübungen entscheidend dafür, dass Benjamin das Sprechen erlernte. Vor Beginn mit ABA war Benjamin nicht sprechend. Innerhalb der ersten Monate des BET übte er, Wörter und Geräusche zu imitieren. Dieser Punkt fiel ihm sehr schwer. Als wir Benjamin erstes Schreiben von Wörtern beibrachten (wir schrieben mit Bleistift auf Linienpapier vor und Benjamin malte die Buchstaben mit Wachsstift nach), fing er an, die einzelnen Buchstaben zu lautieren, und versuchte diese zu Wörtern zusammenzufügen. Davor imitierte Benjamin sogar noch die Wortmelodie unserer Aufforderungen.

Nachdem wir nach einer längeren Pause mit dem BET weitermachten, haben wir Mehrwortsätze sowie spontane Sätze geübt. Unser nächstes Ziel ist es, Benjamin das selbstständige Fragen beizubringen. Heute kann Benjamin schon „Wo ist ...?" und „Was ist das?" spontan fragen. Benjamins Entwicklungsniveau ist noch nicht homogen. In vielen Bereichen ist er bereits über sein Alter hinaus. In anderen hinkt er noch hinterher. Er ist noch stereotyp und besteht auf seine Routinen und Reihenfolgen. Sein Spiel- und sein Sozialverhalten konnte er in diesem Jahr enorm verbessern. Es fällt ihm noch schwer, sich in die Sicht von anderen Personen zu versetzen und deren Emotionen zu verstehen. Er ist recht langsam und unflexibel in seinen Antworten.

Was wir sonst noch über ABA erfahren haben:

Durch intensives Durchforsten des Internets zum Thema ABA und weiterer autismusspezifischer Therapien erfuhren wir von Verbal Behaviour. Verbal Behaviour ist eine Form von ABA, die sich von den traditionellen ABA-Programmen nach Ivar Lovaas unterscheidet. Hier wird zu Beginn auf Beziehungsaufbau (Pairing) und auf Flexibilität gesetzt. Erster Punkt ist das Erwecken von Motivation. Das Ganze läuft spielerisch ab und das Kind wird somit gefördert, seine Wünsche zu kommunizieren. Sollte das verbal noch nicht möglich sein, wird mit alternativen Kommunikationsmitteln wie PECS oder Zeichensprache gearbeitet.

Im Sommer 2004 fand ein Verbal-Behaviour-Workshop durch das Institut Knospe-ABA in Frankfurt statt. Wir haben diesen besucht und anschließend wurde eine Beratung bei uns zu Hause durchgeführt. Obwohl uns dieser Ansatz sehr plausibel erschien, waren wir damals irritiert über den hohen spielerischen Anteil (Pairing). Denn wir waren es von Anfang an gewohnt, Benjamin Aufgaben und Fähigkeiten in einer Einzel-Lernsituation am Tisch beizubringen. Wir hatten nicht den Eindruck, dass diese Situation für Benjamin unangenehm war. Im Gegenteil: Benjamin freute sich, sobald ein Co-Therapeut bei uns zur Tür hereinkam, und er setzte sich erwartungsvoll auf seinen Stuhl am „Arbeitstisch".

Kurz nach dieser Beratung sind drei unserer Co-Therapeuten ihrer Wege gegangen oder machten Urlaub, und wir mussten in Eigenregie weitermachen. Wir arbeiteten an den neuen Programmen, die auf dem ABLLS™ (Assessment of Basic Language and Learning Skills)[2] basierten und die den Erwerb der Sprache in den Vordergrund stellten. Hauptziele waren dabei das Variieren von sprachlichen Aufforderungen und das Mischen von neuen Lernzielen mit bereits gekonnten Fähigkeiten. Trotz einer weniger intensiven Therapie, die wir zwangsweise ohne das bisherige Team durchführten, konnten wir eine Weiterentwicklung feststellen. Als uns die neuen Programmpunkte so langsam ausgingen, fingen wir mit gänzlich selbst entwickelten Programmen und Ideen an.

Rückblick nach zweieinhalb Jahren:

Trotz aller Probleme und Hindernisse würden wir diesen Weg wieder einschlagen. Benjamin hat immer noch autistische Merkmale, seien es seine Stereotypien, Routinen oder Zwänge. Aber er hat eindeutig sehr viel gelernt, sowohl auf kognitiver wie auf sozialer Ebene. Er spielt gerne gemeinsam mit den Kindern im Kindergarten und hat auch einen Lieblingsfreund. Vor ABA beobachtete Benjamin zwar die Kinder, konnte sich aber nicht in ihr Spiel integrieren. Es bestehen jetzt realistische Chancen, dass Benjamin im Rahmen des gemeinsamen Unterrichts mit einem Integrationshelfer eine Regelschule besuchen kann. Bei einer Hospitation an einer Schule ging er gleich auf die fremden Kinder zu und integrierte sich im Unterricht der Integrationsklasse (zweites Schuljahr). Ein kleiner Junge fragte anschließend sogar, ob Benjamin denn am nächsten Tag wiederkäme.

Wir selbst haben auch viel gelernt. Man fühlt sich nicht mehr so hilflos, wenn man eine Methode erlernt hat, mit der man seinem Kind helfen kann. Bei den üblichen Therapien wird man als Mutter oder Vater nur zu gerne vor die Tür geschickt. Dann finden fünfundvierzig Minuten Therapie statt, und das war es dann. Man erhält kaum eine Hilfestellung für den Alltag. Das ist bei ABA anders. Die Therapie findet zu Hause statt, und man hat die Organisation selbst in der Hand. In den Förderstunden werden Lerninhalte vermittelt. Darüber hinaus

---

[2]Die ursprünglichen ABLLS™ sind überarbeitet und ergänzt worden und nennen sich jetzt ABLLS-R™.

wird der Umgang im Alltag leichter, weil man gelernt hat, auf Verhalten korrekt einzugehen.

9.2.2 Jonas und Hannes

Katrin Brunk ist Mutter von Zwillingen. Sie nennt ihren Erfahrungsbericht auch „unser Leben mit ungleichen Zwillingen". Denn beide Kinder sind zur selben Zeit geboren, aber sie können nicht die typische Zwillingsbeziehung führen, weil ein Kind Autist ist. Sie berichtet im folgenden Text über diese Besonderheiten.

Schwangerschaft

Der Moment, als ich erfuhr, dass ich schwanger war, war für mich und meinen Mann unglaublich schön. Wir freuten uns wahnsinnig auf unser Baby. Den ersten kleinen Schock galt es jedoch in der achten Schwangerschaftswoche (SSW) zu verdauen, als die Ärztin uns eröffnete: „Glückwunsch, Sie bekommen Zwillinge!" Damit hatten wir absolut nicht gerechnet. Und bitte, wie genau freut man sich auf Zwillinge? Doch die anfängliche Überraschung war bald überwunden, und wir freuten uns auf unsere beiden Mäuse. Waren sie doch so schon etwas Besonderes! Mit der einschlägigen Schwangerschaftsliteratur und natürlich auch mit sämtlichen Zwillingsratgebern versorgt, fieberten wir der Geburt unserer Zwillinge entgegen. Die beiden entwickelten sich prächtig und alle Vorsorgeuntersuchungen gaben Anlass zur Freude. Ich genoss die Schwangerschaft in vollen Zügen. Der errechnete Geburtstermin sollte der dritte Oktober sein (Tag der Deutschen Einheit). Auch für uns ist dieser Tag ein schicksalhaftes Datum, denn ich komme aus Gera und mein Mann aus Hessisch Oldendorf: also deutsche Einheit der Extraklasse. Leider hatten unsere Jungs ein anderes Datum im Kopf und wollten sich schon viel früher auf den Weg machen. Um sie noch möglichst lange im kuschelig warmen Bauch zu behalten, musste ich die letzten sechs Wochen vor der Geburt bereits in der Medizinischen Hochschule Hannover (MHH) verbringen. Dort wurde mit wehenhemmenden Mitteln die Geburt erfolgreich bis zum Ende der vierunddreißigsten SSW hinausgezögert.

Geburt

Da die Jungs im Ultraschall gut entwickelt waren und das Ende der vierunddreißigsten SSW erreicht war, wurden alle wehenhemmenden Mittel abgesetzt und somit der Startschuss zur entscheidenden Phase gesetzt: die Entbindung. Bei uns war es dann allerdings wirklich ein Startschuss! Direkt nach dem Absetzen der Medikamente am 22.08.06 um 11:00 Uhr platzte die Fruchtblase und es ging los! Jonas (unser Erstgeborener) lag mit dem Köpfchen nach unten. Er hatte sich schon sehr früh in der Schwangerschaft die Poleposition gesichert. Wir konnten uns auf eine Spontangeburt freuen. Zunächst verlief alles ohne Komplikationen. Nach einer PDA kam es dann allerdings zu einem Geburtsstillstand. Die Kinder waren jedoch immer gut versorgt und nach der Gabe von Wehenmitteln kam dann die Geburt wieder in Gang. Unsere beiden Jungen wurden am 23.08.06 um 0:03 und 0:05 Uhr (sechs Wochen zu früh) geboren. Jonas musste allerdings mit der Zange geholt werden.

Beide Kinder waren gesund und atmeten spontan. Wir waren überglücklich, sie in den Armen halten zu dürfen. Sie waren so klein und zerbrechlich, aber es waren unsere Babys und wir waren die stolzesten Eltern der Welt! Zur Kontrolle kamen sie jedoch noch in die Kinderklinik der MHH. Dort wurden sie anfänglich noch über eine Sonde ernährt, weil sie noch ein wenig zu schwach zum Trinken waren. Auch mussten sie im Wärmebettchen erst noch ihre Temperatur an die neue Umgebungssituation anpassen. Nach vier Wochen hatten beide gelernt zu trinken und das wahlweise aus der Flasche wie auch an der Brust, was mich natürlich unheimlich freute. Am 24.09.06 durften wir unsere Zwillinge nach Hause holen und endlich gemeinsam unser gemütliches Nest beziehen.

Das erste Jahr

Das erste Jahr verlief für unseren Sohn Hannes vollkommen normgerecht. Er ist ein fixes Kerlchen und meisterte alle Entwicklungsschritte in der vorgegebenen Reihenfolge und Geschwindigkeit. In meinen weiteren Ausführungen möchte ich mich hauptsächlich auf unseren erstgeborenen Sohn Jonas konzentrieren, weil uns seine Entwicklung schon von Beginn an Rätsel aufgab. Er war ein sehr genügsames Baby. Er schrie sehr wenig, aber wenn, dann war er durch nichts zu beruhigen. Er wollte nicht getragen werden. Am wohlsten schien er sich in seinem Bettchen zu fühlen. Wenn er beim Fläschchengeben auf meinem Arm lag, quittierte er das mit hysterischem Schreien. Legte ich ihn wiederum zum Trinken allein in sein Bett, nuckelte er friedlich weiter. Er trank sehr schlecht, sowohl aus der Flasche wie auch an der Brust. Am auffälligsten aber war das fehlende Lächeln. Wie alle Eltern warteten auch wir auf dieses erste kommunikative Lächeln unserer Babys. Hannes belohnte uns nach ca. acht Wochen mit einem unglaublich schönen Lächeln, das mitten ins Herz ging. Wir warteten gespannt darauf, wann es bei Jonas endlich so weit sein würde. Es vergingen drei, vier, fünf und mehr Monate, und wir warteten immer noch vergebens. Jonas' Motorik war ebenfalls nicht altersgerecht entwickelt. Im Alter von zehn Monaten konnte er sich noch nicht drehen und zeigte auch keinerlei Interesse an Spielzeug. Er reagierte nicht auf Ansprache. Jetzt ging die Suche nach möglichen Ursachen los:

1. Bei Jonas wurde das KISS-Syndrom[3] festgestellt und zweimal mit Atlastherapie beseitigt. Es verbesserte sich daraufhin sein Trinkverhalten und auch ein wenig seine Motorik.

2. Untersuchung der Hörfunktion: altersgerechte Hörfunktion.

3. Untersuchung der Augen: keine organischen Auffälligkeiten.

4. Vorstellung im Sozialpädiatrischen Zentrum (SPZ) Hannover: Bewegungsauffälligkeiten.

Seit Jonas zehn Monate alt ist, machen wir zweimal in der Woche Krankengymnastik nach Voijta und bekommen zweimal in der Woche Hausfrühförderung von einer Heilpädagogin. Mit diesen Maßnahmen verbesserte sich Jonas' Motorik zusehends. Er begann zu greifen und drehte sich bald selbst vom Rücken auf den Bauch und zurück. Er begann viel und variantenreich zu lautieren. Sein Kontaktverhalten änderte sich jedoch nicht. Er reagierte weiterhin nicht auf Ansprache oder Rufen und schien oft in seiner eigenen Welt zu sein. Das war der Zeitpunkt, als in mir zum ersten Mal der Verdacht aufkam, Jonas könnte Autist sein. Ich besorgte mir einschlägige Literatur und beschäftigte mich intensiv mit der Thematik. Am Ende war ich sicher: Jonas ist Autist! Nachdem ich den ersten Schock überwunden hatte, konfrontierte ich auch meinen Mann Rolf mit meinem Verdacht. Auch er sah zwar, dass Jonas anders war, aber er wollte zu diesem Zeitpunkt noch nicht an Autismus glauben. Alle unsere behandelnden Ärzte entkräfteten meinen Verdacht. Jonas sei einfach nur in seiner Entwicklung etwas zurück, „was ja bei Zwillingen und Frühchen keine Besonderheit ist". Ich ließ mich von den „Experten" eines Besseren belehren und freute mich, dass ich mich offensichtlich getäuscht hatte. Diese Freude hielt leider nicht lange an. Ich beobachtete Jonas weiter und stellte fest, dass er anders mit den Dingen spielte. Er zeigte keinerlei Interesse an den Funktionen der Spielzeuge. Er beklopfte und bekratzte diese nur ausgiebig und erkundete alles mit dem Mund. Viel Spaß hatte er an drehenden Objekten und Dingen, die Geräusche erzeugten. Er nahm von sich aus nie Kontakt zu seinem Bruder auf und zeigte auch keinerlei Interesse an dessen Spiel. Hierbei sei angemerkt, dass Hannes diese Tatsache sehr verwirrte und er immer ganz verstört zu mir blickte, wenn seine Kontaktversuche in keiner Weise erwidert wurden.

Das zweite Jahr und Diagnosestellung

Im zweiten Lebensjahr begann Jonas zu robben und zu krabbeln. Kurz vor seinem zweiten Geburtstag hatte er dann auch seine ersten freien Schritte gemeistert. Wir waren sehr stolz auf unsere beiden Kinder. Unterdessen interessierte er sich schon für verschiedene Spielsachen. Er lautierte immer noch viel, aber er sprach (und

---

[3]Kopfgelenk-induzierte Symmetrie-Störung

spricht bis heute) noch keine Worte. Er interessiert sich sehr für Musik. Er konnte schon sehr früh „Alle meine Entchen" auf dadada singen. Sorge bereitete uns jedoch sein möglicherweise fehlendes Sprachverständnis. Er reagierte nicht auf Zuruf und auch auf keine Aufforderung. Obwohl nun bereits die ersten Zähnchen da waren, begann er nicht zu kauen und verlangte immer noch nach pürierter Nahrung. Sein Bruder Hannes war inzwischen komplett am Familientisch gelandet. Er verdrückte mit Vorliebe alles, was auch wir aßen. Er wurde auch immer geschickter im Umgang mit Löffel und Gabel. Jonas hingegen zeigte daran keinerlei Interesse. Mittlerweile war jedoch zu bemerken, dass Jonas manchmal zu seinem Bruder schaute und sein Tun verfolgte. In Gesellschaft anderer Kinder spielte er am liebsten abseits allein. Annäherungsversuche seines Bruders quittierte er meist mit Flucht oder Schreien. Bis jetzt gab er jedes Spielzeug kampflos auf, wenn sein Bruder auch nur darauf zusteuerte. Das änderte sich am Ende des zweiten Lebensjahres. Jonas wurde immer mobiler und verteidigte oder eroberte sogar schon das ein oder andere Mal ein geliebtes Objekt. Seine Defizite in der Kommunikation und Interaktion wurden aber immer deutlicher, und die Diagnose Autismus war inzwischen für uns als Eltern nur noch Formsache. Wir begannen nach geeigneten Therapien zur Förderung autistischer Kinder zu suchen und wurden auch bald fündig. Nach ausgiebiger Recherche und Kontakt zu anderen betroffenen Eltern entschieden wir uns für eine autismusspezifische Förderung nach ABA/VB. Diese begannen wir aus eigener Initiative und Überzeugung noch vor Jonas' zweitem Geburtstag. Eine Kinder- und Jugendpsychiaterin stellte nun die Diagnose „Verdacht auf frühkindlichen Autismus".

In der Abbildung 9.1 befindet sich Jonas links von seinem Bruder Hannes. Es handelt sich um eines der sehr seltenen Fotos, auf denen beide Kinder zusammen zu sehen sind, etwas gemeinsam machen, Spaß dabei haben und Jonas die Initiative übernimmt. Zum Zeitpunkt der Aufnahme sind beide Kinder vierunddreißig Monate alt.

Autismusspezifische Förderung nach ABA/VB

Bei ABA/VB liegt der Schwerpunkt der Förderung auf dem Verstärken von angemessenen Verhaltensweisen durch den Einsatz der Motivation des Kindes. Hierbei wird jedes Kind individuell und ganzheitlich unter Berücksichtigung aller Lebensbereiche gefördert. Kinder, die Frühinterventionsprogramme nach ABA/VB durchlaufen, benötigen weniger häufig Langzeittherapien, eine Heimunterbringung oder Förderschulunterricht und können eher ein selbstständigeres Leben führen (siehe [54]). In Jonas' aktuellem Förderprogramm ist das Manding (Bedürfnisäußerung) mittels Zeichen ein sehr wichtiges Ziel. So merkt er durch Lernerfahrung, dass bestimmte Zeichen bestimmte Wörter bedeuten. Dabei haben wir mit Zeichen angefangen für z. B. Trinken, Pudding, Handy und Kullerbahn. Einige Zei-

Abbildung 9.1: Jonas und Hannes

chen macht er dabei schon ohne unsere Hilfe. Die Belohnung ist natürlich immer das Gewünschte.

Ein weiterer wichtiger Baustein unseres aktuellen Förderprogramms ist die Entwicklung des Sprachverständnisses sowie Imitation mit und ohne Objekt. Hierbei haben wir ebenfalls schon deutliche Fortschritte erzielt. Seit kurzem beginnt Jonas Silben zu imitieren und erste Worte wie Mama, nein und ich zu bilden. Er setzt diese allerdings noch nicht sinngemäß ein. Zu Beginn haben wir (d. h. überwiegend ich) das Programm zu Hause allein umgesetzt. Nach kurzer Zeit war mir aber klar, dass es wesentlich effektiver wäre, wenn eine externe Person die tägliche Förderung übernehmen würde. Als Jonas sechsundzwanzig Monate alt war, begannen wir aus diesem Grund mit unserer ersten Co-Therapeutin, die zunächst an drei Tagen in der Woche vormittags für drei Stunden Jonas' Förderung übernahm. Nach einer relativ kurzen Einarbeitungszeit hatte Jonas schon viel Spaß beim Üben und machte zusehends Fortschritte. Schnell suchten wir eine zweite Co-Therapeutin, die die Förderung an den beiden anderen Wochentagen übernahm. Jetzt war unser Team vorerst komplett, und es lief und läuft auch heute noch prima. Ich habe Freiräume gewonnen, die ich für Jonas' Bruder Hannes oder auch für mich nutzen kann. Ich bin gelassener geworden, weil der Druck der täglichen Förderung nicht mehr allein auf mir lastet. Es ist ein sehr schönes Gefühl zu sehen, wie Jonas immer mehr Kontakt zu uns und seiner Umwelt aufbaut. Das ist ein sicheres Indiz dafür, dass wir auf dem richtigen Weg sind. Inzwischen haben wir sogar schon manchmal ganz „normale" Zwillingsprobleme zu Hause. Und darüber freuen wir uns sehr!

Eine wichtige Hürde will ich jedoch nicht unerwähnt lassen: die Finanzierung. Wir haben vor neun Monaten die autismusspezifische Förderung nach ABA/VB über Eingliederungshilfe beantragt. Bis zum jetzigen Zeitpunkt haben wir aber noch keine schriftliche Übernahmezusage erhalten. Das bedeutet: Zunächst müssen wir alles vorfinanzieren, in der Hoffnung auf einen positiven Bescheid.

9.2.3 Alena

Im folgenden Text berichtet Sonja Ebert aus Emmingen über ihre Erfahrungen mit ihrer Tochter Alena, die im Februar 1999 geboren wurde.

Ja, wir erwarteten ein Kind und wir waren überglücklich. Die Schwangerschaft verlief problemlos, und die um eine Woche überzogene Geburt war schnell, aber heftig. Nach zweieinhalb Stunden erblickte unser Kind Alena das Licht dieser Welt. Sie hatte einen Kopfumfang von 31 cm, eine Körpergröße von 50 cm und ein Gewicht von 2630 g. Die Untersuchungen U1 und U2 zeigten keine Probleme. Das Stillen war nicht so einfach, da Alena einfach zu wenig an der Brust zog. Aber trotzdem schafften wir es, sie ein halbes Jahr lang zu stillen. In dieser Zeit nahm Alena nicht die üblichen hundert Gramm pro Woche zu. Ständig waren wir zur Kontrolle beim Kinderarzt. Als ich mit dem Stillen kürzertrat und die ersten Gläschen zufütterte, hatte Alena keinen Stuhlgang mehr. Das wurde so schlimm, dass Alena ständig schrie. Nur durch Darmmassagen konnte man den Stuhl aus ihrem kleinen Körper entfernen. Die ganzen Mittel gegen Verstopfung halfen einfach nicht. So bekamen wir eine Überweisung ins Krankenhaus, um verschiedene Darmkrankheiten abzuklären.

Ihre Entwicklung verlief so weit recht gut. Sie lernte pünktlich, sich zu drehen und zu sitzen. Etwas später konnte sie krabbeln und auch recht früh am Tisch mitessen. Trotzdem nahm sie nicht richtig zu. So wurden viele medizinische Untersuchungen durchgeführt, was für uns und natürlich auch für Alena ein sehr großer psychischer Stress war. Zusätzlich stellte man noch einen Schiefhals fest, den man per Krankengymnastik beheben konnte. Das Jahr verging, es folgten die weiteren U-Untersuchungen und die Impfungen, die uns im ersten Lebensjahr empfohlen wurden, obwohl die Gewichtszunahme weiterhin gering war. Man konnte Alena einfach nicht helfen und wir fanden keine Ruhe. Schließlich landeten wir für eine größere Untersuchung wieder im Krankenhaus, diesmal aber für drei Tage. Man wollte einen Tumor ausschließen, der eventuell verantwortlich war für ihre verlangsamte Gewichtszunahme. Und zugleich wollte man ihren verengten Tränenkanal ausspülen.

Ab diesem Zeitpunkt begann ein schwerer, mühsamer, schrecklicher und gefühlvoller Weg für uns mit unserem Kind Alena. Die Ärzte gaben Alena eine Narkose, um sie zur Untersuchung des Gehirns in einen Kernspintomografen legen zu können. Die Zeit verging, bis Alena endlich an der Reihe war. Für das Ausspülen des Tränenkanals reichte die Narkose nicht mehr. So bekam Alena am nächsten Tag gleich wieder eine Narkose verpasst. Als sie aus der Narkose aufwachte, rastete sie total aus. Sie schrie und schlug nach allen Seiten. Ich konnte sie fast nicht mehr beruhigen. Ihr Gesichtsausdruck war voller Angst und Leere. Nach diesem Ereignis konnte Alena nicht mehr essen. Sie hatte sich total in ihre eigene Welt zurückgezogen. Die Ärzte meinten: „Das kommt wieder, machen Sie sich keine Sorgen." Alena rührte ihren geliebten Schnuller nie wieder an. Wir konnten nicht glauben, was passiert war. Alena würgte und erbrach bei jedem Versuch der Nahrungsaufnahme. Wir fingen wieder von vorne mit Milch und Flasche an, da uns keine Therapeuten helfen konnten. Wir hatten das Abschlussgespräch mit den Ärzten. Die sagten uns, Alena hätte einen Ausläufer des Cornelia-de-Lange-Syndroms. Ihre Augen seien zu eng, die Ohren zu tief usw. Ihre Entwicklung würde ganz langsam voranschreiten. Vielleicht würde sie irgendwann einen Rollstuhl benötigen. Ihr Körperwachstum würde sich bei einer Körpergröße zwischen 1,20 m und 1,50 m einpendeln. Wir waren mit dieser Diagnose natürlich völlig überfordert. Wir sind nach Hause gegangen, um diese schreckliche Nachricht erst einmal mit unserer Familie zu verarbeiten.

Ich suchte im Internet, um mehr über dieses Syndrom zu erfahren. Ich wollte wissen, wie wir dagegen ankommen und damit umgehen können. Selbst unser Kinderarzt konnte nichts zu diesem Syndrom sagen. Im Krankenhaus sagte man mir bei der nächsten Untersuchung deutlich: „Alle Mütter meinen immer, es würde sich alles in Luft auflösen. Das ist aber nicht der Fall. Hegen und pflegen Sie Ihre Tochter bis ans Lebensende, und kommen Sie jedes Jahr zu uns für weitere Untersuchungen und Gutachten, damit man festhalten kann, wie Ihre Tochter sich weiterentwickelt." Ich war so geschockt. Ich konnte nichts mehr sagen und bin gegangen. Ich wusste nur eins: Da gehe ich nie wieder hin. Wir erhielten keine richtige Auskunft über das Syndrom. Wir erfuhren nicht, was wir therapeutisch unternehmen konnten, damit das Leben unserer Tochter irgendwie strukturiert werden konnte. Jegliche Hilfe unterblieb. Diese negativen Erfahrungen waren für mich der Anstoß, nicht klein beizugeben, sondern für unsere Tochter zu kämpfen. Alena ist ein sehr liebenswerter Mensch. Sie hat das Recht, auch in ihrer Lebenssituation ein schönes, wertvolles Leben zu führen. Wir werden alles Menschenmögliche tun und Alena so weit fördern, bis wir an ihre Grenzen stoßen.

Irgendwann teilte uns unser Kinderarzt mit, die Ärzte im Krankenhaus hätten eine Fehldiagnose gestellt, weil sie interne Probleme hatten und unseren Fall vom Tisch haben wollten. Das hat leider noch nicht gereicht: Denn durch diese Diagnose sind wir auch aus unserer Krankenversicherung rausgeflogen, da wir verschwiegen hätten, dass unsere Tochter seit Geburt krank sei. Gott sei Dank konnten wir das aufklären.

Alle Untersuchungen inklusive die der Chromosomen waren durchgeführt. Da man nichts gefunden hatte, stufte man Alena als entwicklungsverzögert ein. Die Ärzte fragten mich ständig: „Haben Sie Drogen genommen, geraucht oder sonstige Sachen gemacht?" Das konnte ich zum Glück alles verneinen. Als wir so nicht mehr weiterkamen, ging ich mit meiner Tochter in eine Mutter-Kind-Kur, um Alena einmal anderen Therapeuten vorzustellen. Dort stellte ein Professor fest, dass Alena im Mundraum so empfindlich war, dass sie bei einer einzigen Nudel gleich einen Würgereiz bekam. Gras, Sand und Wasser waren für Alena so furchtbar, dass sie sofort anfing zu schreien. Die Situation verschlechterte sich sehr schnell. Alena bekam zusätzlich Wahrnehmungs- und Gleichgewichtsstörungen. Sie konnte nichts mehr einordnen. Ihre Hände waren nur noch zur Faust geballt. Ihr Nervenkostüm war total angespannt.

Wir gingen sehr viel ins Schwimmbad, damit Alena lernte, sich wieder mit Wasser anzufreunden, Sand interessant zu finden und das Laufen im Gras zu akzeptieren. Die Sommer waren für uns manchmal sehr heftig, da wir immer ein brüllendes Kind hatten, das nichts mit diesen Dingen zu tun haben wollte. Dennoch schafften wir es: Alena lernte mit fünf Jahren schwimmen, weil sie es hasste, Schwimmhilfen und Schwimmflügel zu tragen. Sand ist inzwischen ihr liebstes Spielzeug. Das Liegen im Gras ist für sie pure Entspannung. Sie holte auch ihre Wachstumsverzögerungen innerhalb eines Jahres komplett auf. Heute amüsieren wir uns über die vielen Geschichten, die wir mit Alena so erleben durften.

Durch Zufall erfuhr ich von einer Bekannten, dass es in Baiersbronn ein Therapiezentrum gibt, das Kinder mit Essstörungen behandelt. Ich habe dort sofort angerufen und auch gleich einen Termin bekommen. Seitdem sind wir dreimal im Jahr für je eine Woche in Behandlung. Durch die Übungen nach der Padovan-Methode haben wir sehr viel für Alena erreichen können. Wir Eltern wurden in der Einzeltherapie genau in diese Methode eingewiesen, die für jedes Kind individuell zugeschnitten sein muss. Alena profitierte sehr gut von dieser Therapie. Mit dreieinhalb Jahren konnte sie laufen. Sie lernte wieder zu essen und zu kauen. Das musste mit langer, ausdauernder Arbeit geübt werden. Auch bei der Sprache erreichten wir viel. Alena erkannte jetzt Buchstaben und Silben und konnte sie auch sprechen.

Unser Kinderarzt meinte immer, wir würden unser Kind überfordern. Er hat jegliche Hilfe mit Rezepten usw. so gut wie möglich abgelehnt, was für uns nicht nachvollziehbar war. Irgendwann eskalierte ein Gespräch zwischen uns und dem Arzt so sehr, dass wir Hausverbot bekamen und die dort anstehende Untersuchung nicht mehr stattfand. Wir fanden schließlich einen Kinderarzt, der sogar mit Naturheilmitteln arbeitete. Er war total entsetzt, wie groß Alenas Akte schon in ihrem ersten Lebensjahr war. Dieser Arzt unterstützt uns in unseren Therapien und fragt immer nach, ob wir noch irgendetwas benötigen, damit Alena richtig gefördert wird. Da Alena nachts noch Windeln braucht, erhalten wir diese über Rezept. Ich kann nur sagen, wenn man mit dem Kinderarzt nicht klarkommt, sollte man sofort wechseln. Die Chemie und die Einstellungen müssen zueinanderpassen. Seitdem ist der innere Druck weg, da ich weiß, dass unser Kinderarzt uns in allem unterstützt, was wir tun.

Mit zweieinhalb Jahren besuchte Alena den Sonderkindergarten Johann-Peter Hebel, wo sie sehr gut betreut wurde. Da erfuhren wir zum ersten Mal, dass wir Pflegegeld bei der Pflegekasse beantragen können. Der Medizinische Dienst der Krankenkassen (MdK) kam vorbei und schaute sich Alena und ihr Verhalten an. Wir bekamen sofort Pflegestufe I. Durch einen Pflegedienst, der in regelmäßigen Abständen zu uns nach Hause kommt, bekommen wir Hilfe, wenn wir Hilfsmittel usw. brauchen. Ich musste mir eingestehen, dass mein Kind anders ist als andere Kinder. Das war für mich der erste Schritt, der sehr schwer zu akzeptieren war. Dann brauchten wir noch eine Weile, bis wir einen Behindertenausweis und einen Parkausweis beim Versorgungsamt beantragt hatten. Wir waren bis dahin einfach noch nicht bereit zu sagen: „Mein Kind ist behindert." Als ich diesen Satz das erste Mal über meine Lippen brachte, wusste ich, dass ich die Situation jetzt gemeistert hatte und voll und ganz dahinterstehe, dass die Umstände so sind, wie sie sind. Mittlerweile schätze ich diese Sozialleistungen sehr und kann nicht verstehen, warum wir uns früher dagegen gewehrt haben. Die Zuschüsse tun uns sehr gut, da wir viele Dinge mit Alena machen, die keine Krankenkasse übernimmt: Reittherapie, Kinesiologie, Naturheilkunde und vieles mehr.

Wir fanden bei uns in der Nähe eine Einrichtung, die Kinder mit Behinderung stundenweise oder in den Ferien auch tageweise betreut. Das Personal geht ganz liebevoll mit den Kindern um. Im Urlaub und an bestimmten Tagen in der Woche gibt es tolle Tagesprogramme, die von ehrenamtlichen Betreuern beaufsichtigt werden. Diese Leistungen des Familienentlastenden Dienstes (FED) werden über Verhinderungspflege abgerechnet, die man am Jahresanfang bei der Pflegekasse beantragen muss. Man bekommt jährlich ein Guthaben von 1510[4] Euro, das bei Inanspruchnahme direkt mit der öffentlichen Einrichtung abgerechnet wird. Zusätzlich erhält man seit dem 01. Juli 2008 je nach Art und Schwere der Behinderung einen erhöhten Betreuungsbetrag für Menschen mit eingeschränkter Alltagskompetenz (damals bis zu 200 Euro monatlich), der wiederum bei der Pflegekasse beantragt wird (siehe auch Kapitel 6.4.1). Dies ist alles sehr entlastend, da man auch Nachbarn oder andere Bezugspersonen über solche Einrichtungen anmelden kann. Somit ist eine Betreuung in regelmäßigen Abständen auch für zu Hause finanzierbar.

Als Alena älter wurde, hat sie uns Eltern oft gegeneinander ausgespielt. Sie wusste genau, bei welcher Person sie was bekommt und wo sie so einfach wie

---

[4]Stand 2016: 1.612 Euro

möglich durchs Leben gehen konnte. Wenn es dann zur Sache kam und sie etwas lernen sollte, stellte sie sich gleich auf Papas Seite, da sie wusste, dass sie ihn um den Finger wickeln konnte. Wir Eltern kamen nicht auf einen gemeinsamen Nenner und wussten, es musste was passieren. Zum richtigen Zeitpunkt kam die richtige Therapie. Wieder durch eine Bekannte erfuhr ich von dem Verhaltenstraining nach ABA/VB. Meine Bekannte fördert ihren Sohn mit dieser Therapieform schon seit einiger Zeit. Bei ihrem nächsten Beratungstermin mit Chris und Silke Johnson durfte ich zuschauen. Ich war sehr beeindruckt, wie sie mit viel Spaß und Freude den Kindern Dinge beibringen. Chris und Silke gaben in dieser Familie eine Vorstellung für Freunde, Lehrer und Bekannte. Uns war gleich klar, dass dies das Optimale für unsere Tochter Alena ist, weil mit viel Spaß und Motivation gearbeitet wird. Da Alena in der Schule nicht gut mitarbeitete, waren die Lehrer erfreut, dass wir ein Verhaltenstraining anfangen wollten. Über die Schule und das Sozialamt haben wir dann ein halbes Jahr später diese Therapie für ein Jahr genehmigt bekommen. Unser Kinderpsychiater diagnostizierte bei Alena schließlich Autismus.

Während unserer ersten Beratung waren wir sehr gespannt, wie Alena auf die neue Situation reagieren würde. Es war erstaunlich: Ihre ersten drei Worte waren Decke, Tuch und Kette. Mein Mann konnte es nicht fassen, dass Alena die Situationen richtig erkannte und auch Anweisungen folgen konnte. Wir Eltern mussten jetzt an einem Strang ziehen. Alena durfte keinen Ausweg mehr haben, indem sie sich hinter ihrem Papa oder anderen Personen versteckte. Mein Mann hat jetzt erkannt, dass in Alena noch viel mehr Potenzial steckt, als er vermutet hatte. Das gibt uns die Motivation, so viel wie möglich mit Alena zu arbeiten.

ABA ist ein neuer Weg, Alena die Türen zum Leben zu öffnen. Nun sind wir ein Jahr lang im Programm. Alena arbeitet gerne und findet viel Spaß dabei, mit uns zu spielen. Mit der Sprache wird es viel besser, sie kann schon nach Dingen fragen. Wir Eltern haben von diesem Verhaltenstraining sehr viel gelernt und werden noch viel mehr lernen, da Alena nun zehn Jahre alt ist und die Pubertät sich langsam bemerkbar macht. Wir haben unsere Gewohnheiten ablegen müssen, um auf einen gemeinsamen Nenner zu kommen. Selbst ihre Schlafstörungen und ihren Toilettengang haben wir sehr schnell in den Griff bekommen. Wir wissen, dass das für uns der richtige Weg ist, um mit Alena ein schönes, harmonisches und glückliches Leben zu führen. Wir alle werden an den Erfahrungen wachsen. Wir freuen uns immer über die schönen Fortschritte, die Alena uns präsentiert. Wir sind froh, dass wir unseren eigenen Weg gegangen sind und alles andere, das uns widerfahren ist, hinter uns lassen konnten. Alena ist uns sehr dankbar, was wir durch ihre Liebe und Zuneigung erfahren dürfen.

Und nun zum Schluss: Da viele Ehen diesen Belastungen nicht standhalten, ist es wichtig, sich selbst und dem Partner von Zeit zu Zeit eine Auszeit zu gönnen, damit wieder neue Kraft geschöpft werden kann und die Partnerschaft nicht noch mehr darunter leidet. Auch wenn man sehr viel Energie aufbringen muss, ist es immer gut zu kämpfen, egal wie die Geschichte ausgeht. Für sich selbst ist es ein gutes Gefühl, über sich hinauszuwachsen.

9.2.4 Tobias

Dies ist der Erfahrungsbericht von Ingrid Klimpel über ihren Sohn Tobias. Beide besuchen regelmäßig die Autismusfreizeiten des Regionalverbandes Stuttgart in Böblingen und gestalten dort das musikalische Rahmenprogramm. Frau Klimpel schrieb diesen Erfahrungsbericht im November 2007.

Erste Lebensjahre

Nach der Geburt meines dritten Sohnes wollte ich drei Jahre pausieren und dann meinen Beruf als Lehrerin wieder ausüben, aber ich kehrte nie wieder ins Berufsleben zurück. Tobias war zehn bzw. sieben Jahre jünger als seine Brüder und entwickelte sich zunächst unauffällig. Mit elf Monaten konnte er laufen, begann aber spät zu sprechen. Er ließ sich von jedem auf den Arm nehmen und reagierte freundlich, auch Fremden gegenüber. Im Laufstall sitzend konnte er sich beschäftigen und weinte nicht, wenn ich den Raum verließ. Mit zweieinhalb Jahren sprach er in Zweiwortsätzen und verstand alles. Ein Nein akzeptierte er ungern, aber befolgte dann doch die Anweisung.

Zu dieser Zeit starb die Mutter meines Mannes, die 120 km von uns entfernt wohnte. Eines Tages war Oma nicht mehr in ihrem Haus, als wir dorthin kamen. Er rief nach ihr und verstand nicht, warum sie nicht mehr da war. Danach bekam er massive Schlafstörungen. Egal wie müde er war, er konnte schlecht einschlafen. Endloses Gebrüll! Aber es gab noch andere Veränderungen: So sprach er immer weniger. Zwei Monate später, beim Familienurlaub an der Ostsee, redete er die ersten drei Tage kein einziges Wort, aber auch nachher wurde es kaum besser. Dann verstummte er total, Wünsche wurden nur noch mit „hm, hm" geäußert und realisiert, indem er eine Person an der Hand nahm und z. B. zum Kühlschrank führte, wenn er Durst hatte. Das konnte auch ein Fremder sein. Spielzeug warf er nur noch herum, er beschäftigte sich nicht mehr damit. Seine einzige Tätigkeit am Strand war, unentwegt sein Gießkännchen mit Wasser zu füllen und im Sand zu entleeren. Bald weigerte er sich, alleine zu essen, ließ sich nur noch füttern und wollte nicht mehr selber laufen. Es war, als ob ein Film rückwärts liefe. Jedoch hatte sich das fröhliche Kind in einen schwer zu erziehenden, manchmal aggressiven Jungen verwandelt. Auf Verbote reagierte er nicht mehr und bohrte einem die Finger in Augen, Ohren oder Nase, zwickte oder biss in die Schulter, wenn man ihn auf dem Arm trug. Solche Angriffe startete er so plötzlich, dass man nicht darauf gefasst war. Es gab schlimme Phasen, die aber von besseren abgelöst wurden.

Nach zwei Monaten ohne Sprache fing er langsam wieder an zu reden, aber er griff nicht auf seinen früheren Wortschatz zurück. Es war ein totaler Neuanfang. Die Worte ähnelten anfangs absolut nicht den unsrigen, es waren seltsame Lautkombinationen, aber für einen bestimmten Gegenstand gleich bleibend. Ganz allmählich benannte er die Dinge jedoch so, wie ich es ihm immer wieder vorgesprochen hatte. Mit knapp drei Jahren stellte ich ihn zum ersten Mal bei einer Kinder- und Jugendpsychotherapeutin vor. Er hatte schon wieder zu sprechen begonnen, aber sie fand, dass er sehr in seiner Entwicklung retardiert sei. Wir sollten Tobias in sechs Wochen wieder bei ihr vorstellen. In dieser Zeit war sein Verhalten besonders schlimm. Da begann ich alles zu notieren, was mir bisher an meinem eigenwilligen Kind aufgefallen war. Auch vor Omas Tod gab es seltsame Angewohnheiten bei ihm. Hatte er beispielsweise Durst, trank er ein paar Schlucke aus seinem Becher und kippte den Rest immer wieder auf den Boden. Der Verlust seiner Oma, die er ja immer nur besuchsweise gesehen hatte, konnte nicht der einzige Grund für diese massiven Veränderungen sein.

Glücklicherweise wurde er schon bei der zweiten Vorstellung als Kind mit autistischen Zügen diagnostiziert, mithilfe meiner Notizen. Ich hatte keine Ahnung von Autismus und begann mich während der ersten Therapie intensiv mit dem Thema auseinanderzusetzen. Zu seinem auffälligen Verhalten gehörte auch, dass er Blickkontakt mied oder scheinbar durch den andern durchschaute. Er erschrak nicht wie andere Kinder, wenn ein Flugzeug die Schallmauer durchbrach. Aber er hörte, wenn im Nebenzimmer ein Bonbon ausgewickelt wurde. Alle Türen und Schubladen hatten stets geschlossen zu sein. Er brüllte aus vollen Kräften, wenn er Lust dazu verspürte. Er war von elektrischen Geräten magisch angezogen; ob an oder aus, das bestimmte er. Er lachte, wenn ein anderer weinte. Er beleckte Gegenstände. Sein Schmerzempfinden war stark herabgesetzt. Tobias zog sich aber nicht zurück wie viele Autisten, er ging im Gegenteil distanzlos auch auf Fremde zu, um nach Süßigkeiten zu betteln. Die englische Autismusexpertin Dr. Lorna Wing beschrieb, dass eine kleinere Gruppe von Autisten sich so verhielte.

Eine schlimme Zeit hatte für die ganze Familie begonnen. Immer wieder Gebrüll, und zwei Schulkinder, die ihre Ruhe brauchten. Man konnte ihn nicht aus den Augen lassen. Wie ein Blitz sauste er ins Zimmer eines Bruders, zerriss ein Heft oder kritzelte hinein. Die Brüder mussten ihre Zimmer abschließen. Dann das abendliche Drama, bis er schlief! Ich begann nach der Festhaltemethode zu arbeiten, wenn Schlafenszeit war. Eigentlich hätte er rechtschaffen müde sein müssen nach einem langen aktiven Tag ohne Pause. Wenn ich ihn etwa zehn bis fünfzehn Minuten festgehalten hatte, war er völlig geschafft und schlief kurz darauf ein. Bis er fünf Jahre alt war, benutzte ich diese Methode immer, wenn er nicht zur Ruhe kommen konnte. Später saß ich am Bett und hielt seine Hand, bis er eingeschlafen war. Erst mit sechs Jahren schlief er auch ohne mich ein, nachdem ich ihm eine Geschichte vorgelesen hatte.

Seine Sprachentwicklung ging langsam voran. Sätze wie: „Da weint einer, der Tobias" oder (er zeigt auf Kekse): „Die hat er gekriegt", waren lange normal. Später benutzte er aber dann die Ich-Form. Anfangs sprach er die letzten Silben nach, die er gehört hatte, dann ganze Worte. Das konnte auch von ihm aus einem anderen Raum gehört worden sein. Ohne zu verstehen, wiederholte er das zuletzt Gehörte, er hatte eine ausgeprägte Echolalie. Bis zum achten Lebensjahr nahm er aber erfreulicherweise alle sprachlichen Hürden und konnte grammatikalisch korrekt sprechen. Heute kann er sich gut ausdrücken, erzählt aber umständlich, wiederholt sich, nimmt quasi immer wieder Anlauf. Über Gefühle zu sprechen fällt ihm schwer, aber er spricht viel.

Kindergarten und Schule

Es dauerte länger, bis ich auf Windeln verzichten konnte. Ein Schamgefühl hat sich bei ihm nie entwickelt. Was tabu ist, muss man ihm sagen. Die gelernten Regeln werden aber immer wieder vergessen. Er scheint nicht aus Erfahrung zu lernen. Tobias verbrachte zwei Jahre im Kindergarten der Astrid-Lindgren-Schule für Geistigbehinderte in Neckarsulm und wechselte dann in die Förderschule. Sein Verhalten war oft schwierig, ambivalent und zwanghaft. Sein Gemütszustand änderte sich ständig, er war völlig unausgeglichen. In schlechten Phasen räusperte er sich oft und zerkratzte sein Gesicht, beroch auffällig oft seine Finger und alle möglichen Dinge.

Trotz allem machte er schulisch Fortschritte dank seiner sehr engagierten Lehrerin. Er arbeitete langsam. Ich unterstützte ihn stets bei den Hausaufgaben. Seine erste Lehrerin hatte vier Jahre lang den Kampf mit ihm aufgenommen, dann bekam er neue Lehrer. Nun begann mein Kampf. Einige wollten ihn nicht als Schüler haben. Er war ihnen zu anstrengend. Tobias hatte keine Schulbegleitung. Mit der wäre manches leichter gewesen, besonders in den ersten Wochen nach Ferienabschnitten. Im siebten Schuljahr war er von der Stofffülle völlig überfordert und entsprechend verhaltensauffällig. Schon in den Jahren zuvor waren mit dem Beginn der Pubertät neue Schwierigkeiten hinzugekommen. Wer keine Schranken kennt, hat keine Hemmungen zu überwinden. Antrainiert ist nicht verinnerlicht. So gibt es auch heute noch prekäre Situationen, aber ich habe gelernt, auf andere Leute zuzugehen und ihnen zu erklären, dass sein Fehlverhalten mit seiner Behinderung in Zusammenhang steht und ich mein Möglichstes tue, um ihn davon abzuhalten. Meistens wurde er von anderen angestiftet und bemerkte gar nicht, wenn er ausgenützt wurde mit Aufforderungen wie: „Mach mal dies! Mach mal das!" Er führte alles ohne Überlegung aus, wenn er schon müde war und einen schlechten Tag hatte. Ebenso setzte er manchmal Blitzideen zwanghaft sofort in die Tat um, meist bizarre Handlungen, die mir dann Kummer bereiteten.

Im dritten Schuljahr begann eine psychoanalytische Therapie mit Elternbegleitung. Er machte Fortschritte, und ich hatte sechs Jahre lang eine wunderbare Unterstützung in meiner Erziehungsarbeit. Wir stehen heute noch in freundschaftlicher Verbindung mit dem Therapeuten. Drei Jahre lang führten wir daheim eine Therapie nach Doman und Delacato durch. Es war eine neurologische Reorganisation, bei der es um intensive Körperarbeit ging (siehe Kapitel 7.10 und 9.4.4). Alle Familienmitglieder wurden bei der Durchführung gebraucht. Die Koordination seiner Bewegungen und seine Körperwahrnehmung verbesserten sich. Erst dann lernte er schwimmen und Rad fahren. Ich veranlasste im siebten Schuljahr den Schulwechsel in die Astrid-Lindgren-Schule für Geistigbehinderte, die er daraufhin gut sechs Jahre lang besuchte. Der Sexualkundeunterricht in der Oberstufe ließ neue Konflikte aufbrechen. Tobias kann zwar sachlich über Sexualität sprechen, lebt aber dennoch in seiner eigenen Welt, die anders strukturiert ist als unsere.

Nach der Schule

Nach dem Schulabschluss wurden mehrere Versuche gestartet, um zu erproben, ob er eine Arbeit auf dem freien Markt finden könnte. Er war jedoch überfordert. Sein größtes Handicap war das Nicht-Beherrschen sozialer Regeln. Die Mitschüler der Förderlehrgänge waren ihm diesbezüglich weit überlegen, piesackten ihn und nutzten ihn aus. Er kam nach zwei Jahren, in denen er selbst seine Grenzen erfahren hatte, in die Beschützende Werkstätte Bad Friedrichshall. Nach einem Berufsbildungsjahr nahm er an einem in der Beschützenden Werkstätte Heilbronn angebotenen Gastronomie-Kurs teil, den er mit einem Abschlusszeugnis mit Erfolg beendete. Jedoch hat er das nur erreicht, weil ich intensiv mit ihm auf die Prüfungen gelernt hatte. Er war während des Kurses sehr oft überfordert. Schon das Busfahren nach Heilbronn, später nach Künzelsau ins Praktikumshotel mit mehrmaligem Umsteigen, versetzte ihn in große Anspannung. Dazu kamen Probleme im zwischenmenschlichen Bereich innerhalb seiner Gruppe. Distanzlosigkeit, aber auch seine leichte Beeinflussbarkeit führten immer wieder zu Konflikten. Den Arbeitsplatz, den er in einem Hotel bekam, verlor er nach wenigen Wochen wieder. Er stand unter ständiger Anspannung und war der Aufgabe von seiner Entwicklung her keinesfalls gewachsen. Sein Entwicklungsprofil ist völlig uneinheitlich. Einerseits beherrscht er den PC weitaus besser als ich, andererseits hat er große Defizite in seiner sozialen Entwicklung, wobei nicht sicher ist, ob er da noch weitere Fortschritte machen wird.

Begegnet man dem inzwischen 26-Jährigen zum ersten Mal, hat man den Eindruck, einem freundlichen, aufgeschlossenen jungen Mann gegenüberzustehen. Man sieht ihm seine Behinderung nicht an. Dennoch ist er angewiesen auf die Hilfe seiner Mitmenschen, er braucht einen Fürsprecher, der über Autismus Bescheid weiß, um ihm bei auftretenden Schwierigkeiten wirklich gerecht zu werden. Durch den positiven Eindruck, den man anfangs gewinnt, stellt man zu hohe Anforderungen an ihn, denen er gar nicht gewachsen ist. Sein Scheitern wird dann leicht als Verweigerungshaltung oder als Provokation gewertet. Der könnte doch, wenn er nur wollte ...

Seit fast einem Jahr befindet er sich im ambulant betreuten Wohnen und versteht sich gut mit seinen beiden Mitbewohnern und Betreuern. Das Wochenende verbringt er noch zu Hause. Er arbeitet jetzt in der Montageabteilung der Beschützenden Werkstätte. Dort fühlt er sich wohl. Das selbstständige Wohnen hat er bisher recht gut geschafft. Vieles, was er im Gastronomie-Kurs gelernt hat, kann er hier anwenden. Es tut mir gut, dass ich nun die Verantwortung gemeinsam mit dem Betreuer tragen kann. Ein entscheidender Schritt des Loslassens ist getan. Im Verlaufe seiner Entwicklung habe ich von Lehrern und Therapeuten wertvolle Unterstützung erfahren. Sehr viele Menschen, die mit ihm zu tun hatten, kannten sich mit Autismus gut aus und wurden meinem Sohn gerecht. Dafür bin ich sehr dankbar. Ich wünsche mir, dass alle Menschen, denen Autisten zur Betreuung anvertraut sind, sich ernsthaft mit dieser Art der Behinderung auseinandersetzen, um ihre Schützlinge verstehen zu lernen und Fehlinterpretationen ihres Verhaltens zu vermeiden. Außerdem wünsche ich mir, dass wir Eltern von diesen anerkannt werden und unsere langjährigen Erfahrungen mit unseren Kindern mit einbringen können.

9.2.5 Gregor

Gregor ist der hübsche Junge vor der Waschmaschine auf dem Titelbild dieses Buches. Die rotierende Trommel ist für viele Kinder mit Autismus der große Verstärker.

Frühe Kindheit, Reise nach China, Diagnose und klassisches ABA

Mein Sohn Gregor erblickte im März 1995 per Kaiserschnitt das Licht dieser Welt. Sein Kopfumfang war sehr groß, zu groß für eine natürliche Geburt. Ein großer Kopfumfang ist typisch für Babys, die später Autismus entwickeln. Aber damals ahnte ich noch nichts davon. Sein erstes Wort im zarten Alter von neun Monaten war „heiß". Gregor hatte sich seine Finger an der heißen Herdplatte verbrannt. Von nun an zollte er allen Sachen gebührende Vorsicht, die Erwachsene als heiß bezeichneten. Sein zweites Wort war „nein". Das Wort „ja" lernte er erst viele Jahre später durch intensives Unterrichten. Die motorischen Meilensteine erreichte er altersgerecht. Nur das Krabbeln übersprang er komplett. Mit etwas mehr als einem Jahr konnte er laufen. Etwa zeitgleich schaffte er es, den Videorekorder einzuschalten und sein Lieblingsvideo (Maulwurf Pauli) einzulegen. Ich war tief beeindruckt von dieser frühen Leistung meines Sohnes.

Die ersten sprachlichen Fähigkeiten ließen unmerklich langsam nach. Er lernte bald kaum mehr neue Wörter. Seine vorhandenen Wörter verschwanden teilweise und kamen erst viele Jahre später wieder zum Vorschein. Das beunruhigte mich damals nicht, da ich selbst erst mit etwa vier Jahren das Sprechen richtig gelernt hatte. Ich habe einen monozygoten Zwillingsbruder, und Eineiigkeit macht bekanntlich stark. Als Kinder hatten wir eine eigene kleine Sprache entwickelt, die außer uns beiden nur noch unsere Mutter teilweise verstand.

Gregor wurde mit der Zeit hyperaktiv. Er brauchte sehr viel Bewegung. Als er zweieinhalb Jahre alt war, flog er mit der ganzen Familie zum ersten Mal nach China, um die Verwandten seiner chinesischen Mutter zu besuchen. Beim Hinflug blickte Gregor aus dem Fenster und sagte: „Nicht runterfallen, ganz viel Aua-Aua." Er genoss seinen ersten Flug sehr. Unsere Leute in Sichuan bemerkten auch Gregors Vorliebe für Getreideprodukte aus Weizenmehl. Die vielen Verwandten waren ihm aber sehr lästig. Alle waren auf den kleinen Jungen fixiert und wollten ihn knuddeln und mit ihm schmusen. Er nahm ihre Geschenke und schob sie wieder zur Tür hinaus. Er wollte seine „Ima" (Tante, ältere Schwester der Mutter) haben, die er bereits bei ihrem früheren Besuch in Deutschland kennen- und lieben gelernt hatte. Die neue, unbekannte Umgebung in Fernost machte ihm auch etwas zu schaffen. Er klammerte sich sehr an seinen Buggy, den wir aus Deutschland mitgebracht hatten. Ansonsten sind Reisen für ihn unproblematisch. Er liebt sie regelrecht. Und sie bringen jedes Mal einen Entwicklungsschub für ihn.

Mein Rucksack war bei der Hinreise voller Windeln. In der zunehmenden subtropischen Hitze konnte Gregor bald keine Windeln mehr anziehen. Und er lernte schnell, auf sein Töpfchen zu gehen. Auf der Rückreise in Beijing war er wieder sehr hyperaktiv. Dort gibt es nämlich leckere Nudelgerichte mit richtig viel Gluten drin. Als besonders anstrengend habe ich den Rückflug in Erinnerung: Von den zehn Stunden Flug schlief er gerade eine. Die restliche Zeit rannte er von hinten nach vorn und zurück durch das Flugzeug und kletterte über die Passagiere. Ein Glück, dass der Flieger voller Chinesen war. In diesem Kulturkreis darf ein Kleinkind so ziemlich alles. Es wird ihm nichts übel genommen. Gregor schlief erst ein, als wir in der Münchner S-Bahn waren.

Die Erzieherin in Gregors Kindergarten war die Erste, die Entwicklungsrückstände erkannte: Gregor spielte nicht mit den anderen Kindern. Er saß lieber alleine und puzzelte stundenlang. Seine Sprachentwicklung war nicht altersgerecht. Sie empfahl uns, im Sozialpädiatrischen Zentrum (SPZ) in Ulm vorstellig zu werden. Dort gab es nach vielen Fragebögen, nicht sprachlichen IQ-Tests und einem Reigen schulmedizinischer Untersuchungen die Diagnose „geistige Behinderung" (diese war sogar vorrangig) und dann noch „frühkindlicher Autismus". Die geistige Behinderung glaubte ich dem Professor nicht. Dazu kannte ich meinen Sohn zu gut. Er war sehr schlau, wenn es darum ging, seine Interessen durchzusetzen. Mit dem Begriff Autismus konnte ich damals nichts anfangen. Wir wurden auch nicht über die Schwere dieser Entwicklungsstörung aufgeklärt. Es folgten Aufenthalte im Kinderzentrum Maulbronn. Die Diagnose wurde dort im Wesentlichen bestätigt. Wir bekamen in Maulbronn immerhin eine sehr gute Sozialberatung.

Ich begann mit dem Studium der Autismusliteratur. Zuerst beschäftigte ich mich mit einem Buch über Asperger-Autismus. Es folgte das Kanner-Syndrom. Jetzt begriff ich langsam, was Autismus für eine schwerwiegende Entwicklungsstörung ist. Dann ein Glücksgriff: Ich bekam das Buch von Catherine Maurice in die Hände (siehe [1] und [2]). Diese Mutter schaffte es mit einer frühen Diagnose, guten Therapeuten und ausreichenden finanziellen Mitteln, ihre Tochter dem Autismus zu entreißen. Sie war damit noch nicht fertig, als auch bei ihrem Sohn Autismus diagnostiziert wurde. Für mich war dieses Buch sehr fesselnd. Die Nacht ging mit Lesen drauf. Am frühen Morgen wusste ich endlich, was zu tun ist. Ich begann mit klassischem ABA nach Lovaas und brachte meinem Sohn die Kulturtechniken Lesen und Schreiben bei (siehe Kapitel 9.3.4). Keiner der Fachleute hatte mir von dieser wirksamen Methode erzählt. Sie wissen leider nichts davon. Mein Sohn war damals bereits sechs Jahre alt. Es ist viel zu viel wertvolle Zeit verloren gegangen.

Psychopharmaka

Unsere Erfahrungen mit Psychopharmaka sind sehr übersichtlich und sicher nicht repräsentativ – dafür aber umso schlechter. Der Kinderarzt hatte Gregor Medikinet gegen seine Hyperaktivität verschrieben. Medikinet und das bekanntere Ritalin haben den gleichen Wirkstoff Methylphenidat-Hydrochlorid, der unter Betäubungsmittelgesetz steht und zu den Stimulanzien gehört. Diese machen hyperaktive Kinder oft ruhiger. Die im Beipackzettel beschriebenen Nebenwirkungen machten mich aber ganz schwindelig. Ich verfolgte die sehr kontroverse Diskussion im Internet und in der Literatur. Anschließend ging ich zu Gregors Kinderarzt und sagte ihm: „Das Medikament gebe ich ihm nicht." Danach hatte ich das erste vernünftige Gespräch mit dem Arzt. Er lieh mir eines seiner Arzthefte mit einer Artikelserie über Ritalin (siehe [46]). Die meisten Artikel sind relativ sachlich gehalten. Ein Artikel war aber aggressiv pro Ritalin und kritisierte heftig Eltern und Lehrer, die es wagen, ihre Meinung zur „Therapie" mit Ritalin zu äußern. Ganz zum Schluss der Fachzeitschrift konnte man lesen, dass dieses Sonderheft von der Herstellerfirma unterstützt wurde. Ich beschloss von dieser Firma vielleicht Aktien zu kaufen – aber niemals Ritalin. Die verschriebene Schachtel Medikinet steht immer noch bei mir im Regal. Falls ich sie auf der Straße verkaufen wollte, könnte man mich als Drogendealer verhaften. Es mag Fälle geben, in denen der Einsatz von Ritalin sinnvoll ist. Meiner Meinung nach wird Ritalin aber viel zu häufig verschrieben und in seiner Wirkung mit Kaffeebohnen gleichgesetzt. Es gibt sogar ganz böse Zungen, die behaupten, ADHS[5] sei nur erfunden worden, um ein ganz bestimmtes Medikament besser vermarkten zu können.

Ich überredete den Kinderarzt, meinen Sohn auf Zöliakie und Schwermetalle zu untersuchen. Er meinte, wenn wir schon Blut abnehmen, dann will er gleich noch ein paar Sachen mehr untersuchen. Zöliakie war negativ, ebenso die Ergebnisse auf Schwermetalle. Was ich erst später lernte: Eine Blutuntersuchung auf Schwermetalle sagt herzlich wenig aus. Diese Giftstoffe gehen ins Fettgewebe und in die

---

[5]Aufmerksamkeitsdefizit-/Hyperaktivitätsstörung

Organe, ihre Verweildauer im Blut ist kurz. Bei den anderen Untersuchungen kam heraus, dass Gregor sich mit Spulwürmern (Askariden) infiziert hatte. Dies geschieht durch orale Aufnahme der Eier, z. B. durch schmutzige Hände. Die Larven schlüpfen im Dünndarm des Wirtes, wandern über die Blutgefäße in die Leber und in die Lunge. Dort werden sie hochgehustet und wieder verschluckt. Ein zweites Mal im Dünndarm angekommen, entwickeln sich die Würmer bis zur Geschlechtsreife (siehe [66]). Die Symptome eines Askaridenbefalls sind sehr unspezifisch: Die betroffene Person hat kurzzeitig starkes Bauchweh, wenn sich die Würmer durch die Dünndarmwand bohren, und kräftige Hustenattacken, wenn sie in der Lunge angekommen sind. Bei meinem Sohn war es ein glücklicher Zufallsfund. Mit geeigneten Medikamenten konnten wir diese Parasiten in wenigen Tagen abtöten.

Meine zweite Erfahrung mit Psychopharmaka machte ich im Kinderzentrum Maulbronn. Die Ärzte dort wollten Amphetamine ausprobieren. Diese gibt es in flüssiger Form. Gregor hatte damals noch Schwierigkeiten mit dem Schlucken von Tabletten. Zuerst zeigte das Medikament keine Wirkung. Deswegen erhöhte man die Dosis. Jetzt wurde mein hyperaktiver Sohn sehr passiv und weinerlich. Das fiel sogar den anderen Eltern auf. Er hatte fast keinen Appetit mehr. Abends ließ die Wirkung nach und Gregor wurde wieder sehr hyperaktiv. Ich hatte den Eindruck, er musste alles nachholen, was er tagsüber versäumt hatte. Er schlief erst gegen Mitternacht ein. Nach drei Tagen setzte ich das Medikament ab und entsorgte den Rest in den Ausguss. Ich beschloss, keine weiteren Versuche mehr mit Psychopharmaka zuzulassen. Das war sicher eine meiner besseren Entscheidungen.

Modernes ABA mit VB und ergänzende Therapien

Im Alter von zehn Jahren schwenkten wir um von klassisches auf modernes ABA mit VB. Der Anstoß dazu war der erste Workshop von Robert Schramm (siehe [54]) in Deutschland, Eppelheim (bei Heidelberg). Bald darauf folgte die erste professionelle Beratung durch Silke und Chris Johnson, die anfangs für das Knospe-Institut arbeiteten und später das Melody Learning Center aufbauten.

Etwa zur gleichen Zeit begannen wir zusätzlich mit Biomedizin. Die üblichen Mediziner haben nach meinen Erfahrungen oft nur Stimulanzien und andere Psychopharmaka in ihrem Maßnahmenkatalog. Wir mussten uns einen Arzt suchen, der selbst einen autistisch behinderten Sohn hat und der sich auf die Behandlung von Autisten spezialisiert hat (siehe [24]). Gregor reagiert auf Casein (Milcheiweiß) und noch heftiger auf Gluten (Klebereiweiß im Getreide). Eine casein- und glutenfreie (CF/GF-)Ernährung verringerte seine Hyperaktivität beträchtlich. Gleichzeitig verschwand seine hartnäckige Neurodermitis. Eine vorsichtige Schwermetallausleitung brachte seine Belastung an Quecksilber und Blei auf Normalwerte zurück. Zusätzlich bekommt er Nahrungsergänzungsmittel und Verdauungsenzyme. Er hatte zu viel Fett und Kohlenhydrate im Stuhl.

Viele Kinder mit Autismus wirken oft so normal, wenn sie krank werden und Fieber bekommen. Allerdings ist ihr Immunsystem häufig so stark, dass sie nur sehr selten Fieber bekommen. Die Zusammenhänge zwischen Immunologie und Autismus sind leider noch wenig erforscht.

Später begannen wir mit einer Tomatis-Therapie. Gregor nimmt seitdem seine Umgebung deutlich besser wahr. Während der Therapie gingen wir abends oft spazieren, damit er wieder ruhig wurde. Gregor hatte dabei einen hohen Mitteilungsdrang. Einmal war es die Weihnachtsdekoration, die ihn sehr interessierte. Das andere Mal waren es Straßen- und Firmennamen, die er unterwegs spontan las.

Gregor ist immer noch autistisch behindert und er geht immer noch auf eine Schule für Kinder mit geistiger Behinderung. Durch die Therapien hat er aber gewaltige Fortschritte gemacht, seine Lebensqualität ist stark gestiegen. Ich wünschte, wir hätten viel früher damit angefangen.

9.3 Lernprojekte

Wir müssen lernen, wie unsere Kinder mit autistischer Behinderung lernen, damit wir sie richtig unterrichten können. Dieses Kapitel bringt in loser Reihenfolge verschiedene Lernprojekte, die bei Kindern mit Autismus zur richtigen Herausforderung mutieren können und den vollen Einsatz aller Beteiligten verlangen. Die vermittelten Fähigkeiten können die Lebensqualität der betroffenen Kinder signifikant erhöhen.

9.3.1 Schwimmen

Gregor war im zarten Alter von drei Jahren und gerade seinen Windeln entwachsen. Vom Autismus wusste ich als Vater damals so viel wie der durchschnittliche Fachmann: nichts – außer vielleicht, wie man das Wort schreibt. Ich beschloss, mit meinem Sohn das erste Mal ins Hallenbad zu gehen. Wasserplanschen war schon immer die höchste Freude für Gregor. Das Ulmer Westbad muss für ihn wie das Paradies gewesen sein. So viel Wasser auf einmal! Das Meer hatte er bisher noch nicht gesehen.

Was ist mir von unserem ersten Hallenbadbesuch in Erinnerung geblieben? Gregor wollte nicht mehr nach Hause. Wer will schon gerne aus dem Paradies vertrieben werden ...? Ich musste ihn regelrecht auf der Schulter heraustragen. Zuerst habe ich ihm unter der Dusche die Haare gewaschen. Das war für ihn lange Zeit das absolute Gräuel. Dann musste ich ein völlig unkooperatives Kind trocken und angezogen kriegen. Und schließlich packte ich ihn auf die Schulter, um ihn nach Hause zu tragen. Er wäre sonst wieder zurückgelaufen. Erst später merkte Gregor wohl irgendwie, dass der Besuch des Wasserplansch-Paradieses kein einmaliges Ereignis war und Papa mit ihm regelmäßig sonntags zum Schwimmen ging. Schließlich sollte Gregor schwimmen lernen. Mit Schwimmärmeln ging es auch recht schnell vorwärts. Gregor entwickelte eine effiziente Form eines eigenen Schwimmstils: Marke Hundepaddeln extra. Alle Versuche, ihm stilechtes Brustschwimmen beizubringen, waren bislang zum Scheitern verurteilt.

Bei einem unserer frühen Hallenbadbesuche sang Gregor ganz laut und korrekt: „Jetzt fahr'n wir übern See, übern See. Auf einer hölzernen, hölzernen Wurzel, Wurzel, Wurzel, Wurzel." Das ganze Hallenbad konnte ihn hören. Er sang es im Hallenbad nur ein einziges Mal und dann nie wieder.

Auf dem Weg zu unseren wöchentlichen Hallenbadbesuchen kam mir irgendwann in den Sinn, dass Gregor ja auch Farben lernen sollte. Da boten sich die Autos unterwegs an. Alle gängigen Farben waren vertreten. Gregor lernte sehr schnell. Einmal schwimmen gehen und zurück war völlig ausreichend. Beim nächsten Mal waren dann die dunklen und hellen Farben dran: z. B. Dunkelblau oder Hellgrün. Gregor lernte wieder sehr schnell. Auf einmal sahen wir ein graues Auto. Das war für Gregor „Dunkelweiß".

Im Sommer erweiterte sich die Anzahl der Wasserplansch-Paradiese. Ich bin mit Gregor auf dem Kindersitz ca. zwölf km zum Baggersee geradelt. Vorher gab es noch eine Pizza in der Pizzeria. Pizza war die Lieblingsspeise Gregors. Erst viel später durfte ich lernen, dass das Gluten (Klebereiweiß) in der Pizza das volle Suchtmittel für ihn ist. „Baggersee fahren, Pizza essen", das war damals Gregors Standardwunsch.

Wann konnte Gregor denn nun wirklich schwimmen? Wir waren auf Urlaub in Zypern. Die Hotels haben das schöne Mittelmeer praktisch vor der Haustür. Trotzdem hat jedes Hotel seinen Pool. Während der Essenszeiten rannte Gregor stets weg zum Pool, denn Wasser planschen ist nun mal schöner als essen. Ich war nahe dran, einen Betonmischer kommen zu lassen, um den blöden Pool mit Beton aufzufüllen. Statt dessen habe ich Gregor mit voller Kleidung ins Wasser geworfen und mich schon darauf vorbereitet, hinterherzuspringen und ihn herauszuholen. Als gelernter Rettungsschwimmer macht man sich da keine Sorgen. Aber Gregor schaffte es alleine zum Rand zurück. Damit wusste ich, er kann schwimmen. Als Erstes sind die Schwimmärmel verschwunden. Im Hallenbad ging ich mit ihm ins Schwimmerbecken. Ich konnte noch stehen, er nicht mehr. Gregor durfte zum Rand schwimmen oder zu mir, jeweils mit wachsender Distanz. Anfangs musste man ihn regelrecht zum Schwimmen zwingen. Irgendwann waren die fünfundzwanzig Meter Beckenlänge kein Problem mehr für ihn. Auch das Springen vom Rand, Einmeterbrett und Dreimeterbrett folgten bald. Er bummelte gerne auf dem Sprungbrett herum. Es wippt so schön. Andere Leute warten und wollen auch springen? So etwas störte ihn ganz und gar nicht.

Mit der Zeit dachte ich, Gregor sei weit genug für das Seepferdchen. Aber die überaus intelligente Bademeisterin meinte, dafür brauche er Stil. Gregor kann nur Hundepaddeln, das dafür aber sicher und gut. Gregor kann sich für Schwimmabzeichen sowieso nicht begeistern. Damit kann man sich die ganze Sache auch schenken. So blieb Gregor ohne Seepferdchen, was ihn wiederum überhaupt nicht störte.

9.3.2 Fahrradfahren

Der Winter war zu Ende, und Gregor wurde gerade vier Jahre alt. Seine Oma hatte ihm ein Kinderfahrrad mit Stützrädern geschenkt. Damit sind wir fast täglich zu unseren Fahrstunden losgezogen. Gregor lernte recht schnell den Umgang mit Lenker und Pedale.

Nach einer Weile mussten die Stützräder weg. Gregor legte sich auf die äußere, d. h. falsche Seite in einer Kurve. Kaum hatte ich die Stützräder weggeschraubt, da merkte ich die Konsequenzen für meine Bandscheiben. Ein Besenstiel war die Rettung. Den befestigte ich mit einem Springseil an der Sattelstütze und am Rahmen unterhalb der Sattelstütze. So konnte ich meinen Sohn schön in die Kurve reinlegen. Am Anfang musste ich den Besenstiel noch gut festhalten. Später war es nur noch nötig, die Pendelbewegungen nach links und rechts mit den offenen Händen zu begrenzen. Ich konnte bald mehr und mehr loslassen, ohne dass Gregor es gleich merkte. Irgendwann war es möglich, den Besenstiel komplett loslassen, und Gregor war in der Lage, selbstständig Fahrrad zu fahren. Die Fußwege waren viel zu schmal für seine Schlangenlinien. Der Parkplatz neben dem Baumarkt hat abends für unsere Fahrübungen hergehalten. Ulm hat ein weltbekanntes Münster. Der Platz davor ist ideal zum Fahrradfahrenlernen. Reine Fußgängerzone, keine Autos. Gregor hatte wegen seiner visuellen Probleme noch eine gewisse Affinität zu Hindernissen. Einmal fuhr er schnurstracks auf eine stachlige Hecke zu. Ein lauter Zuruf von mir warnte ihn, und er konnte in letzter Sekunde ausweichen.

Fahrradfahren beinhaltet auch bremsen. Aber schnell fahren ist so schön. Bremsen stört nur beim Geschwindigkeitsrausch. Gregor konnte und wollte nicht bremsen. Eines Tages war es dann so weit. Ein kombinierter Fußgänger- und Fahrradweg führte leicht abschüssig unter einer Eisenbahnbrücke hindurch. Gregor trat kräftig in die Pedale. Ich bin zu Fuß nicht mehr hinterhergekommen. Er war zu schnell und wurde ängstlich. Er hielt den Lenker immer unruhiger und konnte sein Fahrrad nicht mehr unter Kontrolle halten. Der Sturz war unvermeidlich. Zum Glück hielt er den Kopf nach oben und schlug nur mit dem Brustkasten auf. Sein Fahrradhelm schlug mit dem Schirm auf den Boden und flog im hohen Bogen davon. Es sah richtig gefährlich aus. Der Schock saß tief. Gregor schrie wie am Spieß. Ich untersuchte ihn: Alles war heil, nur leichte Schürfwunden im Brustbereich und an den Händen. Seine Jacke hatte viel abgehalten. Erst musste ich die besorgten Passanten beruhigen, dann Gregor. Von da an konnte Gregor bremsen. Als wir das nächste Mal an der gleichen Stelle vorbeikamen, ist Gregor abgestiegen und hat sein Rad geschoben. Später hat er sich wieder etwas mehr getraut und ist ganz langsam runtergefahren. Wie meinte ein Arzt im Kinderzentrum Maulbronn:

„Gregor braucht starke Reize zum Lernen." Das Bremsen hat er jedenfalls auf die sehr harte Tour gelernt.

In der Sprache von Verhaltensforschern ist das Konditionierung durch positive Bestrafung (positive punishment, siehe Kapitel 2.2.3). Ein einziger Sturz reichte aus. Gregor hatte seine Lektion gelernt.

9.3.3 Verwandte erkennen

Wie bringt man seinen Sohn mit Autismus dazu, dass er Verwandte und Bekannte erkennen und benennen kann? Autisten sind sehr visuelle Menschen. Also müssen erst mal Fotos von allen wichtigen Personen her. Dann besorgt man sich große Bögen von dickem und schön farbigem Papier. Diese hängt man an die Wand und klebt die Fotos auf. Bei jeder guten Gelegenheit fragt man dann sein Kind: „Wer ist das?" Die Antwort muss am Anfang per Prompt mitgeliefert werden: „Das ist die Oma." Der Prompt verschwindet mit der Zeit. Dann geht es andersherum: „Wo ist die Oma?" Ihr Kind soll auf das Bild zeigen und sagen: „Das ist die Oma." Am Anfang ist die einfache Antwort „Oma" auch schon ausreichend. Die „Carrier Phrase" (das ist die ...) kann auch später noch gelernt werden. Wenn es mit der Oma gut klappt, dann kommt der Opa dran. Wenn es mit dem Opa gut klappt, dann geht es darum, Oma und Opa auseinanderzuhalten. Wenn das geht, kommt der erste Onkel oder die erste Tante dazu. Und so macht man weiter, bis er alle Gesichter und Namen draufhat.

Das Ganze lässt sich mit Lesenlernen gut kombinieren: Unter dem Bild für die Oma klebt man den Schriftzug „Oma". Das Gleiche macht man mit dem Opa und den anderen Vertretern der Verwandtschaft. So ist der Bezug zwischen dem Bild von der Oma und dem Schriftzug „Oma" hergestellt.

9.3.4 Lesen und Schreiben

Es war einmal im Jahre 2001. Zu dieser Zeit gab es noch keine professionellen ABA/VB-Berater in Deutschland. Man musste sich alles selbst aneignen. Ich begann mit klassischem ABA nach Lovaas.

Sohn Gregor war damals sechs Jahre alt. Ich war auf einer dienstlichen Fortbildung in Potsdam. An einem freien Abend stöberte ich in einem Bücherladen herum und blätterte auf einmal in dem Buch „Meine Fibel" vom Verlag Volk und Wissen. Ein einziger Gedanke fuhr mir durch den Kopf: „Das ist es." Ich habe die Fibel zusammen mit dem Arbeitsheft erstanden und danke den Ossis heute noch dafür.

Wenige Tage später war ich wieder zu Hause. Die beiden Bücher von Lovaas hatte ich bereits gelesen (siehe [4], [3]). Sein erstes Buch ist nur noch über Fernleihe erhältlich. Alles ist natürlich auf Englisch. Ich wusste also Bescheid über Prompt (Hilfestellung), S^D (discriminative Stimulus), Reinforcer (Verstärker), Chaining

(Zerlegen komplexer Abläufe in Teilhandlungen), Generalisierung usw. Zusätzlich hatte ich mich in Montessori eingelesen. Beide Methoden zu kombinieren sah erfolgversprechend aus. Die fetten Holzbuchstaben vom Schubi Verlag mussten her. Da hat das Kind etwas zum Befühlen und Darauf-Herumbeißen.

Das erste Wort war „Oma". Wir haben Wochen gebraucht, bis Gregor dieses Wort lesen konnte. Die Buchstaben hatte er sich früher schon nahezu selbstständig beigebracht. Das Zusammensetzen war aber extrem schwierig. Ich musste alle Register ziehen, um Gregor bei Laune und beim Lernen zu halten. Manchmal war es schon regelrechte Bestechung mit Süßigkeiten (was natürlich nicht sein sollte). Wir brauchten eine sehr große Anzahl an Wiederholungen. Ohne Kenntnis der Lovaas-Methoden hätte ich längst aufgegeben. So bin ich einfach stur geblieben.

Irgendwann konnte Gregor „Oma" lesen. Jetzt las er jedes Wort als „Oma". Das zweite Wort war „Mama". Wir haben wieder Wochen gebraucht, aber dann las er jedes Wort als „Mama". Anschließend ging es darum, „Mama" und „Oma" auseinanderzuhalten. Das hat auch seine Zeit gebraucht. Jetzt machten wir uns daran, seine Kenntnisse von Holzbuchstaben auf gedruckte Wörter zu generalisieren. Das ging dann schon etwas schneller. Als Nächstes kam „Mia", das Schulkind, und „Mimi", die Katze. Das Wort „Opa" war besonders krass: Gregor hat ständig „Oma" gelesen. Die digitale Signalverarbeitung im Gehirn von Autisten sieht solche kleinen Unterschiede einfach nicht. Ich habe Gregor Hunderte Male das „p" gegen das „m" austauschen lassen. Irgendwann wurde die Fehlerquote geringer, und er hatte seine Synapsen richtig verdrahtet.

Mit dem Schreiben haben wir auch gleich seine Feinmotorik geübt. Die Bleistiftspitze brach ständig. Oft hat Gregor seine Wut am Bleistift ausgelassen und ihn einfach heftig mit der Spitze voran aufs Heft geschlagen. Später haben wir einen unserer besten Verstärker gefunden: Kugelschreiber. Gregor war süchtig nach Kugelschreibern. Für einen Kugelschreiber machte er einfach alles. Nichts war schöner, als ein Blatt Papier flächendeckend vollzukritzeln und anschließend mit den Lippen und der Nase darüberzugehen. In der Wohnung hatte Gregor jeden Kugelschreiber gefunden und in kürzester Zeit kaputtgekriegt. Ich gab seinen Co-Therapeuten etwas Geld für billige Kugelschreiber und bat sie, diese bei sich zu Hause zu deponieren und immer nur einen frischen mitzubringen.

Zum Schreiben musste man seine Hand führen, damit er die Form und die Linien einigermaßen einhalten konnte. Er hatte die ersten drei Jahre eine fürchterliche Handschrift. Aber auch diese verbessert sich langsam. Gregor lernte unbekannte Wörter durch Schreiben.

Gregor entwickelte sich zum Ganzwort-Leser. Das ist nicht verkehrt. Aber auch die Synthese klappte nach Aufforderung ansatzweise. Ich hatte auch gleich mit Groß- und Kleinbuchstaben angefangen, also nicht „MAMA", sondern „Mama". Nach etwa zwei Jahren hatten wir die Fibel zusammen mit dem Arbeitsheft durch und konnten auf Erstleser-Literatur umsteigen. Die Methoden von Lovaas hatten mehr und mehr ausgedient und wir schwenkten um auf normaleres und natürlicheres Lernen.

Hat Gregor auch kapiert, was er dort las? Ich hatte lange Zeit meine Zweifel. Aber dann kam die Geschichte, als Mia das Eis runtergefallen ist. Gregor hat ganz herzhaft dabei gelacht und die Passage oft wiederholt, weil sie ihm so gefallen hat. Irgendwie verstehen Autisten oft mehr, als wir zu hoffen wagen.

Gregor lernte nicht nur Schreiben und Lesen, auch seine gesprochene Sprache verbesserte sich dadurch stark. Ich dachte: Irgendwann müssen doch auch seine Lehrer merken, dass er schreiben und lesen kann. Tatsächlich: Es hatten sich drei GB-Schulen zusammengetan und eine hochkarätige Fortbildung für Eltern und Lehrer an der Schmiechtalschule in Ehingen auf die Beine gestellt. Ich war mit dem Zug da und bin nach der Veranstaltung mit einer seiner Lehrerinnen im Auto nach Hause gefahren. Sie erzählte mir doch glatt, Gregor könne im Prinzip schreiben und lesen, und er habe es nicht in der Schule gelernt. Mir kamen fast die Tränen vor Freude. Gregor durfte in der Schule oft etwas für die anderen Kinder vorlesen, zum Beispiel die „Raupe Nimmersatt".

Zurzeit lesen wir verstärkt Kinder- und Jugendlexika mit vielen Bildern drin. Wir üben zusätzlich die Kunst der Mathematik. Diese Kulturtechnik ist für Gregor auch enorm schwierig. Die ersten Zahlen habe ich ihm mit Bonbons beigebracht: „Willst du ein Bonbon haben?" Dabei hielt ich ihm ein Bonbon unter seine Nase. „Oder willst du zwei Bonbons haben?" Dabei hielt ich ihm das zweite Bonbon zusätzlich unter seine Nase. Gregor sagte anfangs nur: „Bonbon haben." Also hat er nur ein Bonbon gekriegt. Bald sagte ich das mit den zwei Bonbons aber so laut, dass Gregor per Echo wiederholte: „Zwei Bonbons." Mit diesem Zauberwort hat er zwei Bonbons bekommen. Er hat sofort verstanden, was es mit der Zahl Zwei auf sich hat, und verlangte von nun an stets zwei Bonbons. Bei den Zahlen Fünf und Sechs musste ich dann langsam mit Bonbons aufhören und mir etwas anderes einfallen lassen.

Eine andere Methode besteht darin, die Treppenstufen mit ausgedruckten Ziffern zu belegen. Unten fängt man mit Null an. Die erste Stufe bekommt die Eins, die zweite Stufe die Zwei usw. Elementare Additionen und Subtraktionen lassen sich so durch einfaches Treppensteigen veranschaulichen.

9.3.5 Das kleine Einmaleins

Während gesprochene Sprache für viele Menschen mit Autismus problematisch ist, werden gesungene Texte oft erstaunlich schnell aufgenommen. Lerninhalte lassen sich über Musik häufig leichter vermitteln. Das Erlernen des kleinen Einmaleins besteht zum großen Teil aus Auswendiglernen. Es gibt eine gute CD, auf der das kleine Einmaleins gesungen wird (siehe [72]). Wir haben damit sehr gute Erfahrungen gemacht. Gregor hat dieses Lernziel schnell und mühelos erreicht. Auch die Lehrerinnen in seiner Klasse waren begeistert. Musik ist für viele Menschen mit Autismus ein guter Verstärker. Eigentlich sollten noch viel mehr Lerninhalte in Musik verpackt werden.

9.3.6 The Transporters

Für Kinder mit Autismus sind technische Dinge oft sehr verstärkend. Züge, Straßenbahnen, Autos, Seilbahnen etc. stehen hoch im Kurs. Emotionen, Gesichter und soziale Interaktionen sind dagegen eher lästige Lerninhalte; unsere Kinder haben hier häufig ihre größten Defizite. Mit Speck fängt man bekanntlich Mäuse, und so haben Wissenschaftler des Autismus-Forschungszentrums der Universität Cambridge im Auftrag der britischen Regierung beides miteinander verknüpft. Das Ergebnis ist eine Zeichentrickserie auf DVD, in der Fahrzeuge aller Art menschliche Gesichter tragen und miteinander einfache soziale Geschichten erleben (siehe [73]).

Das Teil gibt es inzwischen auch in deutscher Übersetzung. Für meinen Sohn war es über Jahre der absolute Hit. Er hat damit viel an Emotionen gelernt.

9.3.7 Skifahren frei!

Dies ist ein persönlicher Erfahrungsbericht von Karin Heide-Schäfer, der auch in ähnlicher Form im Rundbrief Nummer 5 (Februar 2006) des Regionalverbandes Stuttgart erschienen ist (siehe [62]).

Die Aussage „Skifahren frei!" bezieht sich nicht auf die Kosten für den Skilift, sondern auf unsere achtjährige autistische und bis jetzt nicht sprechende Tochter Leonie. Nachdem ihr Papa sie jahrelang an die Materie herangeführt hat, kommt sie seit dem Winter 2005/2006 bis auf einige verbale Orientierungen tatsächlich selbstständig jede blaue und auch manche rote Piste heil herunter.

Gut erinnere ich mich noch an das erste Jahr (Winter 2001/2002): Sowohl das Anziehen der Skischuhe – zugegebenermaßen auch für uns Erwachsene nicht nur ein Vergnügen – als auch das Anbehalten derselben erzeugten bei unserer Tochter einen so gewaltigen Widerstand, dass sämtliche Umstehenden Mitleid mit dem armen Kind zeigten. Es gelangen ein paar Momente auf den Skiern vor Papas Beinen, der Leonie wie einen Kartoffelsack mit Schlittschuhen jonglieren musste. Im folgenden Winter brauchte sie natürlich entsprechend größere Skischuhe. Die Probleme mit Anziehen und Anbehalten der Skischuhe und das Gehen mit ihnen wurden nicht viel geringer. Unsere Familie war schon von weitem durch lautes Gebrüll wahrzunehmen. Allerdings hatte Leonie diesmal beim Fahren mit Papa deutlich Freude gezeigt.

Im Winter 2003/2004 konnte Leonie schließlich an flachen Abhängen schon neben dem Papa fahren. Dabei hielt sie sich an seinem Skistock fest. Dessen Bemühungen dabei werde ich ebenfalls nie vergessen. Er rief ständig laut: „Tortenstück! Pizzastück! Großes A!" Dadurch versuchte er Leonie den sogenannten Schneepflug

Abbildung 9.2: Leonie mit ihrem Papa beim Skifahren

nahezubringen, mit dem man jedes Gefälle gut bewältigen kann. Schwerpunkt war dieses Mal die Gewichtsverlagerung als Grundlage für das Kurvenfahren. Leonie fuhr dann direkt vor dem Papa. Sie bekam verbale Hinweise sowie einen körperlichen Impuls mit dem Bein an die jeweilige Hüfte, um ihr zu zeigen, welches ihrer Beine nun belastet werden musste.

Die eineinhalb Jahre jüngere Schwester Manja ging inzwischen in einen Skikurs. Für Leonie hätten wir einen einzelnen Skilehrer gebraucht, da sie nicht ohne weiteres auf eine fremde Person reagiert hätte, vor allem nicht in einer Gruppe.

Im Winter 2004/2005 ist Leonie schließlich vor den Ferien mit ihren neuen, vom Flohmarkt gekauften Skischuhen freudig durch die Wohnung gelaufen – ein Ansporn für uns, auf diesem Weg weiterzumachen. Jetzt lauteten Papas Rufe bereits: „Talski belasten – Kurve!" Leonie fuhr hinter uns und hat sich an unseren Skistöcken festgehalten. Dann hat sie sich allerdings oft – wahrscheinlich aus Unsicherheit – wie ein Klammeraffe festgehalten und ist immer näher an den vor ihr Fahrenden gerutscht. Manche Stücke ist der Papa rückwärtsgefahren und hat Leonie nur leicht an den Händen geführt, damit sie die Kurventechnik etwas selbstständiger üben konnte.

Es war deutlich zu spüren, dass sie inzwischen die notwendige Gewichtsverlagerung gelernt hatte. Trotzdem gab es immer wieder Phasen, in denen sie sich einfach fallen ließ und fast nichts mehr ging. Sessellift und Schlepplift waren immer sehr schwierig. Deswegen sind wir Seilbahn gefahren. Damals wie heute hat Leonie dort zum Vergnügen aller den anderen Leuten den Schnee von den Skiern und Snowboards gefuttert.

In diesem Winter schließlich hat das geklappt, was wir nie für möglich gehalten hätten: Leonie zieht ruhig und alleine ihre Bahnen. Sie ist zwar manchmal durch andere Mitsportler abgelenkt und guckt verträumt in die Luft, aber sie braucht keinerlei körperliche Stütze mehr. An sehr steilen Hängen reicht es ihr, sich am Skistock vom Papa festzuhalten. Entgegen unseren Befürchtungen achtet sie genau auf ihre Umgebung und fährt nicht ziellos drauflos, was ja wirklich gefährlich wäre. Ich habe mich – auch für meine Tochter – unbändig gefreut über diese Loslösung von einer extremen Stütze zum nahezu Selbstständig-Sein. Wir hoffen, dass es uns auch in alltäglicheren Handlungen mehr und mehr gelingt, unser Kind selbstständiger werden zu lassen.

9.3.8 Toilettentraining

Roswitha Lukas-Heger ist Mutter von zwei autistischen Kindern. Der folgende Text basiert auf einem Forumsbeitrag, den Roswitha vor etwa einem Jahr in Rehakids (siehe [64]) veröffentlicht hatte.

Meine Tochter Annika ist bereits fünfeinhalb Jahre alt. Sie spricht nicht und hat vor zwei Wochen ihren Talker bekommen. Seit über zwei Jahren praktizieren wir Toilettentraining. Vor acht Wochen starteten wir die letzte Etappe. Und siehe da: Annika ist fast trocken. Wir sind in mehreren Phasen vorgegangen, die ich hier einzeln beschreibe.

Ein Örtchen zum Wohlfühlen

Zuerst musste das Örtchen zum Wohlfühlort werden, Annika sollte gerne auf die Toilette gehen. Wir haben dafür gesorgt, dass sie bequem auf der Toilette sitzt. Das ist bei ihr *die* Voraussetzung: Sie ist sehr zart, hat Gleichgewichtsstörungen und würde niemals freiwillig auf einem normalen Klo sitzen bleiben. Selbst die Toiletten im Kindergarten sind viel zu groß. Wir brauchen dafür auf jeder Toilette einen Toilettensitz mit Treppchen. Wir haben alles noch einmal für den Kindergarten besorgt. Sowohl das Töpfchen als auch das höhere Musiktöpfchen wurden für ihre langen Beine zu unbequem.

Wir waren bemüht, dieses Örtchen *attraktiv* zu gestalten. Von der Decke hing lange Zeit ein Windspiel. Und es gab dort – und nur dort – die heiß geliebten Pop-up-Märchenbücher zum Anschauen. Auch auf der Toilette im Kindergarten gab es die gleichen Verstärker. Wir haben Annika am Anfang routinemäßig nach dem Aufstehen darauf gesetzt und später dann auch ein paarmal tagsüber.

Wir stellten zusätzlich immer eine kleine Plastikschüssel ins Klo, damit auch kleinste Erfolge nachvollziehbar waren. Wenn wirklich ein paar Tropfen im Töpfchen waren, haben wir bei jedem Erfolg für *starke* Verstärkung gesorgt – ein Indianertanz war nichts dagegen. Na ja, wir sind „ABA-geschädigt". Wir fackelten auch schon mal Wunderkerzen ab. Dann hatten wir eine Zeit lang einen Hubschrauber auf dem Schrank neben der Toilette stehen. Wenn sich seine Rotoren drehten, war er sehr laut. Aber er war der stärkste Verstärker, und den gab es nur an diesem Ort. Später wurden andere Sachen zum Hit – zum Glück für unsere Ohren.

Zwischendurch hatten wir auch ein Musiktöpfchen im Einsatz, aber wir sind davon enttäuscht worden: Es sprang unzuverlässig an, dann plätscherte es nur beim Pipi machen, und die Musik gab es erst nach dem Aufstehen. Ich wollte mein Kind für das Sitzenbleiben belohnen und nicht für das Aufstehen.

Die erste Phase war sehr erfolgreich: Das Kind geht gerne auf das Örtchen. Jetzt musste Annika aber unbedingt lernen, wozu sie in Wirklichkeit da hinsoll.

Großes Geschäft

Wir hatten den Eindruck, unsere Maus spürte das kleine Geschäft gar nicht richtig. Wir hatten es schon über die Jahre beobachtet, gerade wenn sie nackt im Garten herumlief: Sie zuckte noch nicht einmal, wenn es ihre Beine herunterlief. Das Gleiche auch in Kleidung: Es störte sie überhaupt nicht, wenn es nass war. Dafür hatte sie mit ihrem großen Geschäft mehr Mühe und dadurch anscheinend auch mehr „Gefühl".

Für Annika war das Drücken oft sehr anstrengend. Eine entsprechende Gesichtsröte war das Signal. So konnte ich mit ihr meist rechtzeitig das Örtchen erreichen und ihr den Vorgang besser bewusst machen: „Ja, drücken, noch mal, gut, ja ... jetzt kommt es ... ja." Wenn uns einer so zuhörte, dann erinnerte das sicher eher an eine Geburt.

Also haben wir fast über ein Jahr lang „bewusst" nur das große Geschäft dort erledigt, wo es auch hinsoll – meistens jedenfalls. Und das war immerhin unser erstes regelmäßiges Erfolgserlebnis pro Tag. Unser Kind hielt sich zum Glück einigermaßen an die gleiche Uhrzeit (nachmittags zwischen 16:00 und 19:00 Uhr). Wir haben dieses tägliche Ereignis würdig gefeiert – auch wenn es manchmal bis zu fünf Anläufe brauchte.

Windeln weg

Seit Anfang des Jahres merkten wir, dass die Windel nachts trockenblieb, und wir sorgten dafür, dass Annika nach dem Aufstehen gleich auf das Klo gesetzt wurde. Damit hatten wir bald ein sicheres zweites Erfolgserlebnis pro Tag. Das ging dann wieder fast sechs Monate lang, und Anfang Juni hatte ich die Idee „Jetzt aber richtig", und die Windel kam von heute auf morgen weg – auch nachts.

Wir wollten erst einmal feststellen, wie groß die Pipi-Abstände tagsüber waren und ob es da eine Regelmäßigkeit gab. Die ersten Tage waren zum Verzweifeln: Mal waren es zehn Minuten, dann dreißig, zwanzig oder fünf Minuten. Unsere ABA-Berater meinten, es sei anscheinend doch noch zu früh, zumal Annika sich durch die nassen Sachen gar nicht gestört fühlte. Sie hatte einfach keinen „Leidensdruck".

Wir wagten trotzdem den nächsten Schritt: Wir gaben ihr recht viel zu trinken und setzten sie dann alle fünfzehn bis zwanzig Minuten auf das Klo. Ohne unsere Co-Therapeuten hätte ich das allerdings nie geschafft. Zumindest haben wir mit dem Trinken dafür gesorgt, dass immer etwas in der Schüssel war. Das wurde dann gebührend mit Spielzeug oder etwas Essbarem gefeiert. Für das große Geschäft gab es weiterhin einmal am Tag ihr Lieblingseis (Magnum). Es gab allerdings auch Tage, an denen sie es geschickt zwei- bis dreimal „einforderte". Zum Glück passierte dies aber sehr selten – ansonsten hätten wir unser Vorgehen überdenken müssen.

Einsatz eines Pipi-Trainers

Dann besorgte ich mir über ein Rezept von der Krankenkasse (das ging innerhalb von drei Tagen) einen schnurlosen Pipi-Trainer und nähte Einsätze in jedes Höschen. Ich wollte dafür sorgen, dass man bei Alarm mit ihr rechtzeitig losrennen konnte – oder dass man sie zumindest darauf aufmerksam machen konnte, wenn es gerade lief.

Wir haben sie alle fünf Minuten fühlen lassen, dass sie trocken war, und wir haben sie dafür gebührend gelobt. Als es nass wurde, haben wir sie die nassen Sachen ausziehen lassen, was ganz ohne Hilfestellung noch nicht möglich war. Aber immerhin meckerte sie dann, nicht weil die Nässe sie gestört hätte, sondern weil dieses ständige An- und Ausziehen sie nervte.

Das klingt jetzt alles recht aufwendig, aber nach knapp zwei Wochen waren wir am Ziel. Der Pipi-Trainer war nur drei Tage lang im Einsatz – sehr wahrscheinlich wäre es auch ohne ihn gegangen. Dann waren die Abstände urplötzlich im Stundenbereich. Das vermehrte Trinken stellten wir sofort ab. Nachts hatten wir seitdem drei kleine Unfälle und tagsüber vielleicht einen pro Woche. Wir setzen sie trotzdem spätestens nach zwei Stunden auf die Toilette.

Generalisierung und Äußern des Bedürfnisses

Wir gehen jetzt auch länger spazieren oder einkaufen. Bevor wir in den Baumarkt bzw. Supermarkt gehen, wird die lokale Toilette aufgesucht. Allerdings müssen wir sie auf dem normalen Sitz sicher halten, woran sie sich erst einmal gewöhnen musste. Ich lege immer Papier rein, um zu sehen, ob es auch nass wird. Nach zwei Anläufen akzeptierte sie auch das ganz gut.

Jetzt sind wir dabei, ihr mit PECS[6] die entsprechende Äußerung beizubringen. Wir befestigen immer die wichtigsten PECS-Karten mit einem Schlüsselbund an ihrer Kleidung. Auch da sind unsere Erfolge noch klein – aber immerhin sind wir schon viel weiter, als ich es mir Anfang des Jahres hätte träumen lassen. Das schaffen wir auch noch!

Mein Tipp: Nehmt Euch in dieser Zeit wirklich nichts anderes vor. Wir hatten selbst das Einkaufen auf ein Minimum reduziert, oder wir gingen nur mit einem Reservetöpfchen und Wechselkleidung weg. Auf die Windel muss ja konsequent verzichtet werden.

Nachtrag

Seit fast einem Jahr ist Annika wirklich trocken. Es gibt auch keine kleinen Unfälle mehr. Unser Örtchen sieht erstmals wieder „normal" aus: Es gibt keine Windspiele, Wunderkerzen, Hubschrauber oder sonstigen Sirenen mehr. Wir brauchen für sie schon lange nicht mehr eine Schüssel in die Toilette zu stellen. Und wir kommen seit etwa vier Monaten auch ohne das heiß geliebte Eis aus. Dieses gibt es jetzt für andere Erfolge. Annika benutzt weiterhin PECS für „Toilette" und beherrscht mit leichter Hilfestellung: Hose runter, Abwischen, Hose hoch, Deckel runter, Spülung drücken, Hände waschen und Hände abtrocknen. Seitdem wir im Frühjahr während einer Tagesreise mehrere Raststätten-Toiletten testen konnten, wissen wir mit Sicherheit, dass sie auch auswärts keine Probleme mehr hat. Manchmal ist sie

---

[6]Picture Exchange Communication System

so flink, dass ich nur noch die Spülung mitbekomme und so schnell gar nicht überprüfen kann, was sie gemacht hat. Zum Glück kann ich mich da aber noch auf meinen Geruchssinn verlassen. Nun überlegen wir, ob wir diesen Sommer mit unserem Sohn Sebastian (dreieinviertel Jahre) das gleiche Prozedere beginnen. Er wird es wahrscheinlich leichter haben: Heute Nachmittag hat er zum ersten Mal entdeckt, dass er sich beim kleinen Geschäft die Hände nass machen kann. Er hat sich dabei krummgelacht. Und vielleicht komme ich bei ihm ohne Wunderkerzen oder Hubschrauber aus.

9.4 (Co-)Therapeuten und ABA/VB-Berater

In diesem Kapitel berichten Co-Therapeutinnen und ABA/VB-Verhaltenskonsultantinnen von ihren Erfahrungen.

9.4.1 Anna

Dies ist der Erfahrungsbericht von Anna Blaszczyk, die etwa zwei Jahre lang mit unserem Sohn Gregor arbeitete. Mit der Zeit wurde sie zu einem richtigen Juwel an Co-Therapeutin. Silke Johnson vom Melody Learning Center (siehe [53]) drehte Videoaufnahmen von ihrem Unterricht mit Gregor, die wir zum Einlernen neuer Co-Therapeuten verwenden.

Zu ABA/VB und zur Familie Danne bin ich eher durch Zufall gekommen. Mit siebzehn beschloss ich Chinesisch zu lernen und besuchte daraufhin Abendkurse an der Ulmer Volkshochschule. Es stellte sich heraus, dass meine Chinesischlehrerin – Gregors Mutter – und ich kaum zwei Häuserreihen auseinander wohnten. Sie unterbreitete mir daraufhin das Angebot, ab und zu als Babysitter für ihre beiden Kinder einzuspringen. Als an chronischem Geldmangel leidende Schülerin kam mir das natürlich sehr entgegen, und ich nahm das Angebot freudig an. Als Babysitterin hatte ich bereits viel Erfahrung, auch gab ich regelmäßig Nachhilfe.

Als ich dann zu einem ersten Treffen zu Besuch kam, um ihre Kinder kennenzulernen, erklärte sie mir, dass ihr Sohn Gregor Autist sei. Der begrüßte mich „Frischfleisch" kurz darauf auf seine Weise – indem er versuchte, an mir herumzufummeln. Das verwirrte mich im ersten Augenblick sehr, und es verschlug mir einen Moment lang die Sprache. Später erfuhr ich, dass es Gregors Art war, die Menschen in seiner Umgebung zu provozieren, um so die heiß begehrte Aufmerksamkeit zu erlangen – und bei mir Neuankömmling hatte er da natürlich leichtes Spiel.

Die Begriffe „Autist" und „Autismus" waren für mich nicht neu. Ich habe im Rahmen eines Schulprojekts ein halbes Jahr lang jeden Mittwoch als Praktikantin eine Schule für geistig behinderte Kinder besucht und war in einer Mittelstufenklasse mit sechs Schülern eingesetzt. Unter ihnen befand sich ebenfalls ein autistisch behinderter Junge. Dieses Praktikum war für mich sehr wichtig. Ich war damals fünfzehn, und viele Jugendliche in diesem Alter oder auch älter wissen nicht, wie sie sich gegenüber geistig behinderten Menschen verhalten oder mit ihnen umgehen sollen. Sie können kein Verständnis aufbringen oder verspüren oftmals sogar Ekel oder Angst. Leider muss man das auch von vielen Erwachsenen behaupten.

Ich muss ehrlich zugeben, dass ich als Mensch, der zu diesem Zeitpunkt noch nie richtigen Kontakt zu Menschen mit geistiger Behinderung hatte, an meinem ersten Arbeitstag mit etwas wackligen Knien die Türschwelle der Schule überschritt. Meine anfängliche Aufregung war jedoch schnell verflogen, und ich musste sofort feststellen, wie blöd ich mich zuvor benommen hatte. Die Kinder spielten und lachten alle, und in keiner Weise bewahrheitete sich irgendeine der seltsamen Vorstellungen, die in den Köpfen vieler Schüler (und auch anderer Menschen) ihr Unwesen treiben. Der autistische Junge sprach nicht, isolierte sich meist von der Gruppe und baute lediglich ab und zu zur Erzieherin Kontakt auf. Wenn er sich freute, flatterte er mit den Händen, oft nässte er sich ein. Die Erzieherin erklärte mir, worum es sich bei Autismus handelt. Also war die Begegnung mit Gregor einerseits nicht vollkommenes Neuland für mich. Ich hatte bereits eine vage Vorstellung und oberflächliches Wissen über Autismus. Andererseits steht natürlich auch fest, dass es kein absolutes „Schema F" gibt. Jeder Autist ist anders. Und bei jedem ist der Autismus anders ausgeprägt. Gregor sprach, plapperte oft vor sich hin, Sätze oder Wörter wiederholend, die ihm im Kopf hängengeblieben sind, und provozierte, wann immer sich ihm eine Möglichkeit bot – ganz im Gegensatz zu dem autistischen Jungen in der Schule, der sich eher passiv verhielt.

Zunächst war ich also als Babysitterin bei der Familie Danne tätig. Und zwar kam ich immer, wenn der damalige Co-Therapeut seine Sitzung mit Gregor beendet hatte. Gregor machte sich natürlich auch bei ihm einen Riesenspaß daraus, ihn auf jegliche Art zu provozieren. Nur hatte der Co-Therapeut schon verschiedene Kniffe und Methoden parat, um Gregor weitaus souveräner unter Kontrolle zu halten, als ich es vermochte.

Als ich dann mit den beiden Kindern der Familie Danne allein war, hatte ich zunächst meine liebe Not mit Gregor. Ich machte prompt alles falsch, was man nur falsch machen konnte. Denn anstatt Gregors Provozieren zu ignorieren, ging ich selbstverständlich immer wieder darauf ein und verstärkte sein Verhalten damit umso mehr. Manchmal schloss er sich aber auch einfach nur in der Toilette ein und ging die ganze Zeit über seiner Lieblingsbeschäftigung nach – Wasser planschen. Er hatte freien Zugang zu seinen Verstärkern und bediente sich somit nach Belieben. Mich brauchte er nicht, was er mir bei jedem Annäherungsversuch auch deutlich zu verstehen gab: „Frau, geh weg!" Sobald ich mich jedoch mit seiner Schwester beschäftigte, versuchte er wieder meine Aufmerksamkeit zu gewinnen.

Da ich nun auch zu Gregors Umfeld gehörte, trug mir seine Mutter mit der Zeit auf, ein paar Aufgaben mit Gregor zu machen: zusammen lesen, Bilder angucken,

Puzzles legen, aber auch Fragen stellen oder ein wenig rechnen. Denn damit seine Therapie optimal anschlagen und fruchten konnte, war und ist es notwendig, dass jeder mitmacht und sich sozusagen „an die Regeln hält". Denn unerwünschtes Verhalten soll schließlich gelöscht und nicht verstärkt werden. Ich war nicht wirklich erfolgreich in diesem Unterfangen. Sobald ihm das Lesen oder Bilderangucken mit mir langweilig wurde, zog er sich irgendein Buch aus dem Regal. Ob es ihn nun interessierte oder nicht, er amüsierte sich prächtig darüber, dass er mir ein Schnippchen hatte schlagen können. Daraufhin versuchte ich wiederum, ihm seinen Verstärker zu entreißen, was die ganze Sache für ihn nur umso lustiger machte.

Als wieder eine Beratung durch die professionellen Therapeuten anstand, luden mich die Dannes ein, daran teilzunehmen. Gregors Co-Therapeuten und seine Lehrerin erschienen ebenfalls. Bei den Beratungen werden Gregors Fortschritte festgehalten und ein neues darauf aufbauendes Lern- und Verhaltensprogramm für die folgenden Monate erstellt. Außerdem findet ein Austausch darüber statt, wie Gregor sich wo verhält – zu Hause, in der Schule, während der Sitzungen mit den Co-Therapeuten. Wenn beispielsweise ein unerwünschtes Verhalten (fummeln, Nase popeln o. Ä.) auftritt oder wieder auftritt, wird besprochen, wie es flächendeckend auf Löschung gesetzt werden kann. Nach diesem theoretischen Teil folgt ein praktischer: Nacheinander sollen Eltern und Co-Therapeuten zeigen, wie sie Gregor in Lernsituationen verwickeln. Nebenbei wird so auch geprüft, welche Aufgaben Gregor schon problemlos absolvieren kann. In diesem praktischen Teil werden Eltern und Co-Therapeuten korrigiert und beraten, was sie vermeiden sollen und was sie noch verbessern können.

Auch ich kam zum Zug. Natürlich schlug ich mich nicht so gut wie die anderen, aber ich bekam eine erste Einführung und einen ersten Einblick in die ABA/VB-Methode. Danach wurde ich von Gregors Vater über die Grundlagen dieser Methode nach und nach aufgeklärt. Er gab mir das Buch von Maurice zu lesen. Ich arbeitete intensiver und öfter mit Gregor und nahm auch an den folgenden Beratungen teil. Mit der Zeit kam ich immer besser mit Gregor zurecht. Wir konnten immer mehr Lernerfolge verbuchen, auch lernte ich in „brenzligen" Situationen (wenn Gregor Lust hatte, wieder ein wenig mehr zu provozieren) erfolgreich die Kontrolle zu behalten, ohne dass Gregor etwas dagegen tun konnte (wie etwa ein Buch aus dem Regal ziehen und sich darüber freuen, dass ich mich deswegen ärgerte).

Während der Schulzeit kam ich jeden Samstagvormittag zu unseren Sitzungen, während der Schulferien sogar fast täglich. Wir begannen mit etwas, das Spaß machte. Für Gregor stehen oft Bildkarten, Lexika, Fotos oder Puzzles hoch im Kurs. Er durfte sich aussuchen, was er lieber hatte. Daraufhin beschäftigten wir uns gemeinsam damit. Die Bedingung war einfach: Ohne mich gibt es auch kein Bilderlexikon. Darauf folgten leichte Aufgaben, die Gregor bereits beherrschte – dafür gab es Punkte. Die konnte Gregor sammeln, um sie später gegen etwas einzutauschen. Was das ist, durfte er sich aussuchen, aber auch hierfür gab es Regeln. Für fünf Punkte gab es beispielsweise ein Bonbon oder Ähnliches, für zwanzig ein Bilderlexikon, für fünfzehn Bildkarten.

Wenn Gregor eine Aufgabe richtig löste, durfte er sich zur Belohnung einen Punkt malen oder auch mehrere, je nach Schwierigkeitsgrad der Aufgabe. Wenn er seine Punkte eintauschen wollte, musste er die geforderte Menge wieder wegstreichen. Wenn Gregor eine Aufgabe falsch löste, setzte ich das Korrekturverfahren ein, und erst, wenn die richtige Antwort erfolgte, gab es wieder einen Punkt. Auch wenn er trotz richtiger Antwort provozierte oder etwas Unerwünschtes tat (z. B. unaufgefordertes Aufstehen), gab es natürlich keine Punkte, stattdessen eine Bestrafung: eine Seite lesen. Und da Gregor sich dagegen oft stark wehrte, wurde dieselbe Seite eben zwei-, dreimal oder sogar noch öfter gelesen, bis er sich wieder beruhigt hatte.

Als Nächstes kamen ein paar Aufgaben, die er noch nicht beherrschte, zwischendrin aber auch immer wieder einfachere, damit er Punkte sammeln konnte. Zum Schluss bekam er dann seine Belohnung, mit der wir uns wiederum gemeinsam beschäftigten, es sei denn, Gregor hatte Punkte dafür gesammelt, alleine damit spielen zu dürfen. Das musste ich dann eben akzeptieren.

Er machte sehr große Fortschritte. Natürlich gab es Dinge, die besser liefen als andere. Beispielsweise machte ihm Rechnen meist großen Spaß, Lesen hingegen konnte wie bereits erwähnt als Bestrafung eingesetzt werden, Schreiben genauso. Aufgaben à la „Odd one out[7]" waren sogar als Intraverbals absolut kein Problem für ihn. Aber bei Münzen tat er sich sehr schwer, da er den Unterschied zwischen Cent und Euro nicht verstand. Auch wenn er über Bilder sprechen sollte, um sie zu beschreiben oder sogar darüber hinausgehende Informationen zu erteilen (Beispiel: ein Bild von einem Lagerfeuer – „Da kann man Würstchen grillen" oder „Das ist heiß"), wollte er sie lieber allein angucken, ohne ein Wort darüber zu verlieren. Die Ausnahme waren Bilder, auf denen Wasser zu sehen war. In solchen Fällen zeigte er sich oftmals doch sehr redselig. Aber mit viel Geduld und Hartnäckigkeit seitens der Eltern und Co-Therapeuten machte er bald auch schon bei einigen dieser zäh verlaufenden Aufgaben Fortschritte, selbst wenn diese zunächst etwas kleiner ausfielen.

Eines Tages kündigte sich dann das ZDF an. Es sollte ein Beitrag über Gregor und über Autismus im Allgemeinen im Morgenfernsehen erscheinen. Ich sollte auch darin vorkommen. Natürlich war ich ein wenig aufgeregt, als es dann so weit war. Wir saßen in Gregors „Lernzimmer" und begannen die Sitzung. Vor uns hatte sich die Filmcrew aufgebaut, nebenan verfolgte die Regisseurin das Gefilmte auf einem kleinen Bildschirm und gab Anweisungen. Wir mussten ein paarmal etwas wiederholen, aber dann konnte ich die Sitzung ungestört fortführen. Wider

---

[7]Das ist ein Satz von Bildkarten. Jede Bildkarte zeigt mehrere Objekte. Dabei passt jeweils ein Objekt nicht zu den anderen.

Erwarten war Gregor trotz der vielen Leute kein bisschen in Provozierlaune. Er verfolgte die Kamera lediglich mit interessierten Blicken, machte bis auf diese kurzen Ablenkungen aber sehr gut mit. Eine Stunde wurde gefilmt, dann hatten sie genug Material gesammelt.

Bald darauf musste ich mich von Familie Danne verabschieden – nach beinahe zwei Jahren Zusammenarbeit. Ich hatte mein Abitur bestanden und bereitete mich für mein Auslandspraktikum in einer Restaurierungswerkstatt in Polen vor. Bevor ich endgültig ging, lernte ich noch eine neue Co-Therapeutin ein wenig an.

Zurückblickend muss man sagen, dass Gregor enorme Fortschritte gemacht hat. Das anfängliche Dauerprovozieren hatte sich extrem reduziert. Es gab Tage, da war seine Motivation zu lernen so hoch, dass er selbst nach der dreistündigen Sitzung noch alleine weitermachte. Natürlich gab es auch andere Situationen, in denen Gregor absolut keine Lust hatte, mitzumachen, und entsprechend provozierte. Aber schließlich hat jeder Mensch Launen. Mein Aufenthalt in Polen neigt sich inzwischen schon dem Ende zu, und als ich vor kurzem bei Familie Danne zu Besuch war, war ich überrascht und beeindruckt, wie sehr sich Gregors Verhalten seit meinem Fortgehen weiter gebessert hat. Er gab mir zur Begrüßung die Hand, sah mir ins Gesicht und sagte: „Hallo, Anna." Noch vor einem Jahr hätte er mir zwar die Hand gegeben und mich begrüßt, gleichzeitig jedoch die Augen zugekniffen und mir auf den Fuß getreten.

9.4.2 Silke

Silke Johnson, Melody Learning Center.

Eine Brücke bauen

> Ich habe gewusst, dass du und ich niemals gleich waren.
> Ich habe oft die Sterne betrachtet und mich gewundert, von welchem
>   ich wohl stamme.
> Du scheinst ein Teil einer anderen Welt zu sein, und ich werde nie
>   erfahren, wie diese aussieht.
> Es sei denn, du baust mir eine Brücke. Bau mir eine Brücke, bau mir
>   eine Brücke aus Liebe.

(nach Thomas McKean)

Seit 1998 bin ich ABA/VB-Verhaltensberaterin und baue Brücken zu Kindern. Ich baue Brücken zu Kindern mit Autismus-Spektrum-Störung, Down-Syndrom, ADS/ADHS und anderen Entwicklungs- oder Verhaltensschwierigkeiten.

Das erste Mal hörte ich von Autismus während eines Praktikums im Rahmen meiner Ausbildung zur Kinderkrankenschwester. In einer Schule mit sonderpädagogischem Förderschwerpunkt lernte ich einen zwölfjährigen Jungen kennen. Nennen wir ihn Markus. Markus war Autist. In den vier Wochen des Praktikums war ich seine Schulbegleiterin. Markus konnte nicht sprechen, aber er liebte es, dem Schleudergang der Waschmaschine im Waschraum zuzuschauen, und er hörte sehr gerne Kinderlieder. Er genoss es, auf der Rutsche mit dem Kopf nach unten zu hängen, und aß gerne den Sand vom Spielplatz. Seine größte Vorliebe war es, in der Badewanne zu planschen, was regelmäßig zu Überschwemmungen führte.

Markus hatte noch nicht gelernt, die Toilette zu benutzen. Wenn ich nicht aufpasste, öffnete er seine Windel und nutzte die Gelegenheit, um mit seinem Kot die Wände zu bemalen.

Seine einzige Möglichkeit zu kommunizieren war, sich zu nehmen, was er wollte. Seinen Unmut und seine Abneigungen brachte er durch Zwicken und Kratzen zum Ausdruck, oder er rannte davon. Das war eine Herausforderung, auf die ich nicht vorbereitet war. Noch heute erinnern mich Narben an den Händen an diese Zeit. Auf der anderen Seite schien er Fähigkeiten zu haben, die ich nicht vermutete. Es faszinierte mich, wie dieser scheinbar geistig behinderte Junge zielgerichtet Utensilien an sich nahm, die ich glaubte, gut vor ihm versteckt zu haben. Sein Erfindungsreichtum, Gegenstände als Hilfsmittel einzusetzen, um auf Schränke zu klettern oder einen verschlossenen Schrank zu öffnen, beeindruckten mich. Auch wenn er oft abwesend wirkte, hatte er eine verschmitzte Art, einen anzuschauen, und ich hatte den Eindruck, dass es ihm gefiel, uns Erwachsene an der Nase herumzuführen. Nur selten baute er Blickkontakt auf; aber wenn er mich dann mit großen, braunen Augen anschaute, ging sein intensiver Blick durch und durch.

Markus sollte wie seine sechs Klassenkameraden am Schulalltag teilnehmen. Eine meiner Aufgaben war es, seine Teilnahme am Stuhlkreis zu ermöglichen oder ihn zu beschäftigen, während die anderen ihre Schulaufgaben erledigten. Da Markus schon Schwierigkeiten damit hatte, für mehrere Minuten am Stück sitzen zu bleiben, schienen weder Lesen noch Schreiben für ihn als Unterrichtsziel infrage zu kommen. So war es nur schwer möglich, ihn in die Klassengemeinschaft zu integrieren. Selbstständiges Spiel war Markus fremd. Wenn ich damals gewusst hätte, welch mächtiges Werkzeug ABA/VB ist, hätte ich mir viele Kratzer und Narben erspart. So hatten wir zwar Spaß, aber auch einige Kämpfe, aus denen ich meist als Verlierer hervorging. Sobald Markus keine Lust mehr hatte, im Stuhlkreis zu sitzen, begann er schrill zu schreien, zu kratzen, oder er warf sich auf den Boden. Damit erreichte er meist, dass er den Stuhlkreis verlassen „musste". Dann durfte er in die Badewanne oder raus auf die Rutsche.

Seine Art und sein Verhalten hatten schnell mein Interesse geweckt, und ich besorgte mir noch während des Praktikums Bücher zum Thema Autismus. Zudem knüpfte ich Kontakte zu einer Autismusberatungsstelle.

Trotz meiner Unerfahrenheit schaffte ich es, eine Beziehung zu Markus aufzubauen. Ich konnte ihn mit einfachen Aufgaben betrauen, wie sich die Schuhe anzuziehen, den Tisch zu decken oder sich die Hände zu waschen. Nachdem Markus Vertrauen zu mir aufgebaut hatte, war er bereit, sich auf Veränderungen im Tagesablauf einzulassen und zum Beispiel gemeinsam mit seinen Klassenkameraden Schlitten zu fahren. Sein Strahlen und seine Freude waren unbeschreiblich. Die vier Wochen gingen leider viel zu schnell vorüber. Ich hatte erkannt, dass es für eine Lehrerin eine hohe Herausforderung ist, Kinder mit so unterschiedlichen Fähigkeiten und Schwierigkeiten gemeinsam zu unterrichten. Viele einzelne Bedürfnisse gehen dabei unter.

Fünf Wochen später besuchte ich Markus in der Schule. Als ich in den Waschraum ging, saß er vor der Waschmaschine und beobachtete das Drehen der Trommel. Leider war er so in seiner Welt versunken, dass ich nicht wusste, ob Markus mich wiedererkannte. Ich war frustriert. Nicht zuletzt, weil mir klar wurde, dass es nur die individuelle Betreuung ermöglichte, dass Markus sich öffnete und Vertrauen fasste. Mir wurde auch bewusst, dass personelle Engpässe dazu führen würden, dass Markus öfter sich selbst überlassen sein würde. Angespornt von den Büchern nahm ich mir vor, später mit Kindern mit Autismus zu arbeiten und einen Weg zu finden, ihnen beim Lernen zu helfen.

Nach meinem Examen zur Kinderkrankenschwester arbeitete ich in einer gerontopsychiatrischen Abteilung eines Alten- und Pflegeheims. Auch hier traf ich auf die Diagnose Autismus. Auf der beschützenden Abteilung begegnete ich jungen Erwachsenen, in deren Krankenakte oftmals Autismus mit Schizophrenie in einem Satz erwähnt wurde. Sie zeigten aggressives Verhalten, welches ich rückblickend auf eingeschränkte Beweglichkeit und Beschäftigung sowie auf mangelnde Kommunikationsfähigkeiten zurückführe. Personelle Engpässe führten dazu, dass viele der Heimbewohner Psychopharmaka erhielten.

Ich verließ die Stelle nach einem Jahr und wechselte in eine verhaltenstherapeutische Klinik für Psychosomatik. Dort wurde ich als Co-Therapeutin und Krankenschwester Teil eines interdisziplinären Teams aus Ärzten, Psychologen und Therapeuten. Zum ersten Mal war der Mensch wichtiger als medizinische Diagnosen und Symptome. Zu meinen klinischen Aufgaben gehörten EKGs schreiben, Blutentnahmen sowie die Medikamentenausgabe. Zusätzlich war ich verantwortlich für die gemeinsame Tagesplanung der Patienten. Besonders interessant fand ich Übungen zum Abbau von Ängsten und Zwängen. So kletterte ich mit Patienten auf das Freiburger Münster, blieb mit ihnen im Aufzug stecken und übte in einer Vielzahl von Rollenspielen Verhalten, welches anschließend im echten Leben umgesetzt wurde. Zusätzlich leitete ich an der Klinik Entspannungskurse und eine soziale Kompetenzgruppe. Im Rahmen meiner Aufgaben nahm ich an verschiedenen verhaltenstherapeutischen Fortbildungen teil. Das alles bildete die Grundlage für meine heutige Arbeit.

Mein Leben führte mich 1996 in die USA. In den folgenden Jahren verdiente ich mein Geld als Nanny und als Fitnesstrainerin. Über eine Bekannte kam ich wieder in Kontakt mit Kindern mit Autismus und meinem ursprünglichen Ziel ein ganzes Stück näher. Diese Bekannte arbeitete als ABA-Therapeutin für ein Zentrum in Los Angeles. Ich konnte nicht genug über ihre Arbeit hören. Als sie mich einlud, sie zu diesem Zentrum zu begleiten, war ich Feuer und Flamme. Ihr Supervisor, ein Psychologe aus Fernost, war bereit, mich anzuleiten. Mit seiner Unterstützung sowie zahlreichen Supervisionen und Fortbildungen erhielt ich eine Anstellung in seinem Zentrum und half Familien, finanzielle Unterstützung für ABA-Maßnahmen zu beantragen. Durch diese Arbeit war ich zwar im Kontakt mit Kindern mit Autismus, aber nicht direkt an deren Entwicklung und Lernprozess beteiligt.

Eine Supervisorin, die mehrere ABA-Teams leitete und Fortbildungen hielt, holte mich schließlich in ihr Team. Unter ihrer Anleitung unterrichtete ich mehrere Kinder nach den ABA-Prinzipien. Obwohl sie von Verbal Behaviour zu diesem Zeitpunkt wenig wusste, war sie ein Naturtalent darin, die Kinder zum Lachen zu bringen und sie zu motivieren, die Lernprogramme mitzumachen.

Zu dem damaligen Zeitpunkt fand der Unterricht mit DTT ohne Berücksichtigung der natürlichen Motivation des Kindes statt. Dadurch gab es Situationen, in denen das Kind nicht glücklich damit war, auf einem Stuhl zu sitzen und Aufgaben durchzuführen, die es noch nicht kannte. Deshalb integrierten wir NET, um die Motivation des Kindes beim Lernen zu berücksichtigen.

Ein Jahr später wechselte meine Supervisorin das Institut, und ich wechselte mit. Die enge Zusammenarbeit mit der Leitung des neuen Instituts und die zahlreichen Supervisionen waren sehr hilfreich. Ich besuchte viele Kurse und Fortbildungen, u. a. Workshops zu PECS. Innerhalb der Teams besuchten wir mehrfach pro Woche sechs bis sieben Kinder und beobachteten ihre Fortschritte. Zusätzlich übernahm ich eine Frühförderstelle und unterrichtete Kinder mit sprachlichen Schwierigkeiten mit ABA. Nicht nur Kinder mit Autismus können von ABA profitieren. Körperlichen Ausgleich fand ich in meinem Abendjob als Fitnesstrainerin in einem Fitnesscenter.

Anfang 2004 zog ich von der Westküste an die Ostküste. In Upstate New York arbeitete ich unter der Supervision von Dr. John McEachin, BCBA-D[8] (Autor von „A Work in Progress", siehe [8]), an einer privaten Schule. Zu meinen Aufgaben gehörten die schulische Begleitung als auch intensive Lerneinheiten bei den Kindern zu Hause unter Einsatz der ABA-Prinzipien. Nach achteinhalb Jahren in den USA kehrte ich im Herbst 2004 nach Deutschland zurück. Noch im selben Jahr lernte ich Dr. Vincent Carbone, BCBA-D, kennen und nahm an einigen seiner ABA/VB-Workshops teil. Hier erlernte ich die wesentlichen Bestandteile meiner heutigen Arbeit:

---

[8]Board Certified Behaviour Analysis Doctoral

- Aufbau von verstärkenden Aktivitäten

- Begeisterung für Interaktionen

- Kreieren und Erfassen von Motivation

- Berücksichtigung der natürlichen Motivation

- Erstellen der Unterrichtskontrolle

- Erkennen der Funktion von Verhaltensweisen

- Aufbau von funktionaler Kommunikation, besonders das Manding

Inzwischen kann ich auf achtzehn Jahre Erfahrung und Arbeit mit ABA zurückblicken. Das 2008 gegründete Melody Learning Center (siehe [53]) wird seit 2010 von Dr. Katerina Dounavi, BCBA-D, supervidiert und seit 2012 von mir geleitet. 2015 qualifizierte ich mich zur RBT[9]. Zudem habe ich mich zur Yoga-Therapeutin und Yogalehrerin ausbilden lassen. Aktuell beschäftige ich mit energetischer Psychologie und bilde mich zum EFT[10]-Coach weiter.

Melody Learning Center begleitet jährlich mehr als vierzig Familien im deutschsprachigen Raum. Der Einsatz der ABA-Prinzipien unterstützt die Kinder und ihre Eltern im Alltag und fördert ihre Beziehung.

Die meisten Kinder machen rasche Fortschritte. Kinder, die bisher keine funktionale Kommunikation hatten, lernen ihre Bedürfnisse verbal mitzuteilen. Schwierige Verhaltensweisen, wie Auto- und Fremdaggressionen, werden durch Erkennen ihrer Funktion verringert, und funktionale Kommunikation, Spielfähigkeit, angemessene Interaktionen, und weitere Lernziele aufgebaut.

Einige der Kinder besuchen – begleitet durch das Melody Learning Center – erfolgreich eine reguläre Schule. Manche Kinder erhalten Unterstützung durch eine in ABA/VB geschulte Begleitperson.

Ein paar Kinder lernten erst nach ein bis zwei Jahren, Laute verbunden mit Gebärden zur Kommunikation einzusetzen. Dennoch verbesserten sich ihre sozialen Interaktionen, und ihr Interesse an anderen Menschen nahm beträchtlich zu. ABA/VB hat sich mittlerweile etabliert und viele Landkreise übernehmen die Kosten im Rahmen des Persönlichen Budgets. Zum Teil gibt es Leistungsvereinbarungen mit dem zuständigen Jugend- oder Sozialamt.

Leider wird heute die Diagnose Autismus-Spektrum-Störung erst im Kindergartenalter oder Grundschulalter gestellt. Die Förderung beginnt dadurch recht spät. Trotz der UN-Konvention von 2008, die besagt, dass alle Kinder mit Behinderungen ein Wahlrecht auf inklusive Beschulung haben, findet Inklusion an

---

[9]Registered Behaviour Technician
[10]Emotional Freedom Technique

Kindergärten und Schulen vielfach nicht statt. Die Kostenübernahme für individuelle Unterstützung in Einrichtungen sowie für ABA-Beratung in der Familie gestaltet sich nicht immer einfach. Schwierig ist dieser Vorgang für Kinder, die keine spezifische Diagnose und dennoch besondere Bedürfnisse haben. In den letzten Jahren kontaktieren vermehrt Familien mit Jugendlichen und jungen Erwachsenen mit Lern- und Verhaltensschwierigkeiten das Melody Learning Center. Auch in diesen Lebensabschnitt hilft ABA/VB, den Alltag zu meistern.

Mein Wunsch für die Zukunft: ein ausgeprägteres Bewusstsein bei Kinderärzten und Pädagogen für Entwicklungsschwierigkeiten. Diese Fachleute sehen die Kinder ab einem frühen Zeitpunkt in ihrem Leben und informieren Eltern bezüglich spezifischer Fördermaßnahmen. Alle Kinder werden als Individuen betrachtet mit eigenen Bedürfnissen und Ressourcen. Für ihre besonderen Bedürfnisse erhalten sie frühzeitig ABA/VB und entfalten ihr volles Potenzial. Die Kinder werden mit individueller Unterstützung im notwendigen Umfang durch ein interdisziplinäres Team inklusiv beschult. Jugendliche und junge Erwachsene werden nach der Schule in ihr Berufsleben begleitet und im Alltag unterstützt. Sie erhalten Werkzeuge an die Hand, um ein möglichst eigenständiges Leben zu führen. Es gibt keine Normalität, nur Vielfalt. Mit dem nötigen Bewusstsein sowie empathischem und respektvollem Umgang wird Inklusion real!

Lasst uns dazu Brücken bauen ...

9.4.3 Mareike

Mareike schrieb den folgenden Beitrag schon im Jahr 2010; er wurde bisher in der englischen Fassung dieses Buches veröffentlicht. Anschließend folgt ihre Aktualisierung im Jahr 2016.

Menschen mit besonderen Bedürfnissen zu helfen und einen wirklichen Unterschied in ihrem Leben und dem ihrer Familien zu erreichen, ist eine sehr erfüllende Aufgabe. Mein Name ist Mareike Overhof. Ich bin Ärztin und Board Certified Behaviour Analyst (BCBA) und in der glücklichen Lage zu behaupten, dass ich wirklich meinen Traumberuf gefunden habe. Die bestmögliche Förderung von Menschen aus dem Autismus-Spektrum hängt in Deutschland heutzutage noch immer sehr stark vom großen Engagement der Eltern ab und ist keineswegs selbstverständlich. Diesen Eltern und Familien den Rücken zu stärken sehe ich als meine Aufgabe an.

Menschen mit Autismus lernte ich zum ersten Mal nach dem Abitur kennen. Ich hatte mich für ein freiwilliges soziales Jahr entschieden, um vor dem Studium praktische Erfahrung zu sammeln, eine Weile im Ausland zu leben und letztendlich auch, um besser herauszufinden, welche berufliche Richtung ich einschlagen wollte. So lebte ich ein Jahr lang in der Camphill-Community Ballytobin in Irland, einer anthroposophischen Lebensgemeinschaft für Menschen mit besonderen

Bedürfnissen. Dort leben auch zahlreiche Kinder, Jugendliche und Erwachsene mit Autismus. Thomas, damals acht Jahre alt, war einer meiner Schützlinge. Da er nicht sprach und auch nicht durch unterstützte Kommunikation kommunizierte, empfand ich es als große Herausforderung, seine Form der Kommunikation zu verstehen und seinen Bedürfnissen und Wünschen gerecht zu werden. Er war ein überwiegend fröhliches Kind mit einem lustigen Sommersprossengesicht. Jedoch kam es immer wieder zu Situationen, in denen er auto- und manchmal auch fremdaggressives Verhalten zeigte und unter starker Anspannung zu stehen schien. Solche Situationen vorherzusehen, zu verstehen und ihnen vorzubeugen machte ich mir zur Aufgabe, was oft gelang, jedoch häufig auch nicht. Auch mit anderen autistischen Kindern verschiedener Altersgruppen hatte ich intensiveren Kontakt. Schnell merkte ich, wie verschieden die Kinder doch waren, obwohl sie dieselbe Diagnose erhalten hatten.

Ich begann alles zu lesen, was ich zum Thema Autismus in die Hände bekam: Fachliteratur und auch Erfahrungsberichte von Menschen mit Autismus, u. a. von Birger Sellin, Dietmar Zöller, Temple Grandin und Donna Williams. Zurück in Deutschland las ich in einer Zeitungsnotiz (damals war das Internet ja noch nicht so verbreitet!) von der Bundestagung des Vereins „Hilfe für das autistische Kind" (heute „autismus Deutschland e. V.") und nahm voller Neugier an der dreitägigen Veranstaltung teil.

Ich entschied mich dazu, Humanmedizin zu studieren, da ich gerne besser verstehen wollte, wie der menschliche Körper und vor allem das Gehirn funktionieren und wie man Menschen mit einer Entwicklungsstörung helfen kann. Während meines Medizinstudiums in Marburg fand ich den Kontakt zu Menschen mit Autismus, indem ich in den Semesterferien Ferienfreizeiten des Regionalverbandes Rhein-Main des Vereins „Hilfe für das autistische Kind" mitbetreute. Diese Freizeiten waren mehrtägige Reisen, bei denen Menschen mit Autismus eine Eins-zueins-Begleitung überwiegend durch Studenten bekamen. Ich begleitete über die Jahre hinweg verschiedene Kinder, Jugendliche und junge Erwachsene und genoss diese intensive gemeinsame Zeit jedes Mal sehr. Oft fragte ich mich, wie der Lebensweg dieser Menschen wohl weitergehen würde und wie sie noch besser gefördert werden könnten. Mir erschien es oft so, als ob deutlich mehr Fähigkeiten in ihnen schlummern würden, als sie zeigten, die nur auf die richtige Weise an die Oberfläche geholt werden müssten. Außerdem nahm ich an allen Fortbildungsveranstaltungen des Regionalverbandes teil, die in meinen Stundenplan passten. Unter anderem besuchte ich mehrere Veranstaltungen über TEACCH[11] von Frau Dr. Anne Häußler, ein Seminar über PECS[12] von Frau Julia Buchenau-Schlömer sowie weitere Fortbildungen, u. a. von Prof. Dr. Poustka (Universität Frankfurt).

---

[11]Treatment and Education of Autistic and related Communication-handicapped Children
[12]Picture Exchange Communication System

Zu meinem Studium gehörten mehrere einmonatige Praktika, die ich u. a. in der Kinderheilkunde und der Neurologie leistete. Für das Wahltertial des dreigeteilten „Praktischen Jahres" (PJ, letztes Jahr des Medizinstudiums, zwischen den beiden großen Prüfungen zweites und drittes Staatsexamen) bekam ich meine Wunschplatzierung in der Kinder- und Jugendpsychiatrie. Diese wurde zu diesem Zeitpunkt von Prof. Remschmidt geleitet, einem der renommiertesten Autismus-Forscher in Deutschland. Ich lernte hier die verschiedenen psychiatrischen Krankheitsbilder des Kindes- und Jugendalter kennen, lernte umfassende psychiatrische Anamnesen zu erheben, das Leiten sozialer Kompetenzgruppen und vieles mehr. Diese Arbeit fand ich sehr spannend. In mir war im Laufe der Jahre immer deutlicher der Wunsch gereift, meine Arbeit Menschen aus dem Autismus-Spektrum zu widmen. Diese kamen damals vor allem zur Diagnostik oder Krisenintervention in die Klinik. Ich wollte jedoch gerne eng mit dem betroffenen Menschen, seiner Familie und dem weiteren Umfeld über einen längeren Zeitraum arbeiten und strebte eine ganzheitliche Förderung an.

Also machte ich mich, nachdem ich mein Medizinstudium abgeschlossen und die Approbation zur Ärztin erlangt hatte, auf die Suche nach einer aufbauenden Zusatzausbildung über die typische ärztliche Tätigkeit hinaus, um mir meinen Wunsch nach einer engmaschigen Betreuung von Menschen aus dem Autismus-Spektrum zu erfüllen. Manchmal gibt es glückliche Fügungen! Mein heutiger Ehemann und damaliger Verlobter ist Wissenschaftler und hatte gerade seine Promotion beendet, als ich mit meinem Studium fertig wurde. Ihn zog es in die USA, um dort am California Institute of Technology in Pasadena (Kalifornien) als Neurowissenschaftler zu forschen. Nicht zuletzt aufgrund des einflussreichen Wirkens des Psychologen Prof. Dr. Lovaas von der University of California Los Angeles ist Südkalifornien eine Hochburg für verhaltenstherapeutische Förderansätze für Menschen aus dem Autismus-Spektrum. Ich hatte von ABA als erfolgreiche Methode, um Kinder aus dem Autismus-Spektrum zu fördern, gehört und auch darüber gelesen. Dies hatte mich neugierig gemacht, und von nun an war für mich klar, dass ich mir gerne eine eigene Meinung von dieser Fördermethode bilden und mehr darüber lernen wollte. Meine Wahl fiel auf das „Center for Autism and Related Disorders (C.A.R.D., Inc.)", ein internationales ABA-Therapie-Institut mit Hauptsitz in Los Angeles und mehreren Dutzend Tochterinstituten weltweit. Dieses war mir von Frau Angela Noller (Early Autism Projekt Stuttgart) empfohlen worden. C.A.R.D. wurde von Dr. Doreen Granpeesheh gegründet und wird von ihr klinisch geleitet. Sie hatte bei Prof. Dr. Lovaas studiert und mit ihm gearbeitet. Im L. A. Headquarter wurde ich bis zur Supervisorin ausgebildet. Und so konnten mein Mann und ich beide beruflich genau das machen, was wir wollten, und dabei gemeinsam in Los Angeles leben!

Die Zeit bei C.A.R.D. hätte nicht lernintensiver sein können und hat mich sehr geprägt. Meine anfänglichen Befürchtungen, ABA könnte die Kinder überfordern und ein zu starres, unflexibles Training darstellen, wurden rasch zerstreut, da ich schnell verstand, dass nur motivierte Kinder, die Spaß an der Förderung haben, nachhaltig etwas lernen können. C.A.R.D. arbeitete schon damals nach dem modernen ABA-Ansatz mit Einbeziehung der Erweiterungen Fehlerfreies Lernen (Errorless Learning), Verbal Behaviour (VB), Natural Environment Teaching (NET) und Fluency Based Instruction (Berücksichtigung der flüssigen Beherrschung der erlernten Fertigkeiten). Ich begann als Junior Therapist und förderte viele sehr verschiedene Kinder aus allen Bereichen des Autismus-Spektrums zu Hause, im Kindergarten und auch in der Schule. Da mir recht schnell klar wurde, dass dies genau die Arbeit war, die ich machen wollte, nahm ich gerne das Angebot zur Höherqualifikation an und schlug die Supervisorenlaufbahn ein. Mein Aufgabenbereich erweiterte sich schrittweise zu immer eigenverantwortlicherer Arbeit bis hin zur Entwicklung der ganzheitlichen Förderprogramme der einzelnen Klienten, funktioneller Verhaltensanalyse, Leitung der jeweiligen therapeutischen Teams mit Fortbildung und Supervision der Therapeuten sowie Eltern- und Schulberatungen. Hinzu kam auch der Bereich der Kostenübernahme, also die Kommunikation und Verhandlungen mit Schulbezirken und anderen Kostenträgern und das Erstellen von Gutachten etc. Die direkte Eins-zu-eins-Förderung von „meinen" Kindern blieb dabei immer ein wichtiger und grundlegender Teil meiner Arbeit.

Die Ausbildung bei C.A.R.D. ist gut strukturiert und durch viele objektive theoretische und praktische Überprüfungen abgesichert. Zudem genoss ich alle Vorteile, die ein schon lange etabliertes, weltweit agierendes ABA-Institut bietet. C.A.R.D. hat eine große wissenschaftliche Abteilung, die auf dem Gebiet ABA forscht und die Erkenntnisse direkt in die Förderprogramme einfließen lässt. Durch regelmäßige und häufige Fortbildungen und direkten Austausch mit erfahrenen Fachleuten werden die Mitarbeiter immer auf dem neuesten Stand gehalten, was bei einem Gebiet unerlässlich ist, das sich ständig weiterentwickelt. Alle Mitarbeiter werden regelmäßig evaluiert und supervidiert, so dass man konstruktive Rückmeldung über die eigene Arbeit erhält. Nicht zuletzt gibt es ein sehr umfangreiches Curriculum, das ständig weiterentwickelt wird. Ich profitiere in meiner heutigen Arbeit noch immer stark davon, dieses kennengelernt und damit gearbeitet zu haben. Gerade in den Bereichen Spiel, soziale Fertigkeiten, Theory of Mind oder Exekutiv-Funktion geht dieses Curriculum über die bekannten ABA-Manuale weit hinaus.

C.A.R.D. organisierte auch eine Kooperation mit der University of Nevada in Reno (UNR). Ein Masterstudiengang in Behaviour Analysis wurde in der Form angeboten, dass renommierte Professoren an den Wochenenden nach Los Angeles reisten und dort unterrichteten. Qualifizierte C.A.R.D.-Mitarbeiter konnten sich an der UNR einschreiben und entweder direkt in Los Angeles oder via Video- und Telekonferenz an diesem Studium teilnehmen. Durch dieses anregende Studium lernte ich die wissenschaftlichen Grundlagen von ABA und deren Anwendungen von theoretischer Seite her kennen. Es war teilweise sehr hart, neben einem Fulltime-Job auch noch die Zeit für die Lektüre der unzähligen Fachartikel oder

Bücher aufzubringen, Hausarbeiten zu schreiben und wöchentliche Kurztests zu bestehen. Aber es machte auch riesigen Spaß, mit den Kommilitonen und Lehrern zu diskutieren, den Bezug zu aktuellen Klienten herzustellen und die Relevanz für die tägliche Arbeit zu sehen. ABA/VB unterscheidet sich von den vielen anderen Förderansätzen für Menschen aus dem Autismus-Spektrum ja gerade dadurch, dass die Wirksamkeit wiederholt in wissenschaftlichen Studien belegt worden ist und jeder einzelne Aspekt der Vorgehensweise wissenschaftlich begründet und untermauert ist. Das Kennenlernen und Verständnis dieser wissenschaftlichen Untersuchungen und Diskussionen waren und sind mir sehr wichtig. Die Teilnahme via Video- und Telekonferenz ermöglichte mir auch ein erfolgreiches Absolvieren der Kurse, als ich schon nach Deutschland zurückgekehrt war. Allerdings fanden diese dann für mich aufgrund der Zeitverschiebung mitten in der Nacht statt!

Von Anfang an hatten wir geplant, nach ca. drei Jahren nach Deutschland zurückzukehren. Und so nutzte ich schon mal den Sommerurlaub in der Heimat, um ABA in Deutschland bekannter zu machen. Ich hielt 2004 einen Vortrag für den Regionalverband Rhein-Main des Vereins „Hilfe für das autistische Kind". Es überraschte und freute mich damals sehr, dass eine Familie anwesend war, die auch hier in diesem Buch einen Erfahrungsbericht schrieb. Denn zu diesem Zeitpunkt war Deutschland noch absolutes Neuland in Sachen Autismusförderung durch ABA. Anfang 2006 hatte ich zudem bei einem Kongress der deutschen Gesellschaft für Verhaltenstherapie (DGVT) in Berlin die Gelegenheit, ABA und meine Arbeit bei C.A.R.D. vorzustellen.

Im Frühjahr 2006 hieß es dann Abschied nehmen von LA und von meinen Familien – zu einigen von ihnen besteht der Kontakt noch heute. In Deutschland hatte inzwischen das Institut Knospe-ABA eröffnet, das nach dem modernen ABA/VB-Ansatz arbeitet. Ich verstärkte bis Ende 2008 das Team von Knospe-ABA als Consultant für Familien, die ihr Kind nach ABA/VB fördern wollen, und betreute Familien im nord- und mitteldeutschen Raum. Das Institut Knospe-ABA arbeitet noch konsequenter nach dem Verbal-Behaviour-Ansatz als damals C.A.R.D. und berücksichtigt noch viel stärker die Motivation des Kindes, was meinem persönlichen Arbeitsstil sehr entgegenkam. Zusätzlich zu der Betreuung von zahlreichen Familien und deren Beratung zu Hause, im Kindergarten und in der Schule fiel auch die Weiterbildung von Eltern und Fachleuten in meinen Aufgabenbereich. So hielt ich u. a. Fortbildungsseminare an Schulen ab, gab Vorträge (z. B. für den Verein „einzigartig-eigenartig e. V., Walsrode") bis hin zu einem zweitägigen Inhouse-Workshop für das Autismus-Therapiezentrum Osnabrück und Bersenbrück.

Sehr schnell wurde deutlich, wie sehr sich die Arbeit hier in Deutschland von der in LA unterscheidet. In Deutschland geht die Initiative zur Förderung nach ABA/VB so gut wie immer von den Eltern aus. Diese tragen auch die Hauptlast der Förderung. Eltern suchen Co-Therapeuten, stellen sie ein und bilden sie mithilfe ihrer ABA-Consultants aus. Zwischen den direkten Beratungen obliegt meist den Eltern die Aufsicht über das Förderprogramm. Sie organisieren auch die Unterrichtsmaterialien. In LA wurde all dies von C.A.R.D. übernommen. Hier bei uns leisten Eltern die Überzeugungsarbeit in Kindergarten und Schule und vor allem bei den Kostenträgern. Die Kostenübernahme ist ein häufig kräftezehrendes Thema. Nach wie vor wird sie nicht immer einfach gewährleistet, sondern muss in diesen Fällen erkämpft werden. Hier besteht eine große Heterogenität unter den verschiedenen Landkreisen.

Diese Umstände haben aber auch zur Folge, dass die Familien, die ihr Kind in Deutschland nach ABA/VB fördern, sehr engagiert sind und genau wissen, was sie für ihr Kind wollen. Dies macht die Zusammenarbeit mit den Eltern so intensiv, persönlich und fruchtbar. Eine ganzheitliche Förderung, deren Lerninhalte direkt in den Alltag generalisiert werden, ist so noch viel umfassender zu erreichen. Da die Eltern in der Regel mit den Förderzielen bestens vertraut sind, findet die Förderung häufig sehr kontinuierlich statt und es wird oft spontan an der Generalisierung des Gelernten in viele verschiedene Situationen hinein gearbeitet. Das ist ein Transfer bzw. eine Ausbreitung des Lerneffektes über die eigentliche Unterrichtssituation hinaus. Ich versuche, „meinen" Familien beizubringen, die Prinzipien von ABA/VB quasi zu leben, also in allen Interaktionen miteinander zu berücksichtigen, so dass die Förderung automatisch rund um die Uhr abläuft. Dies war bei Familien in LA nicht immer so, da die Eltern insgesamt (trotz Elterntraining und zweiwöchiger „Clinics") nicht so vertraut mit dem Förderprogramm waren, da sie sich viel weniger um das Organisatorische, die Kostenübernahme und die eigentliche Förderung kümmern mussten. So erlebte ich in LA immer wieder, dass Kinder, die mehrere Wochen im Urlaub waren, vorher gelernte Fähigkeiten wieder verloren hatten, da diese nicht regelmäßig aufrechterhalten und in anderen Umgebungen generalisiert worden waren.

Das große Engagement der Eltern hier hat also zur Folge, dass auch in Deutschland mittlerweile mehrere Hundert Kinder erfolgreich nach ABA/VB gefördert werden. Und in den letzten Jahren hat sich sehr viel bewegt. Mittlerweile kennen immer mehr Fachleute ABA/VB und empfehlen intensive verhaltenstherapeutische Förderung als Mittel erster Wahl für Kinder aus dem Autismus-Spektrum. Immer mehr Kinder können einen Regelkindergarten oder eine Regelschule besuchen, oft in Begleitung eines Integrationshelfers, und so vom Verhalten sich typisch entwickelnder Kinder lernen und Sozialkontakte mit Gleichaltrigen schließen. Und die Wirksamkeit von ABA/VB überzeugt auch immer mehr Kostenträger.

Es hat sich also viel getan. Ich wünsche mir aber, dass noch sehr viel mehr geschieht, damit es für Familien deutlich einfacher wird, ihr Kind nach ABA/VB zu fördern. Die Kostenübernahme sollte der Regelfall und unproblematisch sein, damit die Familien sich voll und ganz auf die eigentliche Förderung konzentrieren können. Co-Therapeuten und Integrationshelfer sollten in einem ausreichenden Stundenumfang bewilligt werden, so dass die Eltern entlastet werden, Generalisierung des Erlernten ermöglicht wird und die erfolgreiche Teilnahme im Kindergarten oder in der Schule gewährleistet ist. Es wäre schön, wenn Erzieher und

Pädagogen mit Autismus und ABA/VB vertraut und bereit dazu wären, betroffene Kinder aufzunehmen und in dieser Art zu fördern. Fachleute sollten Autismus frühzeitig erkennen und den Kontakt zu Anbietern intensiver verhaltenstherapeutischer Förderung herstellen.

Mit allen meinen Kräften möchte ich gerne dabei helfen, dass diese Ziele erreicht werden können. Im Sommer 2008 habe ich die Prüfung zum Board Certified Behaviour Analyst (BCBA, siehe [51]) abgelegt und damit die höchste formale Qualifikation auf dem Gebiet der angewandten Verhaltensanalyse erreicht. Die Tatsache, dass ich als erste Deutschsprachige in Deutschland diesen Abschluss absolvierte, zeigt, wie viel Nachholbedarf auf diesem Gebiet besteht. Zum Abschluss befähigt hatten mich meine Ausbildung als Ärztin, viel mehr aber noch die umfangreiche praktische Erfahrung durch meine Arbeit bei C.A.R.D. unter Supervision eines BCBAs, und natürlich das Studium in Behaviour Analysis, welches mir den theoretischen Hintergrund verschaffte. Durch Teilnahme an Workshops, z. B. von Dr. Vincent Carbone (BCBA-D) oder Holly Kibbe (MS, BCBA) und Cherish Twigg (MS, BCBA), Austausch mit Fachkollegen und Lesen von Fachliteratur verfolge ich ständig die Entwicklungen auf dem Gebiet ABA/VB, um „meinen" Familien immer die bestmögliche Förderung zu ermöglichen. Ich hoffe, dass noch viele in Deutschland den BCBA-Abschluss anstreben werden, damit sich diese Qualifikation auch hier als einer der Standards etabliert.

Mit Gründung der ABA-Praxis Mareike Overhof (siehe [55]) arbeite ich nun selbstständig und betreue Familien, die ihr Kind nach ABA/VB fördern wollen. Hierbei arbeite ich im häuslichen Umfeld des Kindes, im Kindergarten und in der Schule, entwickle ein individuelles und ganzheitliches Förderprogramm nach den neuesten Erkenntnissen von ABA/VB und leite die Eltern und alle anderen Menschen an, die mit dem Kind regelmäßig interagieren und die Förderung tagtäglich umsetzen. Das Motivierende an meiner Tätigkeit ist, dass man in der Regel sehr bald und nachhaltig Veränderungen erreichen kann. Hinzu kommt, dass meine Tätigkeit unheimlich vielseitig ist – jedes Kind und jede Familie hat andere Bedürfnisse, Profile, Interessen und Motivationen. Dies macht meine Arbeit sehr spannend. Ich bekomme Einblicke in viele verschiedene Kindergärten und Schulen und liebe die Herausforderung, in den verschiedenen Umfeldern gute Bedingungen für eine ABA/VB-Förderung zu schaffen und mit den verschiedenen Pädagogen zusammenzuarbeiten. Die Weiterbildung und Supervision von Fachkollegen (z. B. des Autismus-Therapie-Zentrums Köln) ist ein weiterer Zweig meiner Arbeit, der mir viele neue Aspekte eröffnet und meine eigene Perspektive immer wieder etwas verändert. Einen ganz neuen Blickwinkel bekam meine Arbeit in den letzten drei Jahren auch durch die Geburt meiner beiden Kinder. Durch meine eigene Mutterrolle habe ich das Gefühl, die betreuten Familien nun auch auf einer ganz anderen Ebene zu verstehen.

Gleichzeitig ist es mir ein großes Anliegen, immer mehr Menschen über ABA/VB zu informieren, z. B. in Workshops, Seminaren oder Vorträgen. Der Bedarf und das Interesse sind riesengroß. So hat es mich sehr gefreut, als der Verein „autismus Deutschland e. V." mich bat, im Rahmen seines Fortbildungsprogramms 2010 ein Tagesseminar zum Thema ABA/VB abzuhalten. Meine Approbation zur Ärztin erleichtert es mir sehr, auch medizinisches Fachpersonal zu erreichen, wie Kinder- und Jugendpsychiater, Kinderneurologen (z. B. bei meinem Vortrag vor dem Hildesheimer Neuropädiatrie-Forum), Mitarbeiter von sozialpädiatrischen Zentren oder Unikliniken (z. B. bei Vorträgen in Marburg oder Göttingen). Ich möchte mein Bestes geben, um alle sich mir bietenden Möglichkeiten auszuschöpfen. Und ich träume von einer flächendeckenden ABA/VB-Förderung, die für Kinder aus dem Autismus-Spektrum zu einer Selbstverständlichkeit werden sollte.

Anmerkung der Englisch-Übersetzerin:

Wir haben einen sechsjährigen Sohn mit Autismus und leben in Michigan. Es ist sehr ermutigend, dass ABA-Therapien in Kalifornien mehr verbreitet sind und auch zu einem Großteil bezahlt werden. Leider ist das in Michigan und vielen anderen US-Bundesstaaten nicht der Fall. Einige Bundesstaaten an der Ost- und Westküste haben glücklicherweise viel erreicht für Kinder mit Autismus und deren Eltern. Der Bekanntheitsgrad dieser Behinderung ist dort auch deutlich höher. Es gibt mehr ABA-Anbieter in diesen Gegenden und folglich werden die Kosten von Therapien wie ABA auch häufiger übernommen. In den meisten US-Bundesstaaten des mittleren Westens müssen Eltern diese Interventionen weitgehend (oder sogar komplett) selbst finanzieren, wenn sie nicht unter bestimmte Regelungen für niedrige Einkommen fallen und dadurch berechtigt sind, gewisse Fördermittel zu erhalten. Während es viele ermutigende Aktionen von Bürgern und lokalen Verwaltungen gibt, diese Situation zu verbessern, erfreuen sich die Einwohner Michigans leider nicht der gleichen Unterstützungsleistungen bei Autismus, wie sie vielen Bürgern z. B. in Kalifornien zustehen. Und so sind in meinem Bundesstaat die meisten Eltern auf sich selbst gestellt, wenn es um die Förderung ihres Kindes geht: von der Finanzierung der Therapie bis zur Suche von ABA-Anbietern und Therapeuten. Viele von uns haben daher all ihre Ersparnisse und ihre Altersvorsorge aufgebraucht, enorme Schulden aufgenommen und oft auch ihr Haus verloren, um ihren Kindern aus dem autistischen Spektrum zu helfen. Hier hat man die Hoffnung, sehr bald alle nötige Hilfe und Unterstützung für unsere betroffenen Kinder zu bekommen, egal wo man auf dieser Welt gerade wohnt.

Sechs Jahre später – ein Update zur zweiten Auflage

Es hat sich durchaus einiges getan in den letzten Jahren. Die Diagnostik und Förderung von Menschen mit Autismus-Spektrum-Störungen erfreut sich großer Aufmerksamkeit in der Fachwelt sowie der Öffentlichkeit. Und so erlebe ich auch die Nachfrage nach ABA/VB-basierter Förderung von Menschen mit Autismus-

Spektrum-Störungen als hoch. Insbesondere das Interesse an Fortbildungsangeboten in diesem Bereich ist groß.

Die Zahl der im Bereich der angewandten Verhaltensanalyse zertifizierten Fachleute ist in den letzten Jahren in Europa und auch in Deutschland kontinuierlich gestiegen, die Liste der BCBAs und BCaBAs in Deutschland wird erfreulicherweise immer ein wenig länger. Und so gibt es mittlerweile auch hierzulande mehrere Anbieter von ABA/VB-Förderprogrammen mit unterschiedlichen Angebotsstrukturen. 2011 hat sich der Verein „ABA Deutschland e. V. (Deutsche Gesellschaft für Verhaltensanalyse e. V.)" als Fachverband aller in dem Bereich der Verhaltensanalyse Tätigen gegründet. Die Erstellung eines deutsch-englischen Glossars und die Organisation einer ersten Fortbildungsveranstaltung mit internationaler Referentin (Dr. Mary Barbera im November 2014 in Köln) sind erste Ergebnisse der Arbeit von ABA Deutschland e. V. Die Teilnahme eines Vertreters von ABA-D e. V. auf dem Podium der WTAS-Tagung in Freiburg 2016 zeigt, dass der Fachverband auch in der deutschen „Autismus-Fachwelt" angekommen ist.

Am IFKV (Institut für Fort- und Weiterbildung in klinischer Verhaltenstherapie e. V.) in Bad Dürkheim ist es mittlerweile möglich, die für die BCBA-Zertifizierung notwendigen theoretischen Grundlagen in der Verhaltensanalyse zu erwerben. Die Etablierung eines Studiengangs in Verhaltensanalyse an einer deutschen Universität ist ein weiteres ehrgeiziges Ziel.

Da ich nun einige Jahre hier im Raum Göttingen tätig bin und im Austausch mit den niedergelassenen Kinder- und Jugendpsychiatern, der interdisziplinären Frühförderstelle der Stadt, dem sozialpädiatrischen Zentrum, dem Autismus-Therapiezentrum sowie den Sozial- und Jugendämtern stehe, ist mein Fördermodell mittlerweile auch in der lokalen Fachwelt bekannter. Und so ergibt es sich immer häufiger, dass die Initiative zur Förderung nach ABA/VB zunächst nicht von den Eltern ausgeht, sondern diese direkt nach der Autismus-Diagnose die Möglichkeit einer ABA/VB-Förderung aufgezeigt bekommen und mich dann kontaktieren. Dies ist eine sehr erfreuliche Entwicklung, ermöglicht es doch eine frühere Förderung von betroffenen Kindern mit ganz verschiedenen sozialen Hintergründen.

Nach wie vor ist es jedoch so, dass die Eltern die Hauptlast zur Umsetzung der ABA/VB-Förderprogramme tragen. Wenn ich in meinem oben stehenden Artikel auf die Vorteile eines hohen Elternengagements eingegangen bin, sehe ich nun immer deutlicher, wie dringend notwendig besser organisierte Unterstützungsstrukturen für eine effektive ABA/VB-Förderung wären. Es wäre sehr hilfreich, auf einen gut ausgebildeten Pool von Co-Therapeuten und Einzelfallhelfern zurückgreifen zu können, die die Grundlagen von ABA/VB sicher beherrschen und dann flexibel und individuell umsetzen könnten. Auch ein breites Basiswissen im Bereich Autismus und Kenntnisse der ABA/VB-Förderung bei Erziehern und Pädagogen würde die Zusammenarbeit in der Förderung der Kinder sehr erleichtern. Nach wie vor erfolgt die Bewilligung von Einzelfallhelfern in integrativen Kindergärten oder Förderschulen häufig erst auf dem Klageweg, auch wenn der Bedarf einer Eins-zu-eins-Betreuung zur Entwicklungsförderung offensichtlich ist. Abgesehen von der Belastung für die Eltern wird hier unnötigerweise wertvolle Zeit verschenkt, denn bis zur Bewilligung vergehen in der Regel Monate, wenn nicht Jahre!

Und so erlebe ich eine zum Teil recht hohe Diskrepanz zwischen den Entwicklungsmöglichkeiten, die unter idealen Fördergegebenheiten möglich wären, und den unter den realen Bedingungen erzielbaren Fortschritten. Natürlich sind Letztere dennoch sehr wichtig, wertvoll und oft hart erkämpft! Der Ausbau der Infrastruktur für eine Förderung nach ABA/VB in Deutschland (und dazu gehören auch erweiterte Finanzierungsmöglichkeiten für ein vernetztes Unterstützungssystem bestehend aus geschulten Erziehern, Integrationshelfern und Pädagogen) stellt nach wie vor ein sehr bedeutendes Ziel dar.

9.4.4 Ingrid

Im Kapitel 7.10 beschrieb Ingrid Klimpel bereits die Grundlagen und die geschichtliche Entwicklung dieser Therapieform. Jetzt folgt ihr Erfahrungsbericht mit der neurologischen Reorganisation bei ihrem Sohn Tobias.

Von der Doman-Delacato-Therapie erfuhr ich 1989. Das Stuttgarter Autismus-Therapie- und -Beratungszentrum (ATBZ) bietet alljährlich im Herbst in Böblingen eine Freizeit mit Fortbildung für die ganze Familie an. Die Autisten sowie deren Geschwister werden betreut, während die Eltern am Fortbildungsprogramm teilnehmen. Ich nahm zum ersten Mal mit Tobias daran teil. Frau Eva Grahl, damals Mitarbeiterin im ATBZ, lernte die Doman-Delacato-Therapie bei Frau Beatriz Padovan, einer Logopädin und Sprachtherapeutin, kennen. Sie arbeitete im ATBZ mit autistischen Kindern nach Doman-Delacato und stellte uns im Rahmen der Fortbildung diese Therapie vor und empfahl auch die entsprechende Literatur. Als ich die oben erwähnten Bücher gelesen hatte, konnte ich mir nicht vorstellen, eine solch intensive Therapie jemals mit meinem Sohn Tobias durchzuführen. Ich hatte schließlich eine fünfköpfige Familie zu versorgen.

Ein Jahr später saß ich zu Beginn der Fortbildung in einer Gesprächsrunde, die die Diplom-Psychologin Frau Dr. Vera Antons leitete (sie war bis 2000 Vorsitzende des Autismus-Regionalverbandes Stuttgart und ist Mitarbeiterin im ATBZ). Wir unterhielten uns über Probleme unserer Kinder. Zufällig wurde das Thema Schwimmen angeschnitten. Mein Sohn Tobias liebte das Wasser. Wir besuchten regelmäßig das Hallenbad. Er konnte die Arm- und Beinbewegungen separat korrekt ausführen, schaffte es aber nie, die Bewegungen von Armen und Beinen zu koordinieren. Mir wurde während des Gesprächs klar, dass eine Störung in seiner Motorik vorliegen müsste, zumal er das gleiche Problem auch beim Radfahren hatte. Es gelang ihm nicht, in die Pedale zu treten und gleichzeitig mit den Armen das Gleichgewicht zu halten und zu lenken. Im Rahmen der Fortbildung stand Frau Grahl einen ganzen Nachmittag für an der Doman-Delacato-Therapie interessierte Eltern zur Verfügung. So konnte ich Tobias bei ihr vorstellen. Es war an seinem neunten Geburtstag. Sie ließ ihn krabbeln, kriechen und gehen, überprüfte sein Sehen und Hören und seine Geschicklichkeit mit einem kleinen Ball und beobachtete ihn dabei sehr genau. Ich war erstaunt, welche Mängel sie in dieser kurzen Zeit feststellte. Sie hatte beispielsweise bemerkt, dass er mit dem linken Auge schielt. (Wir hatten eine jahrelange Okklusionsbehandlung durchgeführt, um die Augenmuskeln beider Augen zu trainieren. Danach musste keine operative Korrektur erfolgen.) Ich war beeindruckt von ihrer Beobachtungsgabe. Abschließend meinte sie: „Wenn Sie bereit sind, etwas Zeit aufzubringen, könnte Tobias noch sehr viel lernen." Sie hatte gesagt „etwas Zeit". Die wollte ich doch gerne investieren, um meinen Sohn zu fördern. Sie zeigte mir ein paar Übungen, die ich täglich mehrmals mit ihm durchführen sollte. Das war unser erster Schritt zur Doman-Delacato-Therapie.

Seit dem Sommer 1990 warteten wir aber schon auf einen Therapieplatz (Psychoanalytische Psychotherapie[13]) für Tobias. Ich erkundigte mich, ob beide Therapien ohne Beeinträchtigung gleichzeitig durchgeführt werden können. Im ATBZ hatte man keine Bedenken.

Beginn der Doman-Delacato-Therapie mit unserem Sohn Tobias

Es gab noch etwas Wichtiges zu klären. Haben wir genug Helfer? In unserer fünfköpfigen Familie waren sie vorhanden: wir Eltern und die Brüder Wolfgang und Andreas, damals sechzehn bzw. neunzehn Jahre alt. Ich musste nur die Familie von der Notwendigkeit der Therapie überzeugen. Alle waren bereit mitzuhelfen.

Im häuslichen Üben hatte ich schon Erfahrung. Andreas' Entwicklung war wie im Bilderbuch verlaufen, aber bei seinem Bruder Wolfgang zeigten sich mehrere Auffälligkeiten im ersten Lebensjahr. Als er zehn Monate alt war, stellte ich ihn in der Kinderklinik vor. Er hatte eine leichte rechtsseitige Hemiplegie (Halbseitenlähmung). Ich übte mit ihm nach Bobath[14]. Damals brauchte ich keine Helfer.

Als Nächstes galt es die Kostenübernahme zu regeln. Die erste Anfrage ging an die Krankenkasse, die uns eine Absage erteilte. Dann erst wandten wir uns ans Sozialamt mit der Bitte um Eingliederungshilfe, die nach vier Monaten positiv beschieden wurde. Eine Vorstellung unseres Sohnes beim Gesundheitsamt und einige unterstützende Korrespondenz des ATBZ mit den Ämtern waren vorausgegangen.

Im Februar 1991 begann unsere Zusammenarbeit mit Frau Grahl, fast gleichzeitig mit der psychoanalytischen Therapie. Bisher hatte ich täglich dreimal fünf

---

[13]Bei dieser Behandlung begibt sich der Therapeut in die Welt seines Patienten und muss sich gleichzeitig von ihm distanzieren. Er lässt ihm viel Freiraum und unterstützt ihn dabei, seine archaischen Ängste zu überwinden. Im Behandlungsraum steht dem Kind eine Fülle von Beschäftigungsmaterial zur Auswahl.

[14]Krankengymnastische Übungen, um die Spastik zu hemmen und nicht vorhandene Bewegungsfähigkeiten zu erlangen.

Minuten mit Tobias geübt. Die Entwicklung von Tobias, insbesondere im ersten Lebensjahr, sowie seine Auffälligkeiten hatte ich für Frau Grahl schriftlich festgehalten, damit sie sich ein erstes Bild machen konnte, bevor sie ihn gründlich unter die Lupe nahm. Sie stellte starke Verspannungen fest, die durch die Übungen gelöst werden sollten, und gab uns Eltern eine zweistündige Einführung in das Übungsprogramm der nächsten Wochen, das ich notierte, während sie mit Tobias arbeitete. Die Kreuzmusterbewegungen (Patterning) übten wir mit ihr gemeinsam ein. Als Übungszeit schlug sie dreimal täglich eine halbe Stunde vor. Dann fuhren wir voller Tatendrang nach Hause.

Der Anfang des intensiveren häuslichen Übens

Nun begann die schwierigste Phase: nämlich das Durchführen des Programms in der eigenen Wohnung, die bestimmt nicht die Bedingungen einer Turnhalle erfüllt. Es liefen einige Fehlversuche, bis wir selbst zufrieden waren. Wir mussten herausfinden, in welcher Reihenfolge die einzelnen Übungen am sinnvollsten ausgeführt werden, wie viel Zeit wir dazu brauchten und wie viel Zeit wir dafür aufbringen konnten. Wir entschlossen uns zu einer Aufteilung in drei Übungseinheiten: morgens, mittags, abends. Dadurch war der Tag für das Kind gut strukturiert. Als sich alles eingespielt hatte, notierte ich unser Programm täglich in Abkürzungen in einem Terminkalender, so dass die durchgeführten Übungen ganz einfach darin festgehalten werden konnten. Bald notierten wir auch die gesamte Übungszeit pro Tag. Tobias schrieb jeweils die Zeit zu Beginn und Ende der Übungseinheit selbst auf. So konnte er die Übungszeiten verschiedener Tage vergleichen und sehen, ob er sein Tempo gesteigert hatte. Bei den meisten der unten aufgeführten Übungen legten wir pro Einheit eine bestimmte Anzahl von Wiederholungen fest, nur nicht beim Patterning (Helferübung). Diese Übung führten wir in festen Zeiteinheiten durch. Näheres zu den einzelnen Übungen:

- Hangeln: Im Flur des Kellergeschosses hängten wir eine selbst gefertigte Leiter in je zwei stabile Haken über gegenüberliegenden Türen ein. Tobias musste sich von Sprosse zu Sprosse hangeln (mit Hilfestellung).

- Krabbeln / Kriechen: Über eine Länge von acht Metern klebten wir einen 65 cm breiten Linoleumstreifen mit Klebeband auf unseren Teppichboden im Wohn-Esszimmer entlang der Schränke. Das war unsere Übungsbahn. Tobias übte mit Gymnastikschuhen und Knieschützern (beim Krabbeln). Die Anzahl der zurückgelegten Bahnen „zählte" Tobias selbst. Wenn er wieder am Ausgangspunkt angelangt war, stellte er ein Figürchen auf, das er einem kleinen Körbchen dort entnommen hatte. So wusste er immer, wann er sein Programm absolviert hatte. Ich achtete auf seine Ausführungen und korrigierte ihn, wo es nötig war.

- Rollen zur Förderung des Orientierungs- und des Tastsinns: Ich hielt die Enden eines Hüpfseils am Boden kniend fest und zog das Seil straff an, während Tobias auf dem Bauch liegend die Seilmitte mit beiden Händen festhielt und die Arme dabei über dem Kopf streckte. In dieser Haltung rollte er mehrmals erst in eine Richtung, dann wieder zurück. Das Seil unterstützte die gestreckte Körperhaltung.

- Augenübungen: Wegen seines Schielens waren sie wichtig. Wir wählten einen kleinen Raum, der sich gut abdunkeln ließ und arbeiteten mit verschiedenen Lichtquellen; z. B. aufrecht sitzend eine wandernde Lichtquelle den Kopf drehend verfolgen oder ein rasch seine Position änderndes Lämpchen mit dem Finger antippen lassen (Auge-Hand-Koordination).

- Geschicklichkeitsübungen: Mit einem kleinen Ball und Reissäckchen wurden Werfen, Fangen und Prellen geübt.

- Patterning: Mindestens drei Helfer waren erforderlich, um die Kreuzmusterbewegung mit ihm korrekt durchzuführen. Auf einer 6 cm starken Gymnastikmatte (Größe: 2 m x 1 m) mit Skaibezug arbeiteten wir auf dem Boden und knieten uns auf Kissen. Tobias lag auf dem Bauch. Wir bewegten seine Arme und Beine in einem ganz bestimmten Rhythmus. Er selbst musste seinen Kopf jeweils zu der Hand drehen, die vom Helfer neben dem Kopf abgelegt wurde. Bis er das konnte, brauchten wir einen vierten Helfer. Je ein Arm wurde von einem Helfer bewegt. Die Füße übernahm der Dritte. Die von den Helfern rhythmisch durchgeführte Kreuzmusterbewegung entspricht der natürlichen Bewegung des Kriechens und soll sich dem Kind durch häufige Wiederholung einprägen. Ich nähte aus Futterstoff eine Hose im Stil von Skihosen, so dass die Beine leicht über den Skaibezug gleiten konnten. Das war besonders im Sommer wichtig, wenn er schwitzte. Beim Kriechen benutzten wir diese Hose auch.

Die hier aufgeführten Übungen waren Bestandteile des Hauptprogramms. Andere wechselnde Übungsteile rundeten es ab: z. B. Haltungsübungen auf dem Gymnastikball oder Balancieren auf einem langen am Boden liegenden Seil.

Umfang der Übungsarbeit

Die Doman-Delacato-Therapie haben wir fast drei Jahre lang durchgeführt. Das Programm wurde nach jeder Vorstellung bei Frau Grahl seinem Entwicklungsstand entsprechend angepasst. Kurz vor unserem Besuch berichtete ich schriftlich über den Umfang unserer Übungsarbeit sowie über aufgetretene Schwierigkeiten, so dass wir in Gegenwart von Tobias nicht so viele Worte darüber verlieren mussten. Er durfte seine zu Hause ausgeführten Übungen vorführen, dann wurde ein neues Programm erstellt, um die Ausführungen zu verbessern und weiterzuentwickeln.

Frau Grahl bat uns bei der zweiten Vorstellung nach sechs Wochen, die Übungszeit auf drei Stunden täglich zu verdoppeln. Das hielt Tobias elf Monate lang durch. Nur im Urlaub außer Haus oder wenn er krank war, wurde nicht geübt. Als er in der Schule Anzeichen von Überforderung und Übermüdung zeigte, reagierten wir mit Kürzung der Übungszeit, die Einheit am Nachmittag wurde deutlich reduziert, später ganz gestrichen, so dass Tobias deutlich entlastet wurde.

Außer von meinen Helfern wurde ich von Tobias' Lehrerin in der Förderschule sehr unterstützt. Sie unterrichtete ihn in den ersten vier Schuljahren. Als wir mit der Therapie begannen, besuchte Tobias das dritte Schuljahr. Sie ließ Tobias, wenn er nachmittags Therapie oder Unterricht hatte, das Nachmittagspensum des Krabbelns und Kriechens morgens während der Unterrichtszeit auf dem Schulhausflur absolvieren, damit er mittags mehr Freizeit hatte. In seiner kleinen Schule befand sich niemand während der Unterrichtszeiten auf dem Flur. Ein Korb mit alten Hosen und Pullovern als „Trainingsanzüge" stand im Klassenzimmer bereit. Wenn sie ihn „auf die Reise schickte", wie sie es nannte, durfte Tobias immer ein anderes Kind der Klasse auswählen, das gemeinsam mit ihm übte. Später durfte er einen jüngeren Schüler der Nachbarklasse mitnehmen und ihm die Übungen „beibringen". Dem Schüler, der ihn begleiten durfte, machte das Spaß. Das war doch eine schöne Abwechslung vom Unterricht.

Nach einem guten Jahr Übungsarbeit berichtete mir seine Klassenlehrerin, dass Tobias seit einiger Zeit völlig erschöpft war und öfter in den letzten Vormittagsstunden fast einschlief. Außerdem fiel er in eine alte, längst vergessene Marotte zurück: den Zehenspitzengang. Und er kratzte sich wieder ständig im Gesicht auf. Wie schon erwähnt, haben wir daraufhin die Übungszeit deutlich verkürzt. Zu einer weiteren Reduzierung kam es dann im fünften Schuljahr. Ein Lehrerwechsel hatte stattgefunden. Tobias hatte mehr Unterrichtsstunden mit höheren Anforderungen zu bewältigen, und für das Übungsprogramm gab es keine Unterstützung mehr in der Schule. Stufenweise reagierten wir auf die neue Situation mit dem entsprechenden Abbau der Übungszeit, die dann im dritten Jahr nur noch aus einer Übungseinheit von dreißig Minuten bestand. Ich musste dann diese Therapie beenden, weil ich ernsthaft erkrankt war und ihn nicht mehr unterstützen konnte.

Motivierung von Tobias

Tobias braucht feste Regeln, die ihm Halt geben. Die häuslichen Übungen strukturierten nun seinen Alltag mit neuen Anweisungen noch stärker. Da bereits durchgeführte Übungen stets im Terminkalender festgehalten wurden, lieferten diese Aufzeichnungen einen Beweis seiner erbrachten Arbeit und konnten gleichzeitig Anreiz bieten, das Fehlende in Angriff zu nehmen, denn er war stolz darauf, wenn er sein Übungspensum erfüllt hatte.

Sein Verhältnis zum Üben war jedoch ambivalent. Einmal schoss er über das Ziel hinaus und übte freiwillig mehr, dann wieder fiel es ihm schwer, am Ball zu bleiben, je nach körperlicher Verfassung oder Tagesform. Ich musste mir also immer wieder etwas einfallen lassen, um ihn anzuspornen. Da das Essen für ihn einen hohen Stellenwert besitzt, wurde es als Erstes zur Motivation bei den Ausdauerübungen Krabbeln und Kriechen eingesetzt: Rosinen, Gummibärchen, Schokostückchen, je einzeln nach einer festgelegten Anzahl von Bahnen. Beim Patterning fiel uns gleich auf, wenn er sich mal absichtlich verkrampfte und gegensteuerte oder den Kopf falsch drehte, obwohl er ihn korrekt ablegen konnte. Da kam ich irgendwann auf die Idee, Pluspunkte zu vergeben als Belohnung für gute Mitarbeit. Hatte er eine gewisse Anzahl von Punkten erreicht, konnte er dafür etwas Begehrenswertes erhalten, z. B. ein Buch, Schokolade, eine Musikkassette.[15] Und Sätze wie: „Dir fehlen nur noch so und so viel Punkte für ein Buch. Wenn du heute fein mitmachst, hast du alle Punkte zusammen." Solche Ankündigungen konnten ihn aus der größten Lustlosigkeit herausreißen. Oft hörte er Musik bei seinen Übungen (Krabbeln und Kriechen) auf der Bahn. Wenn er manchmal nicht recht üben wollte, sagte ich etwa: „Ich bin mal gespannt, wie viele Bahnen du schaffst, bis das Lied zu Ende ist." Oder er arbeitete mit der Stoppuhr. Da er auch Rollenspiele mochte, verzauberte ich ihn gelegentlich in ein Tier, und alles klappte viel besser. Immer dann, wenn er das Üben satthatte, war es an mir, etwas zu erfinden, um neue Anreize zu schaffen. Das konnte auch heißen: „Wenn du heute rechtzeitig fertig wirst, können wir bei Familie X einen Besuch machen." Im Gegensatz zu den meisten Autisten, die Kontakt mit anderen meiden, gehört er zu der Gruppe, die auf Fremde zugehen und sie ansprechen. Wenn jemand uns besuchen kam, übte Tobias gerne. Er konnte sein Programm sozusagen vorführen und strengte sich ganz besonders an. Nebenbei begriffen so Bekannte der Familie erst richtig, was es für Tobias bedeuten musste, diese Übungen mehrere Stunden am Tag auszuführen.

Die Übungsarbeit aus der Sicht unseres Sohnes Tobias

Tobias besuchte die Förderschule. Er wurde von zu Hause mit dem Taxi abgeholt und war fünf Stunden später wieder daheim. Mit Beginn der Doman-Delacato-Therapie lief auch die elternbegleitende psychoanalytische Therapie an mit erst einer Therapiestunde wöchentlich, nach vier Monaten mit zwei Therapiestunden pro Woche. Das bedeutete dann, dass wir an zwei Nachmittagen mindestens zweieinhalb Stunden außer Haus waren. Donnerstags blieb er über Mittag in der Schule und hatte noch anschließend Unterricht, was die Lehrerin nutzte, um mit der Klasse gemeinsam zu kochen und danach besondere Aktivitäten außerhalb des Schulhauses zu unternehmen. An den übrigen Nachmittagen mussten noch Hausaufgaben bewältigt werden. Als wir täglich drei Stunden übten, musste er morgens zur ersten Übungseinheit schon eine Stunde früher aufstehen als gewöhnlich. Es

---

[15]Das ist ein Tokensystem für positive Verstärkung.

blieb uns allen wenig Gelegenheit, Kontakte zu pflegen. Er hatte einen Arbeitstag, der genauso ausgefüllt war wie der eines berufstätigen Erwachsenen. Dass er so lange durchgehalten hat, ist erstaunlich. Er ließ sich aber immer wieder motivieren. Ich bin stolz darauf, dass er nie aufgegeben hat. Er hat gelernt, eine Sache zu Ende zu führen. Wenn er mal die abendliche Übungseinheit nicht vollständig bewältigt hatte, konnte es sein, dass er später wieder aus dem Bett kam, um die restlichen Übungen zu erledigen, bevor er wirklich schlafen ging.

Die Übungsarbeit aus meiner Sicht

Von Anfang an hatte ich eine positive Einstellung zu dieser Therapie, trug den Hauptanteil bei der Unterstützung meines Sohnes und war bereit, viel Zeit zu investieren. Es war mir klar, dass sich Erfolge nicht nach kurzer Zeit einstellen konnten. Mir war die Umstellung der Übungszeit von eineinhalb auf drei Stunden schwergefallen. Ich war auch dafür verantwortlich, dreimal am Tag zu einer ganz bestimmten Zeit zwei weitere Helfer an meiner Seite zu haben für das Patterning.

Schule und Psychotherapeut waren stets informiert über die jeweilige Lage unserer häuslichen Übungsarbeit. Die gute Zusammenarbeit mit der Lehrerin war unabdingbar, um das für Tobias erträgliche Pensum an Übungsarbeit herauszufinden. Das Durchführen dieser Therapie erforderte ein großes Maß an Geduld, Disziplin und Verzicht auf ein normales Leben, weil kaum Zeit blieb, Bekannte zu besuchen oder einzuladen. Unsere Helfer waren Familienmitglieder, mein Mann und die großen Brüder von Tobias; selten brauchten wir Hilfe von außen. Wir lebten also recht isoliert. Daher war es gut für mich, noch zwei weitere Familien in unserer näheren Umgebung zu kennen, die gleichzeitig nach dieser Therapie unter Anleitung von Herrn Wollweber (Wiesbaden) arbeiteten. Es tat gut, am Telefon über unsere Übungsarbeit mit Gleichgesinnten zu sprechen und zu hören, dass die anderen auch nicht aufgaben. Gleichermaßen taten mir das freundschaftliche Verhältnis zu seiner ersten Lehrerin und deren Unterstützung gut. Sie hatte übrigens die Idee, in einem Videofilm die Übungsarbeit in verschiedenen Phasen festzuhalten. Tobias war fasziniert von diesen Aufnahmen, als er sie jetzt im Alter von 28 Jahren bei der Vorbereitung dieses Berichts wieder sah.

Therapieerfolge

Die Beurteilung des Erfolges überließ ich lieber der Beobachtung Dritter. In der Schule zeigte er mehr Selbstbewusstsein und Zutrauen in seine Fähigkeiten. Während er einem jüngeren Kind seine Übungen beibrachte, erwarb er sich Ansehen in dessen Klasse.

Tobias schrie viel in der Schule, wenn er unter Druck geriet. Hörten ihn die jüngeren Schüler im Klassenzimmer nebenan, dann hieß es immer: „Jetzt schreit er wieder, der Junge mit der Brille!" Nun sprachen sie aber von „Tobias", vorher war er namenlos. Die Lehrerin der Nachbarklasse teilte mir nach etwa acht Monaten Übungszeit mit, Tobias sei ruhiger geworden und zeige normaleres Sozialverhalten als zuvor. Sie fand auch, dass sein Bewegungsablauf harmonischer geworden sei, was mir sowohl sein Therapeut als auch seine eigene Lehrerin bestätigten. Diese fügte hinzu, dass er seit kurzer Zeit „hundelnd" von Beckenrand zu Beckenrand schwimmen könne. In seiner eigenen Klasse fand er ebenfalls mehr Anerkennung. Früher konnte er nur gut lesen. Im dritten und vierten Schuljahr wurde das kleine Einmaleins gelernt. Wir bauten das Üben der Malreihen ins Übungsprogramm mit ein. Bei den rhythmischen Kreuzmusterübungen mit den Helfern konnte er wunderbar im Takt die Malreihen sprechen: $1 \times 2 = 2$, $2 \times 2 = 4$, $3 \times 2 = 6$ usw. So konnte er die Malreihen sicherer als seine Mitschüler und genoss dies sehr, da Mathematik nicht zu seinen Stärken gehört.

Ein großer sichtbarer Erfolg für uns war, dass er nach einem Jahr Therapiezeit das Radfahren erlernt hat. Im Sommer vor Beginn der Therapie hatten wir im Urlaub drei Wochen lang zwar ideale Bedingungen vorgefunden, um ihm das Radfahren beizubringen, aber wie wir es auch anstellten, es war uns nicht gelungen. Resigniert hatte mein Mann damals die Stützräder wieder am Fahrrad angebracht. In den Faschingsferien 1992 übten wir nur vier Tage lang mit ihm jeden Tag ein bisschen das Radfahren ohne Stützräder. Dann hatte auch er begriffen, was andere Kinder mühelos mit fünf bis sechs Jahren zu lernen vermögen. Es fehlte ihm noch viel Sicherheit, doch hatte er endlich die Grundvoraussetzung erworben, sich selbstständig mit dem Rad fortzubewegen, und er war stolz darauf. Wir wohnen auf dem Lande. Ab und zu fuhr ich mit ihm auf Feldwegen, kaum aber im öffentlichen Verkehr, weil er sich nicht an meine Abmachungen hielt, ganz rechts zu bleiben, und mitten auf der Straße hinter mir herfuhr. Als Tobias im November 2006 nach Heilbronn in eine betreute Wohngemeinschaft zog und erfuhr, dass einer der beiden Mitbewohner in der Stadt selbstständig Rad fuhr, wollte er dies ebenfalls können. Schon im nächsten Frühjahr wollte er an einer 25-km-Radtour teilnehmen, die die „Offenen Hilfen" für Behinderte anboten. Wie er dies mit so wenig praktischer Erfahrung schaffen sollte, konnte ich mir beim besten Willen nicht vorstellen. Aber er ließ nicht locker. So „trainierte" er ab Ende Januar 2007 an jedem Wochenende, das er bei uns Eltern verbrachte, sofern das Wetter es zuließ. Das erste Mal begleitete ich ihn auf den Feldwegen. Direkt ab Haus konnte man eine „Runde" von gut vier Kilometer Länge fahren. Danach fuhr er alleine. Es gab streckenweise leichte Steigungen. Hier konnte er üben, kräftig in die Pedale zu treten, um nicht schieben zu müssen.

Im April transportierte ich sein Rad nach Heilbronn. Am darauf folgenden Wochenende nahm er an der Radtour teil und war begeistert. Gleich belegte er den nächsten Kurs der „Offenen Hilfen", in dem einmal pro Woche eine kleine Ausfahrt mit der Gruppe organisiert wurde. Dabei lernte Tobias, mit dem Rad unter Berücksichtigung aller Sicherheitsmaßnahmen durch die Stadt zu fahren. Inzwischen fährt er im Sommer allein mit dem Rad zu seinem Arbeitsplatz in die Beschützende Werkstätte.

Letzten Sommer strahlte er, als er uns mit dem Rad zu Hause besuchte. Am autofreien Sonntag war er auf der B27 alleine zu uns gefahren, mehr als 20 km! Diese Überraschung war ihm gelungen! Der Rückweg war ihm dann doch zu viel. So fuhr er nur die wenigen Kilometer zum Bahnhof, um mitsamt Rad den Zug nach Heilbronn zu nehmen.

Beim Wandern war er früher oft ängstlich. Trat er auf einen wackeligen Stein, wurde er unsicher, traute sich nicht richtig aufzutreten und stützte sich auf mich, d. h. er lief nur an meiner Hand. Als wir im Juni 1992 zusammen wanderten und einen steinigen Pfad hochstiegen, erinnerte ich ihn an seine Kriechübung. „Nur wenn du deine Füße richtig fest einsetzt, kannst du dich abstoßen und vorwärtskommen. Versuche immer, deinen Fuß fest auf den steinigen Boden aufzusetzen, damit er dir nicht wegrutschen kann. Dann erst mache den nächsten Schritt nach oben." Er probierte es zunächst noch an meiner Hand. Nach einiger Zeit konnte er sie loslassen und alleine hochklettern. Er freute sich und achtete jetzt richtig auf den Weg, statt sich auf mich zu verlassen. Sein Selbstvertrauen war gestärkt, so dass er am gleichen Tag eine noch schwierigere Situation gut meisterte: das Überqueren von Schneefeldern beim Abstieg. Man wusste nie, ob unter dem Schnee Steine oder Rinnsale verborgen waren, und musste seine Füße vorsichtig aufsetzen. An diesem Tag hatte er begriffen, dass das beim Üben Erlernte im Leben anwendbar ist.

Im gleichen Sommer machte unsere Familie wieder Wanderurlaub in den Bergen. Da haben auch Einheimische gestaunt, welche Ausdauer Tobias zeigte und welche Touren man mit ihm machen konnte, vorausgesetzt natürlich, dass wir auf ihn eingingen und ihm viel Zeit ließen. Tobias und ich haben oft unterwegs miteinander gesungen. Die „mundorgel" (ein Liederbüchlein) war immer im Rucksack dabei.

Ganz wichtig war mir noch das Erlernen des Schwimmens. In der Schule standen im Schwimmunterricht Spiele im Vordergrund. Es blieb also dort keine Zeit, Tobias das Schwimmen beizubringen. Hallenbadbesuche waren während unseres häuslichen Übens aus Zeitgründen nicht möglich.

Im Januar 1993 fuhren wir für sechs Tage ins Gebirge. Wir wählten eine Unterkunft mit Hallenbad. Das Erlernen des Skifahrens hatten wir schon einige Jahre zuvor als nicht lebensnotwendig für Tobias aufgegeben. Im Gepäck befanden sich zwei Schlitten für Wintervergnügen. Unser Hauptziel war, Tobias das Schwimmen beizubringen. Täglich mehrmals übten wir (Papa, Wolfgang und ich) abwechselnd mit ihm im Hallenbad. Seine Mitarbeit war recht unterschiedlich. Ich wollte schon die Hoffnung aufgeben, aber am letzten Morgen vor unserer Heimfahrt hatte er den Bogen raus. Ich war überglücklich, dass er dieses Ziel erreicht hatte.

Ab jetzt besuchten wir samstagvormittags regelmäßig das Hallenbad, um darauf aufzubauen. Dem Schwimmmeister und einem älteren Herrn, den wir dort immer trafen, habe ich viel zu verdanken. Nach anfänglichen ausgiebigen Tauchspielen übte Tobias auch über Wasser. Zunächst durchschwamm er das Becken quer, später versuchte er, eine Länge zu schaffen. Das Lob und die Aufmunterung der beiden Herren stachelten seinen Ehrgeiz und seine Freude an, und er konnte immer ausdauernder schwimmen. Das Üben hat sich natürlich über Wochen hingezogen. Eines Tages erwarb er das „Seepferdchen". Danach schwamm er Bahnen wie sein Förderer, der ältere Herr. Jedes Mal schaffte er mehr. Eines Tages bestand sein Schwimmpensum aus 40 Bahnen (1 km) wie das seines Vorbildes, und so blieb es auch für uns beide weiterhin verpflichtend bei jedem Hallenbadbesuch.

Das Patterning war die einzige Übung, bei der Tobias lediglich den Kopf aktiv in die jeweils richtige Position brachte und ablegte, denn seine Arme und Beine bewegten die Helfer für ihn. Einige Jahre nach Beendigung unserer häuslichen Übungsarbeit lag seine Gymnastikmatte einmal auf dem Boden. Ich sagte scherzhaft zu ihm: „Jetzt patter mal!" Er war sofort darauf eingegangen, legte sich hin und bewegte sich rhythmisch exakt so, wie wir die Kreuzmusterbewegungen an ihm ausgeführt hatten. Wir waren verblüfft über diese Nachhaltigkeit. Unsere Arbeit als Helfer hatte sich tatsächlich fest in seinem Gehirn eingeprägt, obwohl er bewegt worden war, die Übung also nicht aktiv selbstständig ausgeführt hatte.

Bilanz (Mai 2010)

Die zu Beginn der Therapie bestehenden starken Verkrampfungen wurden durch die Übungen gelockert und seine körperliche Beweglichkeit erhöht. Er hat gelernt, ausdauernd zu arbeiten und gestellte Aufgaben zu Ende zu bringen. Nach einem Übungsjahr gelang ihm die Koordination von Armen und Beinen beim Radfahren und nach einem weiteren Jahr das Brustschwimmen.

Sein Unvermögen, schwimmen zu lernen, war der Anlass gewesen, Tobias an seinem neunten Geburtstag bei Frau Grahl vorzustellen. Tobias hat in diesen drei intensiven Jahren der Doman-Delacato-Therapie deutliche Fortschritte gemacht. Mit dieser Bilanz können wir sehr zufrieden sein. Die Bemühungen der ganzen Familie haben sich gelohnt, jedoch die größte Herausforderung war es für Tobias. Ich freue mich, dass er nie aufgegeben hat!

Die Auswirkungen des intensiven Übens auf die Schule wurden beachtet. Auf deutliche Anzeichen von Überforderung reagierten wir mit Reduzierung des Übungsprogramms und bemühten uns um Ausgewogenheit, immer mit Unterstützung seiner Lehrerin und des Psychotherapeuten. Ich möchte nicht vergessen, meinem Mann sowie den Söhnen Andreas und Wolfgang für ihre Mithilfe zu danken.

Das Erreichte bildete eine gute Grundlage für weitere Fortschritte. Gut vier Jahre nach Beendigung der Therapie wurde er von einer Musikpädagogin an der Astrid-Lindgren-Schule, einer Schule für Geistigbehinderte, mit dem Instrument Gitarre vertraut gemacht. (Im siebten Schuljahr war er von der Förderschule auf meinen Wunsch in diese Schule übergewechselt, da er damals die enorme Fülle des Lernstoffes nicht in der zur Verfügung stehenden Zeit hatte bewältigen können.)

Die Lehrerin brachte ihm einige einfache Griffe auf der Gitarre bei. Leider musste sie mitten im Schuljahr die Schule verlassen, weil ihr eine Ausbildung in Sonderpädagogik fehlte. Sie bat mich, privat einen Lehrer am Heimatort zu suchen, um ihn weiter zu unterrichten. Die Suche blieb erfolglos, aber im Musikgeschäft fand ich ein Gitarrenlehrbuch, das mir als Anleitung zum selbstständigen Lernen empfohlen wurde. So kam es, dass ich mit ihm gemeinsam das Begleiten von Liedern mit der Gitarre nach Peter Burschs Gitarrenbuch erlernte. Tobias tat sich anfangs sehr schwer und hatte stets schweißnasse Hände. Es war ein mühsamer Weg, aber er ist beharrlich geblieben. Nachdem wir einige Griffe beherrschten, begann ich, unser persönliches Liederbuch herzustellen, indem ich Lieder suchte, die mit den uns bekannten Griffen begleitet werden konnten und deren Melodien wir kannten. Ich schrieb sie sehr übersichtlich, jeweils mit dem zu spielenden Griff über dem Text. So ist in zwölf Jahren ein ganzes Repertoire an Liedern zusammengekommen, und wir singen immer noch miteinander am Wochenende zur Gitarre, wenn er uns besucht. Tobias hat Freude am Spielen und Singen. Ist er zu einem Fest eingeladen, vergisst er nie, seine Gitarre mitzunehmen. Auf unserer Familienfreizeit in Böblingen begleitet er gerne den morgend- und abendlichen Singkreis.

Ausblick zur neurologischen Reorganisation

Im Kapitel 7.10 berichtete ich von den Grundlagen und dem von Glenn Doman und Carl H. Delacato erstellten Übungsprogramm zur neurologischen Reorganisation bei hirnverletzten Kindern. Seither ist mehr als ein halbes Jahrhundert vergangen, in dem neue Erkenntnisse gewonnen wurden.

Was den Umfang des Behandlungsprogramms angeht (bis zu acht Stunden täglich), so hat sich Delacato 1995 anlässlich eines Vortrags im früheren ATBZ Stuttgart dahingehend geäußert, dass er heute eine häusliche Übungszeit von eineinhalb bis zwei Stunden für völlig ausreichend halte. Die intensive Übungsarbeit war einer der Kritikpunkte in verschiedenen Stellungnahmen von Experten, die die Wirksamkeit der Methode infrage stellen.

Für Eltern, die sich zur Durchführung dieser Therapie entschlossen haben, ist jedoch nur eines wichtig, ob sich ihr Kind weiterentwickelt, ob Fortschritte erkennbar sind. Ist dies nach einer gewissen Zeit nicht der Fall, so werden sie die Therapie mit Sicherheit abbrechen. Für uns hat sich die Behandlungsmethode als lohnend und wirksam erwiesen. Das ursprüngliche, streng eingehaltene und zeitlich intensive Übungsprogramm wird so heute nicht mehr angewendet, aber eine ganze Reihe von Therapeuten benutzen weiterhin bewährte Elemente des Doman-Delacato-Programms bei der Behandlung ihrer Patienten.

9.4.5 Ute

Mein Name ist Ute Bristow. Ich bin in Österreich geboren, wohne und lebe heute in London, wo ich als Sonderlehrerin für Kinder mit Autismus-Spektrum-Störungen (ASS) arbeite. Dies ist meine persönliche Geschichte, die erzählt, wie ich zu meinem Beruf kam, der mit autistischen Kindern zu tun hat.

Was bedeutet eigentlich „besonders"?

Meine erste Begegnung mit dem Wort „besonders" machte ich im Alter von sechs Jahren. Ich spazierte gerade mit meiner Mutter in die Stadt, als wir an einem Spielplatz einer Schule vorbeikamen. Irgendetwas war allerdings anders bei diesem Spielplatz. Anstelle des üblichen Getobes und Geschreis, das man von einem normalen Spielplatz gewöhnt ist und schon von weitem hört, machten diese Kinder ganz komische Geräusche, die ich noch nie zuvor in meinem Leben gehört hatte. Es klang eher wie eine Art Stöhnen oder heiseres Gekrächze von Kindern, die scheinbar völlig planlos durch die Gegend rannten, die die gewöhnlichen Spielplatzgeräte mieden, um eine Art rhythmischen Tanz zu vollführen, der mir endlos, gestelzt und irgendwie puppenartig vorkam.

Obwohl ich fasziniert und neugierig war, hatte ich gleichzeitig auch ein bisschen Angst und hielt die Hand meiner Mutter ganz fest, während ich unter ihrem Arm hindurch nach den Kindern schielte. Ohne es zu merken, hatten sich meine Schritte verlangsamt, und ich fühlte die zerrende Hand meiner Mutter, die mich zur Eile antrieb. Ich schaute sie an und bemerkte eine gewisse Anspannung in ihrem Gesicht. Sie schien die Kinder auf dem Spielplatz gar nicht zu bemerken, während sie geradeaus auf den Gehweg starrte. Ein paar Sekunden lang schaute ich zwischen ihr und den Kindern hin und her, bis ich die brennenden Fragen nicht mehr für mich behalten konnte. Irgendwie wusste und fühlte ich instinktiv, dass das, was ich sie gleich fragen würde, „etwas" ist, über das Erwachsene lieber nicht sprechen wollen. „Es" fühlte sich nämlich – na ja, heute würde ich vielleicht das Wort „anders" benutzen – an, aber ich kann mich noch sehr gut an diesen Moment erinnern, weil ich irgendwie nicht die richtigen Worte für meine Frage hatte. Schließlich hatte ich so etwas zuvor noch nie erlebt, und was ich da beobachtete, war etwas, was ich nicht verstand.

Wir waren schon fast am Spielplatz vorbei, als ich meine Mutter abrupt zum Stoppen brachte und meine Frage herausprustete: „Warum spielen diese Kinder denn nicht?" Ich merkte deutlich, dass meine Mutter sich beklommen fühlte, und sie antwortete mit gesenkter Stimme: „Weil sie anders sind, und hör endlich auf, sie anzustarren. Es ist ungezogen, Leute so anzustarren!" Damit zog sie mich am Arm und brachte mich wieder zum Laufen und nach ein paar weiteren Schritten hatten wir den Spielplatz hinter uns gelassen. Jetzt war ich furchtbar durcheinander und ein Schamgefühl machte sich in mir breit, arbeitete sich hoch in meinen Hals und schließlich bis in meine Backen hinauf, die nun wie Feuer brannten. Ich fixierte meine Augen auf den Gehsteig und wusste – obwohl ich mich total schlimm dabei fühlte –, dass ich trotzdem noch eine weitere Frage stellen musste. Die Worte meiner Mutter klangen mir noch in den Ohren ... „sie sind anders" ... was meinte sie damit?

Als ich das meine Mutter endlich fragte, hielt sie ganz plötzlich an und schaute mich sehr ernst an. Ich merkte, dass meine Knie wie Wackelpudding zitterten, und wusste, dass ich nun ganz klar „Erwachsenengebiet" betreten hatte und Kinder das, was ich gesehen hatte, normalerweise nicht sehen sollten. Aber das machte es für mich nur noch verwirrender, und ich meinte, mich irgendwie verteidigen zu müssen. Plötzlich wurde ich ganz trotzig, und bevor meine Mutter noch was sagen konnte, schrie ich sie an: „Was stimmt denn mit denen nicht, und warum sind sie anders?"

Ich vermute, meine Mutter erkannte jetzt, dass ich unbedingt verstehen wollte, was auf „diesem" Spielplatz vor sich ging. Ich konnte ihrem Gesicht ansehen, dass sie sehr bekümmert war, als sie schließlich sagte: „Hör zu, die Kinder sind anders, weil sie besonders sind. Sie sind besonders, weil sie anders denken als wir. Sie spielen auch anders als du, und manche können auch nicht sprechen. Sie haben besondere Lehrer, die mit ihnen zusammenarbeiten, und deswegen gehen sie auch in eine besondere Schule und nicht in die, in die du gehst." Und damit gingen wir weiter.

Mein Kopf war mit etwas Neuem gefüllt, etwas, das ich erst noch verarbeiten und verstehen musste. Und obwohl meine Mutter meine Frage beantwortet hatte, war ich immer noch durcheinander. Ich wollte mehr wissen, vor allem über diese besondere Schule und ihre Lehrer. Der Begriff „besonders" bedeutete irgendetwas Außergewöhnliches, irgendwas ganz Tolles, etwas, zu dem ich unbedingt Zugang haben wollte. Ich fing an mir auszumalen, wie diese „besonderen" Lehrer sein würden, weil ich meine eigene Lehrerin nicht sehr mochte. Sie bemängelte nämlich ständig meine Arbeit, indem sie meinte, sie sei „einfach nicht gut genug". Kurzum, ich war neidisch. Ich wollte auch in eine besondere Schule mit besonderen Lehrern gehen.

Viele Jahre später gestand mir meine Mutter, wie verloren sie sich an jenem Tag damals gefühlt hatte. Ihr fehlten die Worte, um den „Unterschied" richtig erklären zu können, damit ein entschlossenes sechsjähriges Kind verstehen konnte, dass manche Kinder tatsächlich mit besonderen Unterschieden zu anderen geboren werden. Mit der Zeit fragte ich mich, wo solche Kinder denn leben und spielen, wenn sie nicht in der Schule sind, und ich fing an, nach ihnen Ausschau zu halten, wo auch immer ich hinging. In meiner eigenen Nachbarschaft gab es jedenfalls kein solches Kind, und ich hatte auch noch nie eines in unserem örtlichen Park gesehen bzw. es war mir noch nie eines aufgefallen. Nach dieser Begegnung am Spielplatz wollte ich meine Mutter selbstverständlich nicht danach fragen, ob sie vielleicht jemanden mit einem „besonderen" Kind kennt.

Wie ich Anton kennenlernte

Ich wohnte in einer ziemlich normalen kleinen Stadt im Westen der Zentralprovinz von Österreich. Es war eine recht ruhige Stadt und alle Leute kannten einander. Der örtliche Park befand sich in der Nähe unseres Hauses, und ich durfte auch allein mit anderen Kindern aus der Nachbarschaft dorthin spielen gehen. Als ich ein paar Tage später dort war, schaute ich ganz bewusst im Park herum und hielt Ausschau nach einem Kind, das möglicherweise besonders war. Der Park war an dem Tag ziemlich belebt und recht laut von all den Kindern, die wie immer herumtollten. Mütter standen mit ihren kleinen Kindern und Babys im Kinderwagen herum und unterhielten sich. Meine Freunde waren schon zum Spielen und Schaukeln weggerannt, als ich plötzlich eine Mutter am Rande des Parks allein mit ihrem kleinen Kind im Gras sitzen sah.

Die Frau saß nur da, starrte in die Luft und las weder ein Buch noch eine Zeitschrift wie die anderen Mütter. Ich konnte ihre Einsamkeit so richtig spüren und fing an, auf sie zuzugehen. Während ich mich näherte, konnte ich auch das Kind besser sehen, und ich bemerkte, dass es ein kleiner Junge war, der mit dem Gras zu spielen schien, indem er es aus dem Boden riss und dann hoch in die Luft warf. Es schien Ewigkeiten zu dauern, bis die Frau mich bemerkte und mir schüchtern zulächelte und eine Art Hallo hervorbrachte. Obwohl diese „Einladung" quasi unsichtbar war, setzte ich mich neben sie und fragte sie nach dem Namen des kleinen Jungen und ob ich mit ihm spielen dürfe. Ich erinnere mich, wie sie mich etwas verblüfft anschaute und mir dann sagte, der Junge heiße Anton und sei vier Jahre alt. Als ich sie fragte, ob ich mit ihm spielen dürfe, sagte sie mir, Anton spiele nicht wie die anderen Kinder, weil er Autismus habe.

Das Wort Autismus klang genauso komisch und streng wie das Wort besonders. Es sagte mir absolut gar nichts, und nachdem ich ja gelernt hatte, was an Verwerfungen entsteht, wenn ich bei dem Wort „besonders" nachfragte, wollte ich es auch nicht mehr näher wissen. Ich erhob mich von der Parkbank, setzte mich neben Anton und beobachtete ihn, wie er sein „Grasspiel" spielte. Es schien so, als ob Anton mich überhaupt nicht neben sich bemerkte, und ich fragte mich, ob er mich überhaupt sehen konnte. Ich wedelte meine Hand ganz nahe vor seinem Gesicht herum, um festzustellen, ob er am Ende gar blind sei. Durch die nahe und plötzliche Bewegung vor seinem Gesicht schaute Anton mich kurz an und spielte dann weiter, ohne etwas zu sagen. Aber er quietschte vergnügt, wenn die Grashalme zurück auf den Boden und manche sogar auf seinen Kopf fielen. Ich entschloss mich, einfach bei seinem Spiel mitzumachen, wodurch Anton mir auch etwas mehr Beachtung schenkte. Das war der Anfang meiner Freundschaft mit Anton, eine Freundschaft, die bis zum heutigen Tag währt.

Ich entdecke die Welt des Autismus

Obwohl „Autismus" im Alter von sechs Jahren zum ersten Mal Einzug in meine Welt hielt und ich auch ein paar Dinge darüber lernte, während ich mit Anton heranwuchs, so war er doch die einzige Person mit Autismus, die ich in meinen Kinder- und Jugendjahren kannte.

Als ich vierzehn war, zog ich in eine große Stadt in Österreich und Anton zog in eine spezielle Betreuungseinrichtung für junge Menschen mit allen Arten von Behinderungen. Zu der Zeit gab es noch keine speziellen Autismushilfen, und es gab auch wenige, die einen jungen Menschen mit Behinderung zur Langzeitpflege übernehmen wollten. Obwohl ich Anton relativ regelmäßig besuchte, haben uns die Jahre des Erwachsenwerdens etwas auseinandergerissen. Ich begann an einer Universität zu studieren und nahm kurz darauf eine Stelle bei einer deutschen Bank in London an. Das Leben war aufregend und machte mir Spaß, und die Erinnerung an Anton verblasste langsam so ein bisschen.

Ich nahm die Stelle in London nicht nur an, weil London eine aufregende Stadt zum Arbeiten ist, sondern weil ich damals während eines Skiurlaubs in Österreich einen Engländer mit Namen Chris kennenlernte. Chris arbeitete als Broker und seine Firma bot ihm an, in Hongkong zu arbeiten. Weil wir beide jung waren, bedeutete Hongkong für uns all das, was man sich noch nicht mal in seinen kühnsten Träumen ausmalen konnte. Von jetzt auf gleich wurde uns all das auf einem Tablett serviert, was die meisten Leute niemals erreichen oder auch nur sehen würden. Hongkong war die Finanzhauptstadt und ein Mekka für alle, die im Leben hoch hinauswollten. Da wir als Expatriates ankamen, waren wir sofort vom Rest der einheimischen Leute abgesondert. Wir wohnten in einer wunderschönen Wohnung in jeglichem erdenklichen Luxus, wir hatten ein tolles Auto und waren Mitglieder in den besten lokalen Expatriatesklubs. Wir arbeiteten beide in riesengroßen, klimatisierten und mit dickem Teppich ausgelegten Büros, trafen interessante Leute und hatten viel Spaß bei den vielen Partys an den Wochenenden. Mir war es zu dem Zeitpunkt nicht bewusst, aber mein Leben war in Wirklichkeit ziemlich langweilig und leer.

Nur gelegentlich schweiften meine Gedanken in die Zeit meiner Kindheit mit Anton zurück. Ich war völlig von dem Reichtum gefangen, den Hongkong zu bieten hatte. Aber die Dinge begannen, sich zu ändern, als mein Sohn geboren wurde. Seine Geburt fand in einer wunderschönen Entbindungsklinik statt, die auf einem Gipfel lag und einen die Hongkonginsel überblicken ließ. Als ich eines Nachmittags im Anwesen der Entbindungsklinik herumschlenderte, entdeckte ich ein kleines Haus mit angeschlossenem Spielplatz. Als ich näher trat, bemerkte ich, dass es sich hier nicht um einen gewöhnlichen Spielplatz handelte. Plötzlich kamen die Eindrücke meiner Kindheitserfahrung wieder hoch. Es war ein kleiner Kindergarten für „besondere" Expatriateskinder. Urplötzlich kamen auch alle meine Erinnerungen an Anton wieder hoch. Als ich zurück ins Säuglingszimmer ging, um meinen Sohn abzuholen, bekam ich einen dicken Kloß im Hals, als ich in sein Gesicht sah. Erst jetzt begriff ich, wie sich Antons Mutter vor Jahren gefühlt haben musste, als man ihr seine Behinderung offenbarte.

Ich wusste jetzt, dass ich etwas anderes aus meinem Leben machen musste. Etwas, das viel anspruchsvoller ist, als nur auf einer Bank zu arbeiten. Ich fing an, mich nach Herausforderungen innerhalb der örtlichen Gemeinde umzusehen. Wie es das Schicksal so wollte, traf ich auf eine Freundin einer Freundin, die als Menschenrechtsanwältin für die zahllosen Menschen arbeitete, die fast täglich illegal per Boot in Hongkong ankamen. Sie erzählte mir viele traurige Geschichten vor allem von Kindern und Babys, die ohne ihre Eltern auf solch einer Bootreise nach Hongkong geschickt wurden auf der Suche nach einem besseren Leben. Direkt nach ihrer Ankunft werden sie als unbegleitete Minderjährige eingestuft und dann zur Adoption freigegeben, wenn kein Verwandter aus dem Camp einen Anspruch auf sie anmeldet. Die junge Anwältin erzählte mir, dass die Organisation in den Camps hoffnungslos sei und die meisten Kinder und jungen Menschen ein Leben der Hoffnung und des Wartens auf eine Familie fristen, die sie vielleicht adoptiert. Aber bis dieser Tag kommt, geht ein Tag in den nächsten über, ohne dass diese Kinder eine Schule besuchen oder auch nur eine Spielmöglichkeit haben. Am Ende einer unserer vielen Gespräche fragte sie mich, ob ich vielleicht ein bisschen Zeit für die Kinder im Camp hätte und mit einem kleinen Team von freiwilligen Spieltherapeuten zusammenarbeiten möchte.

Ich war sofort interessiert und fing an, nicht nur Bücher über Spieltherapie zu lesen, sondern ich sprach auch mit dem Personal in dem kleinen Kinderkrankenhaus. Anfangs ging ich nur an zwei Vormittagen pro Woche ins Camp, aber schon bald baute ich meine Besuche aus. Ich mochte es, mit dem Team der Therapeuten zu arbeiten, und liebte die Begeisterung in den Augen der Kinder, wenn wir meine Kisten mit Spielzeug und Kunstmaterial durchforsteten und damit eine Auswahl an Aktivitäten in dem sehr engen und schlecht möblierten Raum kreierten. Ich tat mein Bestes, um die Räume in freundlich aussehende Spielräume zu verwandeln, indem ich kleine Tische mitbrachte und die Wände kunterbunt anstrich.

Während einer meiner Pausen hörte ich zufällig einem Gespräch zweier Therapeuten zu, die sich über ein Kind unterhielten, das seit seiner Ankunft vor sechs Monaten nur sehr wenige Fortschritte machte und seine traumatisierenden Erlebnisse wie die Trennung von seinen Eltern und die schlimmen Nächte auf der See nicht verarbeiten konnte. Die meisten dieser vielen Boatpeople kamen auf Booten an, die kaum geeignet waren, solch eine lange Reise auf dem Meer zu überstehen. Viele ertranken bei dem Versuch, nach Hongkong zu segeln. Ich beteiligte mich an dem Gespräch und erfuhr, dass das Kind ein junger Kambodschaner mit Namen Piseth war, der ungefähr sechs oder sieben Jahre alt sein mochte. Sie erzählten mir, dass er nur in seiner eigenen Welt zu leben schien, keinerlei Interesse an Sachen hatte, die man ihm zum Spielen reichte, und jegliche Kommunikation mit dem Personal ablehnte. Selbstverständlich wurde ich neugierig und fragte, ob ich ihn mal sehen könnte. Die Therapeuten lachten laut auf und meinten, das wäre ja ganz prima, denn kein Mensch wollte mehr mit dem Jungen arbeiten, weil er jeden anspuckte und biss, der sich ihm auch nur näherte.

Als ich Piseth zum ersten Mal sah, trug er fürchterlich stinkende Kleider, die er vermutlich seit seiner Ankunft vor sechs Monaten trug und nicht gewechselt hatte. Er war unglaublich schmutzig, weil keiner in der Lage war, ihn zu baden. Er tolerierte nur dann sich ihm nähernde Menschen, wenn sie ihm Schalen mit gekochtem Reis und Fisch anboten. Seine Mahlzeiten nahm er in großer Eile zu sich, wobei er seine Hände als Besteck benutzte und mit dem Rücken in eine Ecke gedrängt stand, während er seine Umgebung versteckt hinter seinem fettigen Haar beobachtete. In dem Moment, in dem er mich sah, fing er an zu spucken und griff zu Papierteilchen und anderen Sachen, die auf dem Boden um ihn herumlagen, um alles nach mir zu werfen. Da seine Versuche, mich loszuwerden, nicht funktionierten, schaute er auf und ich blickte in die erstaunlichsten Augen. Sie waren fast schwarz und wunderschön mandelförmig geformt, aber mit einem extrem angstvollen Ausdruck.

Er hielt meinem Blick auch nur ein paar Sekunden stand, bevor er sich wieder zurückzog, sich selbst umarmte und in Sitzposition vor und zurück wiegte. Die Therapeuten glaubten, dass die Trennung, und was sonst noch auf der ereignisvollen Reise mit den anderen auf dem Boot passiert sein mag, möglicherweise einen psychologischen Effekt auf den Jungen hatte und unter Umständen nur professionelle und spezialisierte Therapie bei der Behandlung eines solch extremen Traumas helfen könnte.

Ich beschloss den Kinderarzt meines Sohnes um Rat zu fragen, und ob er sich bereit erklären würde, Piseth im Camp zu besuchen. Er war einer der beliebtesten Kinderärzte bei Expatriates und reichen chinesischen Eltern in Hongkong. Eine Woche später traten wir gemeinsam in seinem klimatisierten, leise schnurrenden Jaguar mit Chauffeur unsere Reise zum Camp an. Als er Piseth sah, warf er mir einen ernsten und besorgten Blick durch seine goldberahmte Brille zu. Er schimpfte auf die Eltern, die Piseth auf das Boot gebracht hatten, und meinte, dass sie es doch besser hätten wissen müssen. Er fragte mich, ob ich wüsste, dass der Name Piseth auf Kambodschanisch „besonders" bedeutet. Natürlich wusste ich das nicht. Er fuhr fort und meinte, Piseths Eltern spekulierten sicherlich darauf, dass er vielleicht hier die Pflege bekommen würde, die er wegen seiner Behinderung brauchte. Was sie allerdings nicht wussten, ist, dass das Camp am Rande einer der reichsten Städte der Welt liegt und nur sehr wenig für diejenigen tut, die das Land illegal betreten. Dann sagte er mir, dass Piseth Autismus habe und besondere Hilfe und Pflege bräuchte, damit er lernen könnte, in der Gesellschaft zu leben und eine gewisse Selbstständigkeit zu erlangen.

Der Begriff Autismus sprang mir ins Gesicht wie ein alter Geist, und ich versuchte Ähnlichkeiten zwischen meinem Kindheitsfreund Anton und Piseth zu finden. Aber da gab es nichts, was die beiden gemeinsam hatten. Piseths Autismus war sehr drastisch und ziemlich furchterregend anzuschauen. Er war überhaupt nicht an andere Leute gewöhnt und hatte auch keinerlei gesellschaftsfähige Kenntnisse. Er war wild und – wenn man einen Blick in seine Zukunft riskierte – es würde vermutlich gefährlich sein, ihn um sich zu haben.

Ich beschloss auf der Stelle, so viel wie möglich über Autismus zu lernen. Mit der Hilfe unseres Kinderarztes trug ich mich bei einer Klinik in Singapur ein, die auf Autismus-Spektrum-Störungen spezialisiert ist. Ich blieb zwei Wochen und lernte, so viel ich konnte, aber am Wichtigsten war die Tatsache, dass ich durch Beobachten der Therapeuten in der Klinik begriff, dass alles, was man lehren möchte, in sehr kleine Schritte untergliedert werden muss und diese immer und immer wieder wiederholt werden müssen.[16] Ich hatte damals noch keine Ahnung, dass meine Reise auf dem Pfad der Autismus-Interventionen gerade erst begonnen hatte.

Meine Reise mit Autismus

Piseth verbesserte sich nach Monaten der oftmals entmutigenden Arbeit einer Reihe von wirklich engagierten freiwilligen Helfern. Irgendwann ließ er sich von uns auch baden und seine Kleidung wechseln, und er setzte sich sogar an einen Tisch, um zu essen, und lernte dabei recht gut mit Stäbchen umzugehen. Mit der Hilfe von Freunden gelang es uns, Piseth vom Camp in ein Kinderzentrum zu verlegen, wo er weiterhin gut gedieh und eine ganze Reihe von lebenspraktischen Kenntnissen erlernte, die ihm zu mehr Selbstständigkeit im Alltag verhalfen. Er verbesserte auch seine kommunikativen Fähigkeiten mit Hilfe von einfachen Zeichen und Gesten und kann inzwischen eigene Entscheidungen für sich treffen. Unterdessen nahmen mich die Autismus-Materie und seine diversen Interventionsmöglichkeiten ganz in Anspruch. Ich las alles, was ich finden konnte und Bezug zum Thema hatte, und der Kinderarzt meines Sohnes war mir dabei ein gewillter und sehr geduldiger Lehrer.

Als wir nach dreizehn Jahren in Asien wieder zurück nach London zogen, schrieb ich mich in einen Expertenlehrgang für Autismus der Universität Birmingham ein, an dem damals allerdings nur wenige Studenten teilnahmen. Der Lehrgang gab mir eine Fülle von Informationen und ein intensives Grundlagenstudium. Während des Lehrgangs traf ich eine Frau, die Mutter eines dreijährigen Jungen mit Autismus ist. Sie versuchte ein Team von Therapeuten zusammenzustellen, das dabei helfen sollte, ihren Sohn nach einer Lehrmethode namens ABA zu unterrichten. Der Programmleiter leitete hierbei die anderen Therapeuten in der Anwendung der Methode an und kam dann sechsmal wöchentlich zur Nachsicht vorbei.

So wurde ich in ein frühkindliches ABA-Interventionsprogramm eingeführt. Ich machte mir jedoch große Sorgen, als ich den Teamleiter bei seiner Arbeit mit

---

[16]Siehe auch Kapitel 3.2 über Discrete Trial Teaching.

einem kleinen Jungen beobachtete, und hasste die Art, wie er dessen kleine Hände zwang, Objekte und Karten zu berühren oder Puzzleteile richtig zu legen. Jeder Fehler wurde mit dem Wort „NEIN" geahndet, bevor das Kind zur Korrektur des Fehlers körperlich gepromptet wurde. Es gab eine Menge Geschrei und Weinen, und wenn der Teamleiter seine Workshops hielt, bekam der kleine Junge schon einen Wutanfall, sobald er den Leiter nur durch die Tür kommen sah.[17]

Während der regulären Therapiestunden zeigte das Kind nie derartige Verhaltensweisen, und wir erreichten eine ganze Menge mit ihm. Aber das wurde nur anerkannt, wenn der Junge die gleichen Fähigkeiten während der Workshops des Teamleiters zeigte. Das war allerdings nie der Fall, und schließlich wurde beschlossen, das Programm nicht weiterzuführen. Es war sehr verrückt und auch sehr frustrierend. Ich hasste diese Workshoptage ungemein und hatte ein sehr schlechtes Gewissen, wenn ich diese sogenannten Profis dabei beobachtete, wie sie den kleinen Jungen unter dem Tisch hervorholten und zurück zum Arbeitsplatz zogen, um die vorgegebenen Aufgaben mit extremen körperlichen Prompts fertigzustellen. Obwohl der Junge Verstärker in Form seiner Lieblingsspielzeuge oder Naschzeug bekam, war es sehr traumatisch, dabei zuzuschauen, und ich fühlte mich bei dem ganzen ABA-Interventionsvorgehen sehr unwohl. Es schien so, als ob es dabei extrem wenig Fürsorglichkeit und Güte gab. Spaß und Vertrauen waren überhaupt nicht vorhanden.

Nach einem Jahr im Programm entschied ich mich, den ABA-Ansatz hinter mir zu lassen. Ich fing an, mich nach einem autismusspezifischen Verfahren umzusehen, um mein Wissen zu erweitern. Dieser Entschluss führte mich zum TEACCH-Konzept. Obwohl dieser Ansatz das Leben meiner Schüler zu verbessern schien, kam er mir trotzdem zu eingeschränkt vor, weil er meiner Meinung nach so eine Art „Blase" bildete. Meine Schüler waren nur dann funktionsfähig, wenn so eine „Blase" kreiert wurde, aber sie waren nicht in der Lage, ihr Erlerntes zu übertragen, wenn sie außerhalb der „Blase" waren und es keine neue „Blase" gab.

In der nächsten Schule, für die ich arbeitete, verfolgte man mehr eine Art von gemischten Konzepten, in denen Aspekte von ABA, TEACCH und ein mit sensorischen Aspekten erweiterter Lehrplan benutzt und dann auf die individuellen Bedürfnisse zugeschnitten wurden. Obwohl sich das recht gut anhörte, war die Erfolgsquote bei der Arbeit an den Unterrichtszielen eingeschränkt. Ich hatte den Eindruck, dass man noch mehr tun könnte, und meine Unzufriedenheit mit dem ganzen System wuchs.

Sechs Jahre nach meiner ersten Begegnung mit ABA erfuhr ich, dass diese Interventionsmethode verbessert worden war und sich zu einem kindzentrierten Verfahren entwickelt hatte. Ich war neugierig, aber gleichzeitig auch ziemlich misstrauisch und noch verfolgt von dem, was ich während der vielen Workshops bei einem der führenden ABA-Anbieter Großbritanniens gesehen hatte. Ich erfuhr, dass

---

[17]Das ist ein CMO-R (siehe Kapitel 2.2.9).

Eltern die Wahl zwischen einem ABA-Programmanbieter oder einem unabhängigen BCBA-Berater hatten. Es hörte sich vielversprechend an, und ich entschloss mich, bei dem Workshop eines unabhängigen BCBA-Beraters zuzuschauen. Der Unterschied war beachtlich: Das Kind blieb ruhig und glücklich während der ganzen Unterrichtseinheit und genoss sowohl seine Aufgaben als auch die angebotenen Verstärker. Die Güte und der Spaß während dieser Therapiesitzung waren für mich der Hauptgrund, zu dieser Interventionsform zurückzukehren, diesmal allerdings unter der Anleitung eines unabhängigen BCBA-Beraters.

Ein Mädchen lernt sprechen

Ich wurde mit der Familie eines dreijährigen Mädchens bekannt gemacht. Neben Autismus hatte das Mädchen auch die Diagnose selektiver Mutismus. Deshalb wurde ein großer Schwerpunkt darin gesetzt, einige Laute bei ihr herbeizuführen. Der Berater war nämlich davon überzeugt, dass sie in der Lage war, Worte im Sinnzusammenhang zu sprechen. Es wurde eine Liste mit ihren Lieblingsspielzeugen und Lieblingsessen erstellt, die uns dabei helfen sollte, ihr den ersten Laut zu entlocken. Ich kann mich noch ganz genau an ihren allerersten Laut erinnern. Sie hatte ein besonders schwieriges Puzzle vollendet, und ich bot ihr ein kleines bisschen ihrer Lieblingshimbeermarmelade an. Dann drehte ich mich um und tat so, als ob ich etwas in mein Protokoll schreiben würde. Am Anfang wartete sie darauf, ob ich ihr mehr anbieten würde. Da dies aber nicht der Fall war, bewegte sie sich unruhig hin und her, um meine Aufmerksamkeit zu erregen. Aber das half ihr nichts. Dann entschloss sie sich, meinen Arm anzutippen, damit ich sie anschaue. Als ich auf all ihre Anstrengungen nicht reagierte, machte sie plötzlich einen winzigen b-k Laut. Ich war total begeistert! Ich drehte mich sofort herum und hob sie hoch in die Luft und sagte ihr, was für ein tolles Mädchen sie sei, und dann gab ich ihr einen großen Löffel ihrer Lieblingsmarmelade. Seit diesem Tag bekamen wir immer mehr Laute aus ihr heraus, und nach einer Weile sprach sie sogar einfache Wörter mit drei Buchstaben. Mit der Zeit wuchs ihr Selbstvertrauen beim Benutzen und Experimentieren mit Worten und am Ende des dritten Jahres der ABA-Intervention sprach sie völlig der Norm eines gleichaltrigen Kindes entsprechend und war in der Lage, eine normale Schulklasse zu besuchen. Ihre Diagnose änderte sich von niedrig- zu hochfunktionalem Autismus.

Heute ist sie vierzehn und ein recht lebhafter Teenager, der einen großen Freundeskreis hat, gerne Pferde reitet, nach der Schule in die Schultheatergruppe geht und akademisch über der Norm liegt. Natürlich ist sie immer noch ein Kind mit Autismus, aber sie meistert ihr Leben in der normalen Welt sehr gut. Nur wenn sie im entspannten und sicheren Umfeld ihres eigenen Hauses ist, zeigt sie manchmal einige autistische Verhaltensweisen wie Handwedeln oder an einer Lieblingsschnur zwirbeln. Aber solche kleinen Eigenschaften werden meistens nur als ein bisschen

„eigenartig" von der Außenwelt angesehen und sind gesellschaftlich nicht so verpönt wie viele andere autistische Verhaltensweisen.

Ich arbeitete noch weitere neun Jahre als unabhängige ABA-Therapeutin und durchlebte während dieser Zeit viele glückliche aber auch einige sehr ausweglose Momente mit betroffenen Kindern und ihren Eltern. Es ist immer schwierig, wenn ein Kind nicht die von den Eltern erwarteten Fortschritte erzielt. Und es ist auch nur allzu verständlich, dass sich alle Eltern eine vollständige Genesung vom Autismus wünschen. Leider ist die komplette Umkehrung einer Autismusdiagnose nur ganz selten möglich. Man muss daher lernen, für jeden noch so kleinen Fortschritt dankbar zu sein, der das Leben eines Kindes besser macht.

Das andere Ende des Spektrums

Die meisten der kleinen Kinder, mit denen ich zusammenarbeitete, hatten eine Diagnose, die von moderatem bis hin zu hochfunktionalem Autismus reichte. Manche hatten am Anfang eine schwere Diagnose. Diese traf aber später oft nicht mehr zu, denn sobald das Kind die individuell richtig angepasste ABA-Intervention erhielt, sprach es darauf gut an und entwickelte sich prächtig.

Ich begann mich zu fragen, was mit all den autistischen Kindern passiert, die keinen Zugang zu einer frühen Intervention haben, geschweige denn zu ABA. Wo waren all diejenigen, die durch die Maschen gefallen waren? Während meiner Reise traf ich auf viele Fachleute, und ich hab es besonders genossen, mit einer Lehrerin namens Lynn zusammenzuarbeiten. Lynn war meine Vorgesetzte in einer der Einrichtungen, für die ich arbeitete, und sie bot mir ihren großen Erfahrungsschatz und ihr Wissen an. Wenn man in einer Sonderschule arbeitet, erwartet einen ein Riesenberg an Papierkram für jeden einzelnen Schüler. Wenn ich so auf die Haufen an Akten für meine Schüler blickte, fühlte ich mich oft entmutigt und wusste einfach nicht, wo ich anfangen sollte. Lynn hatte eine Engelsgeduld, als sie mir beibrachte, alles richtig zu dokumentieren. Sie lehrte mich auch, wie man jährliche individuelle Bewertungen für jeden Schüler schreibt, was sehr wichtig für jedes Kind ist, um sicherzustellen, dass weitere Mittel für die Sondereinrichtung bewilligt werden. Durch Lynn lernte ich ruhig und besonnen zu bleiben, wenn ich mit örtlichen Erziehungsbehörden und anderen einschlägigen Fachleuten verhandeln musste. Diese versuchten nämlich alles, um zu beweisen, dass ein bestimmter Schüler nicht mehr die intensive Pflege und Förderung einer Sonderschule benötigte.

Als ich nach einer Einrichtung suchte, die Schüler aufnimmt, die am unteren Ende des Autismus-Spektrums stehen, stellte ich fest, dass Lynn die Schuldirektorin einer solchen Einrichtung geworden war. Als ich ihre Schule zum ersten Mal besuchte, war ich fasziniert von der Schönheit der Einrichtung. Das Schulgebäude, ein wunderschönes altes viktorianisches Herrenhaus, gibt einem spontan das Gefühl eines privilegierten Hauses anstatt das einer Schule. Und als solches ist es ein

Heim für eine Handvoll von Kindern mit Autismus, die wegen ihres besonderen Unterstützungsbedarfs nicht mehr länger zu Hause leben können. Das Schulgelände erstreckt sich über mehrere Morgen Land, die sehr gepflegt sind, und man kann nicht anders, als inneren Frieden empfinden. Neben den wunderschön angelegten Gärten haben die Kinder auch Zugang zu einem kleinen Stall. Ich fühlte mich gleich mit all den Tieren verbunden, die einen Teil der Therapie ausmachen.

Besonders die beiden Ponys Bonbon und Flash und die beiden Esel Connor und Jack zeigen während der Tiertherapie und der Tierpflege eine Engelsgeduld. Die Sanftmut der Tiere scheint auf einen speziellen sechsten Sinn hinzuweisen, denn während dieser Zeit bringt sie absolut nichts aus der Ruhe. Sogar das Wollschaf steht völlig ruhig da, wenn ein Kind die sensorische Erfahrung genießt, seine Hände durch das Vlies zu streifen und die Finger in die dicken rauen Locken zu stecken. Doch keine Tiertherapie wäre komplett ohne Hunde: Die beiden Golden Retriever Polly und Rosie tun ihr Bestes, um jeden zufriedenzustellen, der zufriedengestellt werden will, sogar wenn es sich um das Personal handelt. Rosie, die ältere und erfahrenere Hündin, ist meine zutrauliche und hilfreiche Begleiterin, besonders wenn ich mit einem Kind arbeite, das das Leben als besonders schwierig empfindet.

Neben der Tiertherapie und den Erfahrungen in der Natur sind die Interventionen auf die individuellen Bedürfnisse der Kinder zugeschnitten, wobei der Schwerpunkt darin liegt, mit individuellen Förderstrategien lebenspraktische Fähigkeiten zu erlernen. Die Schule ist gut auf den ABA-Ansatz ausgerichtet. Sie konnte eine hochgeschätzte Kapazität in diesem Bereich gewinnen, die als Trainer und Dozent für das gesamte Personal tätig ist. Die Kinder, die in dieser Schule leben und lernen, haben die schlimmste Form des Autismus und viele fügen sich selbst Verletzungen zu, zeigen Aggressionen und extrem störende Verhaltensweisen. Ich wusste sofort, dass die Arbeit mit diesen Kindern eine täglich neue aufregende Herausforderung bedeutet. Diese Art von Autismus, die ihr Leben fest im Griff hält, ist nicht mehr ein Fall der üblichen herausfordernden autistischen Verhaltensweisen. Sie ist mehr vergleichbar mit den Verhaltensmustern, die ich vor vielen Jahren bei Piseth erlebt hatte.

Ich treffe Melody

Die Schule ist sehr aktiv, die Kenntnisse der Mitarbeiter auf dem neuesten Stand zu halten. Sie bietet viele Fachworkshops an und achtet darauf, das Lernen für die Kinder ständig zu verbessern und zu erweitern. Aber es sind vor allem die Erfahrungen und die Gelassenheit der dienstälteren Kollegen, die für einen reibungslosen Lehrplan sorgen. Vor allem Lynn findet sofort Zeit zum Zuhören, wenn Mitarbeiter etwas für ein Kind vorschlagen, um ein bestimmtes Lehrziel zu erreichen. Es ist genau diese Flexibilität, die das Arbeiten an dieser Schule so einzigartig macht, und auch die Freiheit, die man als Lehrer hat, um mit den Kindern in einer Art und Weise zu arbeiten, die ihre Unabhängigkeit und Sprachkenntnisse fördert.

Jedes Kind, das in dieser Schule ankommt, hat seine eigene oft sehr traurige Geschichte; eine Geschichte, die beschreibt, wie ein junges Leben manchmal viele Jahre lang einfach durch das System gestoßen wird. Es sind Kinder, die von der Gesellschaft ausgeschlossen und weggeworfen wurden, weil es nicht genug Verständnis für Autismus gibt. Und das hat im Gegenzug das Verhalten der Kinder so weit verschlechtert, dass schwere Aggressionen die einzige Form der Kommunikation sind, die sie zeigen können, um sich sicher zu fühlen.

Melody, ein hübscher, junger Teenager mit dickem, gelocktem Haar hat solch eine Geschichte. Melody war groß und schlank mit haselnussbraunen Augen. Obwohl sie sich gut in der Schule eingelebt hatte, ließ sie keinen Menschen ihr Haar anfassen. Mir wurde klar, dass sie ihr dickes Haar benutzte, um sich dahinter zu verstecken, denn sie lief immer mit den Schultern nach vorne gebeugt herum, bis ihr Haar fast ihr ganzes Gesicht verdeckte. Das machte eine Verständigung mit ihr natürlich besonders schwierig, und ihre bevorzugte Haltung ließ schon erste zarte Ansätze eines Buckels erkennen.

Ich begann nach einem Weg zu suchen, damit Melody es toleriert, wenn ich ihre Haare berühre. Ich wusste, man konnte sie mit Essen und Keksen gut motivieren. So begann ich mit meinem Versuch, ihren sehr langen Pony zu bürsten. Der erste Schritt war für Melody, eine Bürste in ihrer Nähe zuzulassen, und dass ich diese manchmal nahe an ihren Kopf heranführen und ein- oder zweimal kurz über ihren Pony bürsten durfte. Sobald sie einen Strich zuließ, lobte ich sie und bot ihr ein kleines Stückchen Keks an. Natürlich wollte sie mehr als nur so einen kleinen Krümel Keks haben, und sie merkte bald, dass sie, wenn sie mich ihr Haar etwas länger bürsten ließ, dann auch größere Stücke Keks bekam.[18]

Es dauerte zwei Wochen, bis Melody mich ihr ganzes Haar kämmen ließ. Nachdem wir das geschafft hatten, beschloss ich, einen kleinen Zopf an der Seite ihres Ponys zu flechten. Sie war überhaupt nicht glücklich über mein Eindringen, aber sie ließ es zu, um einen Keks zu bekommen. Aber sobald sie den Keks gegessen hatte, trennte sie den Zopf sofort wieder auf. Das war etwas frustrierend, und ich beschloss, einen Kurzzeitwecker einzusetzen, bevor ich ihr den Keks anbot. Melody wartete geduldig eine Minute, bis der Wecker klingelte. Ganz langsam verlängerte ich die Zeitdauer und baute einfache und von ihr bevorzugte Aufgaben am Tisch ein, während wir darauf warteten, bis der Wecker klingelte. Nach ein paar Monaten akzeptierte Melody den Zopf und ließ ihn an den meisten Tagen bis zur Mittagszeit geflochten. Der Zopf war in der Zwischenzeit nicht nur dicker, weil ich eine ganze Menge Haar an der Seite dazu benutzte, sondern auch länger, weil an seinem Ende jetzt auch ein elastisches Band war.

Wenn ich nicht im Schulgebäude war, assoziierte Melody meine Abwesenheit damit, dass sie dann auch keinen Zopf zulassen musste und sie sich erneut hinter

---

[18]Siehe auch Kapitel 3.6 über Formung (Shaping) und differenzierte Verstärkung (differential reinforcement).

ihrem Haar verstecken konnte. Einige Pfleger übernahmen das Zopfflechten, wenn ich nach Feierabend nach Hause ging, und boten ihr einen Verstärker von ihrer Wunschliste an. Das war erfolgreich und nach ein paar Tagen ließ Melody schon eine ganze Reihe von Mitarbeitern ihr Haar flechten. Und endlich kam auch der Tag, an dem der kleine Zopf den ganzen Tag lang intakt blieb. Natürlich habe ich sie sehr für ihre Mühe gelobt und begann nun, das Haar auf beiden Seiten zu flechten. Während ich das machte, bat ich Melody in den Spiegel zu schauen, und ich sagte ihr, wie schön sie doch mit ihren Zöpfen aussehe.

Bald begann Melody Haarpflege wirklich zu lieben, und wenn sie mal in die Stadt musste, war es ein Hochgenuss für sie, ihre eigenen Haargummis und bunten Haarsträhnchen auszusuchen. Sie war ein richtiger Teenager geworden und liebte es, ihre eigenen Haarprodukte auszuwählen und ihr Haar in allen möglichen Frisuren zu stylen. Als ihre Mutter an einem Wochenende zu Besuch kam, konnte sie kaum fassen, dass ihre Tochter das Haar in französischen Zöpfen trug.

Resümee

Ich habe eine Anzahl von Lieblingsschülern in der Schule, und immer wenn wir etwas Unmögliches mit ihnen erreichen, indem wir selbst die kleinsten Schritte noch weiter zerlegen und endlos oft wiederholen, bevor wir die Lernziele auf andere Mitarbeiter und verschiedene Orte generalisieren, dann bin ich überaus glücklich, dass Autismus bekämpft werden kann und dass Menschen mit einer solch einschränkenden Behinderung – selbst wenn sie am unteren Ende des Spektrums sind – nicht auf ein Leben ohne Selbstbestimmung und Freude beschränkt sind.

Das Einzige, was mich traurig macht, ist die Tatsache, dass ich so viele wertvolle Jahre vergeudet habe und nicht schon viel früher etwas über Autismus und seine Behandlungsmöglichkeiten gelernt habe, und dass ich vom Thema abgewichen bin und so sehr von einer Welt fasziniert war, die als Gegenleistung nur materialistische Dinge zu bieten hat. Hätte ich damals, als ich Anton traf, mein ursprüngliches Interesse an Behinderungen und Autismus ernster genommen, ich hätte mich vermutlich schon viel früher dazu entschieden, meine Autismusreise anzutreten. Ich bin trotzdem sehr dankbar, dass ich Piseth getroffen habe und die vielen Fachleute, die mich freiwillig viele Stunden lang unterrichteten und damit eine gute Grundlage für mein Wissen über Autismus legten.

Anton ist und bleibt ein wichtiger Teil meines Lebens, und ich fühle, ich verdanke ihm und Piseth all die Erfolge, die ich mit meinen Schülern erreichen konnte.

Aktualisierung für die zweite Auflage

Melody verließ im Sommer 2009 die Schule und nahm ihren festen Platz in einem schönen Erwachsenenheim auf der Isle of Wight ein, wo sie auch aufgewachsen war. Ihre Familie ist diesbezüglich sehr glücklich, da sie ihre Tochter nun in unmittelbarer Nähe hat. Dort kann Melody durch Aktivitäten und diverse Lernprogramme ihre Selbstständigkeit noch erweitern.

In jenem Sommer wurde ich auf einen Schüler aufmerksam, der der Schulleitung schon seit Monaten starke Kopfschmerzen bereitete. Er heißt James[19], aber alle nannten in nur bei seinem Spitznamen JJ (in englischer Aussprache: [dʒeɪ] [dʒeɪ]). Da JJ in einem anderen Zweig wohnte, kannte ich ihn kaum persönlich. Man sah ihn niemals außerhalb seines Wohnbereiches, weil es wegen seines aggressiven Verhaltens kaum Pfleger gab, die sich ihm gewachsen fühlten.

JJ war damals fünfzehn Jahre alt. Er kam mit elf Jahren an die Schule und sein Verhalten verschlechterte sich zusehends im Teenageralter. Innerhalb von nur vier Monaten verlor die Schule achtzig Pfleger, die durch die Zusammenarbeit von JJ verletzt wurden und somit nicht nur das Interesse an JJ verloren, sondern auch an Autismus. Die Schulleitung war am Ende ihrer Weisheit angelangt und dachte allen Ernstes, ihn für extrem geisteskrank erklären zu lassen und in eine psychiatrische Klinik einzuliefern. Die Mutter von JJ, Kate, war völlig verzweifelt, da es auch ihr selbst sowie ihrer Tochter unmöglich geworden war, sich JJ zu nähern.

Es gab täglich immer mehr Angestellte, die sich strikt weigerten, mit JJ zu arbeiten oder auch nur im selben Trakt zu sein. JJ verbrachte seine Zeit damit, nackt zu sein und sich ununterbrochen von Kopf bis Fuß mit Exkrementen zu beschmieren. Er wusste, dass er hiermit aus seinem Zimmer herauskonnte, um gewaschen zu werden. Jene kurzen „Waschtrips" nutzte er, um in die Zimmer anderer Schüler zu gelangen und diese völlig zu zerstören und mit Exkrementen zu beschmieren. Wurde er vom Pflegepersonal daran gehindert, explodierte JJ vollends und schlug mit den Fäusten auf das Personal ein und biss, trat, riss deren Haare aus, eben so lange, bis sich bis zu zehn zusätzliche Pfleger ansammelten, die JJ dann gemeinsam aus dem Raum trugen und zurück in sein Zimmer brachten. JJ schaffte es sogar, Löcher in die Wände zu schlagen und die Rohre herauszureißen. Der gesamte Sachschaden betrug rund 30.000 Pfund.

Mein Interesse an JJ wuchs mit jedem Tag, obwohl mir dabei äußerst mulmig zumute war. Denn bei einer Größe von 1,63 m und einem Gewicht von 52 kg war ich kaum in der physischen Lage, einen Angriff von JJ abzuwehren. Hinzu kam die Überlegung, dass ich meine Unit mit meinen Schülern gerade mal gut zum Laufen gebracht hatte. Alle waren friedlich und lernten und erweiterten ihre Selbstständigkeit und Kommunikationsfähigkeiten. Es war somit möglich, einige in eine Art Ferialpraxis bei der lokalen Gärtnerei und bei einem kleinen Bauernhof in der Nähe weiter zu fördern und in die allgemeine Lebensgemeinschaft einzugliedern. Ich ärgerte mich über mich selbst, daran zu denken, all das Erarbeitete aufzugeben, um mich einem Jungen zu stellen, der wohl bei der ersten Gelegenheit Kleinholz aus mir machen würde. Zudem fragte ich mich, wie ich die ganze Angelegenheit wohl schaffen könnte, da es nur wenige Angestellte gab, die die Unit freiwillig

---

[19]Der Name ist geändert.

betraten, in der JJ wohnte. Alleine fühlte ich mich dieser Herausforderung beim besten Willen nicht gewachsen.

Somit kam mir der Gedanke, Andreas, meinen einzigen „German speaking Buddy" an der Schule, diesbezüglich anzusprechen. Andreas ist ein typischer Germane, hochgewachsen, sportlich mit freundlichen Augen, stets zum Scherzen aufgelegt und mit deutschen Leckereien gefüllte Taschen. Andreas war obendrein ein ruhiger, ausgeglichener Typ, der gut mit allen Kindern arbeiten konnte. Auch er wusste, welche Herausforderung dies für ihn bedeuten würde, besonders als ich ihm erklärte, dass ich JJ vom „Schmieren" abbringen und ihn dazu bringen wollte, wirklich zu arbeiten und auch Kommunikation mittels PECS und Makaton zu erlernen. Nach ein paar Tagen Bedenkzeit meinte Andreas: „Na jut, versuchen wir's."

Somit hatte ich meinen ersten Mitarbeiter für JJ. Es wurde mir außerdem bewilligt, JJ in ein eigenes Apartment umzusiedeln, fern von Lärm und jeglicher Ablenkung. Nach Andreas meldeten sich noch vier andere Männer, die mit JJ arbeiten wollten. Somit nannte man uns alle „Team JJ". Wir waren von Anfang an ein sehr gut eingespieltes Team und hatten ein gemeinsames Ziel: JJ wieder in die Gemeinschaft anderer einzugliedern.

Die ersten achtzehn Monate waren sehr schwierig, da JJ sich heftigst gegen alles wehrte. Anfangs hatte er eine Konzentrationsspanne von nur wenigen Sekunden, bevor er sich in eine Ecke setzte und zu schmieren begann. JJ war so viele Jahre ohne Stimulation, dass er sich ganz einfach mit nichts beschäftigen konnte, außer mit Zeitungen, die er für kurze Zeit durchblätterte und dann zerriss. Besonders liebte er Reisemagazine, und damit hatten wir einen ersten starken Reinforcer, dem sich alsbald auch noch ein Glas Cola anschloss. Diese beiden Dinge bedeuteten die Welt für JJ.

Uns war es jedoch wichtig, ihm Dinge beizubringen, die seine Selbstständigkeit erweiterten und somit sein Leben bereicherten. JJ in sein Wohn- und Lernzimmer einzuladen, war anfangs immer eine sehr angespannte Angelegenheit, da er diese Gelegenheit meist ausnutzte, um uns einzeln anzugreifen, was oftmals Spuren an uns hinterließ. Ich bekam einmal ein total schönes Auge, so richtig dick geschwollen mit allen Farben des Regenbogens über eine Zeitspanne von sechs Wochen. Das Erlernen der PECS-Kommunikation war sehr langwierig, da JJ oftmals die Bilder zerstörte und wir uns immer wieder neue Materialien besorgen und diese obendrein bis zu dreimal laminieren mussten, damit er sie nicht sofort zerstören konnte.

JJ wollte nicht lernen, mittels PECS oder Makaton zu kommunizieren, da er auch ohne richtige Kommunikation Dinge erhalten konnte, die für ihn wichtig waren, wie z. B. seine Magazine und seine Cola, sobald er sich selbst schlug, biss oder mit dem Kopf gegen die Wand rannte. Trotzdem hörte er auf das Kommando „Setz dich!" selbst dann, wenn er wirklich sehr zornig war. Somit war dies das erste Verhalten, das reinforct wurde, was JJ auch wirklich gefiel. Und sobald er einen von uns sah, setzte er sich. Dieses freiwillige „Hinsetzen" nutzten wir weiter aus für physische Imitationsübungen, die JJ zwar ziemlich langweilig fand, aber trotzdem mitmachte.

JJ mochte es auch gerne, wenn man ihm den Rücken kräftig massierte. Damit hatten wir einen neuen Interessenbereich. Weitere wurden langsam durch PECS angenommen und mit Magazinen und Cola verstärkt. Der Weg zur Kommunikation war hiermit geöffnet. In den darauffolgenden Monaten bemerkten wir, dass JJ weniger oft schmierte und sich alleine zu langweilen begann. Er wollte mit uns arbeiten! Seine Konzentration hatte sich erweitert und er fing an, Spaß an seinen Übungen zu haben. Seine Aggression war zwar noch oftmals ein Hindernis im täglichen Lernprogramm, jedoch lernte JJ sehr schnell, dass Aggression das Ende des „Team-Kontaktes" bedeutete und er Auszeit (Time-out) in seinem Schlafzimmer in Kauf nehmen musste, was ihm weniger gefiel. Hierbei erlernte er das Makatonzeichen für „Ende" (Ende der Aggression).

Dem folgten die Zeichen für Essen, Trinken, Toilette und Musik. JJ liebte Gitarrenmusik, mit der ich seine Lieblingslieder eher kläglich begleitete, worüber JJ aber völlig begeistert war. Im Laufe der Zeit lernte er, nach vielen Dingen zu fragen. Puzzle, Lego und Staubsauger hatte er besonders gern. Letztendlich verwendete JJ mehrere Hundert PECS-Bilder, um alles Mögliche zu bekommen. Er baute regelrechte Sätze mit PECS-Bildern auf einem laminierten Streifen mit Klebeband. Hierbei verwendete er zusätzlich auch geschriebene Phrasen, wie z. B. „I want".

Die Zeit verstrich wie im Fluge und wir waren wie eine kleine Familie in jenem kleinen Apartment weitab vom Schullärm. Keiner kümmerte sich um uns oder JJ; wir hatten innerhalb der Schule unsere eigene kleine Welt gegründet. Es interessierte kaum jemanden, was wir dort genau machten, sofern wir keine Hilfe benötigten.

JJs Mutter verspürte langsam wieder Hoffnung, besonders als wir sie einluden, ihn zu besuchen. Ihr erster Besuch nach fast zwei Jahren rührte uns alle sehr, da JJ ihr keinerlei Aggressionen entgegenbrachte. Von Beginn an hatten wir ein Familiensozialgeschichtenbuch (Kate mailte mir wöchentlich neue Fotos von Familienaktivitäten oder Hausarbeiten), aus dem wir JJ besonders abends vorlasen. Er begann, sich für dieses Buch sehr zu interessieren. Ich ergänzte es auch mit Fotos von JJ und seinen täglichen Aktivitäten. Der Besuch wurde auf zehn Minuten angesetzt und war sehr erfolgreich. Hinterher erzählte ich Kate immer alle Details von JJs Tagesablauf. Es entwickelte sich eine sehr enge Beziehung zwischen Kate und JJs Team. Wir riefen sie wöchentlich an und jeder von uns übermittelte ihr die kleinen und großen Erfolge von JJ.

Eine Hürde um die andere wurde langsam, aber stetig überwunden. JJ kommunizierte am Ende des zweiten Jahres sehr gut mittels PECS und mischte zwischendurch auch oftmals Makatonzeichen und einzelne gesprochene Wörter ein. Obwohl JJ fünfzehn Jahre lang keinen Ton von sich gegeben hatte, erlernte er durch Phonetic Sound Imitation und Shaping einige Wörter, die er für gewisse Gegenstände oder spezielle Wünsche verwendete. Da die Schule auch Tiere hatte (Hunde, Ponys, Schafe, Esel und Schweine), machten wir mit JJ auch gewisse Arbeiten, wie zum Beispiel Heunetze an die Pferde und Esel zu verfüttern, einen der Hunde auf unseren Spaziergängen mitzunehmen oder mit Essensresten die Schweine zu füttern. Die Schweinefütterungen gefielen JJ am besten. Er suchte oftmals nach dem PECS-Bild für Schweine und kommunizierte wie folgt: Makaton: JJ möchte Schweine, dann das Zeichen für „gehen" und das PECS-Bild für Schweinefutter. Wenn er spazieren gehen wollte, verwendete JJ das Makatonzeichen für „gehen", sprach „out" und übergab uns das PECS-Bild, das z. B. den Feldwanderweg zeigte (er hatte mehrere Fotos für Spazieroptionen zur Auswahl).

Als JJ seinen siebzehnten Geburtstag im Kreise seines Teams und seiner Familie feierte, wurde uns allen schmerzlich bewusst, dass es bald Zeit wurde, für JJ eine Erwachsenenlösung zu finden. Da JJ ursprünglich aus einer anderen Grafschaft kam, begann ein sehr langer und anstrengender Kampf mit seiner lokalen Sozialbehörde, welche ihn nach seinem neunzehnten Geburtstag wieder heimholen wollte. Es wurde ein sehr mühsamer Weg, die Behörde davon zu überzeugen, dass in jener Grafschaft eine Unterbringung nicht im Sinne von JJ sei. Es wurden uns Einfamilienhäuser mit Pflegern angeboten, die nichts anderes als Gefängnisse darstellten, da sie oftmals sehr abgelegen waren und man weit und breit nichts und niemanden sah.

JJ hatte jedoch gelernt, mit Unterstützung seines Teams einkaufen zu gehen, Bus und Zug zu fahren, im lokalen Café Eis zu essen und nach seinem achtzehnten Geburtstag im Pub zu essen und dort seine Cola zu trinken. JJ lernte auch, normale Kleidung zu tolerieren inklusive Unterwäsche, Socken und Turnschuhe. Anfangs war er völlig nackt. Als ersten Schritt tolerierte er eine graue Trainingshose, übergroße T-Shirts und viel zu weite Gummistiefel.

Nach einem einjährigen heftigen Kampf mit den Behörden erlaubte man JJ, in ein Einfamilienhaus mit drei weiteren jungen Männern zu ziehen, gemeinsam mit Betreuern, die rund um die Uhr für ihn arbeiten. Zusätzlich liegt sein neues Zuhause in Nähe des Meeres, das er besonders liebt. Es wurde uns als Team auch zugesagt, JJ in seinem ersten Monat bei der Eingewöhnung zu unterstützen und seinem neuen Team JJs Lebensgewohnheiten zu erläutern. Das war ein Erfolg, der sich vorher noch nie zugetragen hatte und auch hinterher niemals mehr erzielt wurde. Die meisten Schüler wurden einfach abgeholt und umgesiedelt, nachdem man kurz in den Wochen zuvor gewisse Eigenheiten erklärt hatte.

Als der Tag kam, an dem wir uns endgültig von JJ verabschieden mussten, war uns allen sehr schwer ums Herz. Trotzdem waren wir alle sehr glücklich, da wir es doch geschafft hatten, diesem jungen Mann eine glückliche Zukunft zu geben. Eine sehr glückliche Zeit ging damit auch für uns als JJs Team zu Ende. Wir wussten damals nicht, dass sich vieles im Laufe der kommenden zwei Jahre gravierend ändern würde.

Das Apartment wurde aufgelöst und mein so erfolgreiches Team wurde aufgesplittet und in andere Units untergebracht. Drei Jahre lang waren wir innerhalb der Schule beinahe unsichtbar, da sich niemand in die Nähe des Apartments wagte, auch dann nicht, als JJ längst kaum mehr Aggressionen zeigte.

Andreas war der Erste, der die Schule verließ, da es ihm nicht möglich war, seine neuen Kollegen zu motivieren, intensiv mit den Schülern zu arbeiten. Heute ist Andreas als Deutschlehrer an einer Abendschule tätig. Er konnte die Motivation, die JJs Team so leichtfüßig an den Tag legte, nirgendwo finden und gab es daher auf, an Spezialschulen für Autisten zu unterrichten.

Mir wurde die Verantwortung für eine neue Unit übertragen und ich schloss die Kinder dort sehr schnell in mein Herz. Auch ein anderer Trainer von JJs Team wurde in diese Unit versetzt. Mit unseren neuen Kollegen hatten wir das Glück, ein Jahr lang mit unseren neuen Schülern sehr intensiv arbeiten zu können. Es blieb mein letztes erfolgreiches Jahr an der Schule.

Während der Zeit mit JJ waren wir sehr vom täglichen Rhythmus an der Schule abgeschnitten gewesen. Es fiel uns zwar auf, dass viele neue Angestellte oftmals sehr schnell die Schule wieder verließen, und wir hörten auch gewisse Unzufriedenheiten, aber da wir sehr mit JJ beschäftigt waren, fühlten wir uns nicht weiter betroffen.

In der neuen Unit änderte sich das jedoch sehr schnell. Wir bemerkten, wie unmotiviert und teilweise desinteressiert viele der Angestellten waren. Zudem hatten die wenigsten auch nur annähernd eine angemessene Ausbildung. Viele waren gewöhnliche Pfleger mit „null Bock", mit den Kindern auch nur irgendwelche Programme durchzunehmen. Wann auch immer ich einen „Null-Bock-Typen" in meiner Unit zugewiesen bekam, „arbeiteten" wir alle sehr daran, dass sich jener Typ alsbald wieder verzog.

Das Management der Schule war müde, alt und faul geworden. An der Spitze teilten sich drei Frauen die Leitung. Die Schule war auch ein Internat und dieser Teil oblag einer der Frauen. Ich will sie hier Jill nennen. Jill, Head of Care, hatte ihr eigenes Internatsteam für die Pflegebetreuung der Schüler. Die Schuldirektorin Linda und ihre Assistentin Karin waren für den Lehr- und Therapieplan sowie die Ausgestaltung des individuellen Unterrichts verantwortlich und sprachen sich diesbezüglich mit den verschiedenen Unitlehrern ab.

Im Grunde genommen lag das letzte Wort bei der Schuldirektorin, jedoch wurde diese stets von Jill angegriffen. Jill wollte den Schulzweig nicht ausbauen, sondern eher kontrollieren. Somit gelang es ihr, dass der Pflegezweig immer mehr ausgebaut wurde, das Schulteam immer kleiner wurde und man kaum Angestellte fand, um den Schultag lehrreich zu gestalten.

Viele sehr gute und hochmotivierte Angestellte verließen die Schule. Über drei Jahre hinweg verlor die Schule jährlich mehr als 80 % seiner Angestellten und erholte sich auch nicht durch Neuaufnahmen. Oftmals waren wir nur zu zweit in der Unit. Diese Art von „Hot-housing" war für die Kinder schrecklich, da man ja rein gar nichts unternehmen konnte. Ich sprach beinahe täglich mit meiner Direktorin und versuchte, ihr die Lage in den Units und die Qualität des Lernens der einzelnen Kinder nahezubringen. Sie verstand mich wohl, jedoch war sie Jill gegenüber machtlos. Viele meiner Lehrerkollegen interessierte dies kaum, sie waren mit ihrem Papierkram beschäftigt und kaum in ihren Units tätig, da sie den Stress dort durch den geringen Personalschlüssel nicht wahrnehmen wollten.

In mir begann eine richtige Wutwoge aufzuwallen, denn die armen Eltern wussten von all dem nichts. Während eines Lehrermeetings stellte ich einen Kollegen zur Rede, da er in seiner Unit sechs statt vier Kinder hatte, die nur durch zwei Agenturpfleger betreut wurden. Zwei der Kinder litten obendrein unter Epilepsie. Ich fand die ganze Angelegenheit verantwortungslos und obendrein extrem gefährlich. Als ich ihn fragte, ob er dies den Eltern der Kinder mitgeteilt habe und ebenso den Eltern der Neulinge die Situation dargelegt habe, meinte er leicht lächelnd: „Natürlich nicht."

Ich begann, das Schulsystem immer mehr zu kritisieren, besonders während diverser Lehrermeetings, bei denen auch Jill, Linda und Karin anwesend waren. Karin, ein äußerst passiver Typ, interessierte sich kaum dafür und meinte, dass die Kinder trotzdem lernen würden. Als ich dies verneinte und ihr Beispiele des Lernversagens schilderte, meinte sie, es sei das Beste, was man in dieser Situation machen könne. Jill meinte eher lakonisch, dass es den Kindern gutgehen würde, da sie spazieren geführt würden, zu essen bekämen und sauber seien ... Mir wurde dabei schlecht und ich drohte, alle Eltern und die Behörden zu informieren, was ich auch tat. Einen Tag später, kurz nachdem ich am Morgen in meiner Unit ankam, erschien Jill mit einer Dame aus der Personalabteilung und beide teilten mir mit strengen Gesichtern mit, dass ich die Organisation der Schule in Verruf bringen würde und hiermit entlassen sei.

Nach sieben Jahren an der Schule gab man mir gerade einmal zehn Minuten, um meine Dinge in eine Kiste einzuräumen. Ich konnte mich auch nicht mehr von meinen Schülern verabschieden, was mir sehr leidtat. Obwohl ich nicht mehr an der Schule arbeite, unterstütze ich die Eltern meiner dagebliebenen Schüler, damit diese an anderen Schulen einen Platz finden.

Die Episode an der Schule war ein sehr ernüchterndes Erlebnis für mich, da sich auch die Behörden wie z. B. die britische Ofsted die Wolle über die Augen ziehen ließen und nur das sehen wollten, was man ihnen zeigte. Wenige Monate vor dem Besuch der Ofsted wurde die Schulseite völlig neu auffrisiert und der dazu notwendige Papierkram wurde ganz einfach „kreiert"! Die Schule erhielt die unfassbare Benotung „gut bis ausgezeichnet"!

Ebenso fand ich es einfach unglaublich, wie es Jill gelungen war, eine gut funktionierende Schule völlig kaputtzumachen und den Unterricht komplett auszuradieren, um die ganze Einrichtung in ein Kinderpflegeheim umzuwandeln, ohne dass dies den einzelnen Eltern bewusst war. Selbst Linda, die Direktorin, kündigte ihre Stelle und verließ die Schule kurz vor meiner Entlassung.

Ich habe nicht mehr die Absicht, an einer Schule zu unterrichten, und plane für meine Zukunft, mit Jugendlichen in Gefängnissen zu arbeiten, da viele von ihnen autistische Züge haben, ohne dass dies bei ihrer Verurteilung berücksichtigt wurde.

Es hat sich sicher sehr viel Positives im Laufe der letzten zehn Jahre für die Therapie von Kindern mit Autismus getan. Trotzdem liegen noch viele Meilen vor uns allen, um veraltete Methoden auszumerzen und Behörden beizubringen, gute und schlechte Organisation zu erkennen und richtig zu handeln. Eltern müssen lernen, dass Schulen oder ganze Organisationen nicht unbedingt gut sind, selbst wenn man nur Gutes von ihnen hört. Denn oftmals hängt die Qualität der Einrichtung von der Motivation einiger weniger Personen ab, die dort arbeiten.

Schlusswort

Es wird einmal sein, in hoffentlich nicht allzu ferner Zukunft: Fachleute (Ärzte, Pädagogen und Therapeuten) kennen sich bestens aus mit dem Krankheitsbild Autismus. Sie wissen Bescheid über effektive Therapien und Förderansätze. Mediziner sind über Biomedizin gut informiert. Sie verschreiben nur Medikamente, die sie auch ihren eigenen Kindern geben würden. Kinder werden bei den Vorsorge-Untersuchungen auf Autismus-Symptome untersucht. Wie so etwas aussehen kann, sehen Sie auf [56]. Kinder bekommen bei Auffälligkeiten bereits im zarten Alter von einem Jahr eine Verdachtsdiagnose.

Eltern werden adäquat beraten. Sie bekommen alle nötige Unterstützung, um ihr Kind optimal zu fördern. Behörden helfen diesen Eltern, wo sie nur können. Schikanen, Steine in den Weg legen und überschäumender Bürokratismus werden auf das Schärfste geahndet. Sozialämter zahlen Eingliederungshilfe für ABA/VB und andere Therapieansätze anstandslos. Krankenkassen übernehmen die Kosten für biomedizinische Ansätze. Sozialgerichte müssen nicht mehr über die Erstattung von Kosten für Autismustherapien entscheiden. Gute ABA/VB-Kurse, erfahrene Berater und Co-Therapeuten gibt es in ausreichender Anzahl an jedem Ort. Kinder bekommen möglichst früh und bereits beim Vorliegen einer Verdachtsdiagnose die intensiven Therapien, die sie brauchen. (Sonder-)Pädagogen und Erzieher kennen sich mit ABA/VB und anderen Methoden bestens aus und setzen sie in ihrer täglichen Arbeit um. ABA/VB ist wichtiger Bestandteil ihrer Ausbildung. Erzieher an Sonderschulen werden endlich angemessen entlohnt. Autismusbeauftragte haben genug Wissen über Autismus und gängige Therapie-Ansätze, damit sie betroffene Eltern gut beraten können. Alle für Eltern und Therapeuten relevante Autismusfachliteratur wird in die jeweilige Landessprache übersetzt.

Impfstoffe sind maximal sicher und enthalten keine giftigen Zusätze oder Konservierungsstoffe wie z. B. Thimerosal[20], das etwa zur Hälfte (Gewicht) aus Quecksilber besteht. Thimerosal ist in Deutschland um das Jahr 2000 herum zunehmend aus Kinderimpfstoffen entfernt worden. In Grippe- und Hepatitisimpfstoffen ist es aber bis heute noch weit verbreitet. Gängige Grenzwerte für Quecksilber werden damit um ein Zigfaches überschritten. Dabei sind Babys und Kleinkinder viel empfindlicher als Erwachsene. Viele Informationen zur Kontroverse um Thimerosal in Impfstoffen gibt es in dem Buch von David Kirby, „Evidence Of Harm, Mercury in Vaccines And The Autism Epidemic: A Medical Controversy" (siehe [27]).

---

[20]Außerhalb den USA wird auch die Bezeichnung „Thiomersal" verwendet.

Es gibt genug Geld für alle Aspekte der Autismusforschung und nicht nur für die Suche nach genetischen Ursachen. Forscher werden ermuntert, auch unbequeme Forschungsergebnisse zu veröffentlichen. Das kostet sie weder den Job noch findet eine Inquisition statt. Traurige Berühmtheit hat der Fall von Dr. Andrew Wakefield erlangt. Dieser Forscher hatte im Dünndarm von einigen Kindern mit Autismus Masernviren nachgewiesen, die von der MMR[21]-Impfung stammen. Er hat das als Ursache gesehen für die bei Autisten häufig anzutreffende chronische Schleimhautentzündung und erhöhte Darmdurchlässigkeit. Diese Aussage hat ihn in England seine berufliche Karriere gekostet.

Sie halten mich vielleicht für einen Träumer. Aber ich hoffe, dass Sie, lieber Leser, als wie auch immer Betroffener mithelfen, dieses Märchen von der besseren Welt für Autisten und deren Angehörige Wirklichkeit werden zu lassen. Es ist schon mit dem heutigen Stand der Wissenschaft möglich. Niemand braucht dafür noch fünfzig Jahre oder länger zu warten, bis wir vielleicht mehr über Autismus wissen. Richtig angepackt kostet das weniger als die Hölle, die wir jetzt haben.

---

[21]Masern, Mumps und Röteln.

Quellenverzeichnis

Bücher

[1] *Let Me Hear Your Voice: A Family's Triumph Over Autism*, Catherine Maurice, Fawcett Columbine, New York, 1993, ISBN 0-449-90664-7.

[2] *Ich würde euch so gern verstehen*, Catherine Maurice, Gustav Lübbe Verlag GmbH, 1993, ISBN 3-404-61326-0. Das ist die deutsche Übersetzung von [1].

[3] *The Autistic Child, Language Development Through Behavior Modification*, by O. Ivar Lovaas, Irvington Publishers, Inc., New York, 1977, ISBN 0-470-15065-3.

[4] *Teaching Developmentally Disabled Children: The ME Book*, by O. Ivar Lovaas, PRO-ED, Inc., 1981, ISBN 0-936104-78-3.

[5] *The Assessment of Basic Language and Learning Skills – Revised (The ABLLS(TM)-R Protocol)*, James W. Partington, Behavior Analysts Inc., 2006, ISBN 0-9745151-6-7.

[6] *VB-MAPP: Verbal Behavior Milestones Assessment and Placement Program, Full Set*, Mark Sundberg, AVB Press, 2008, ISBN 978-0981835624 (siehe auch: http://www.marksundberg.com).

[7] *Behavioral Intervention For Young Children With Autism: A Manual for Parents and Professionals*, Catherine Maurice, Gina Green, Stephen C. Luce, PRO-ED, Inc., Austin, Texas, 1996, ISBN 0-89079-683-1.

[8] *A Work in Progress: Behavior Management Strategies and a Curriculum for Intensive Behavioral Treatment of Autism*, Ron Leaf, John McEachin, Drl Books, 1999, ISBN 0966526600. Zu diesem Buch gibt es unter www.proaba.com eine deutsche Übersetzung.

[9] *Educate Toward Recovery: Turning the Tables on Autism*, Robert Schramm, Lulu.com, 2006, ISBN 978-1-84799-146-1.

[10] *Motivation und Verstärkung: Wissenschaftliche Intervention bei Autismus*, Robert Schramm, ISBN 978-3-9810581-1-6. Erhältlich unter: www.proaba.com. Das ist die deutsche Übersetzung von [9].

[11] *Teach Me Language. A language manual for children with autism, Asperger's syndrome and related development disorders*, Sabrina Freeman, Lorelei Dake, SFK Books, 1996, ISBN 0-9657565-0-5.

[12] *Applied Behavior Analysis*, Second Edition, John O. Cooper, Timothy E. Heron, William L. Heward, Pearson Education Ltd., 2007, ISBN 0-13-142113-1.

[13] *Behavior Analysis for Lasting Change*, Second Edition, G. Roy Mayer, Beth Sulzer-Azaroff, Michele Wallace, Sloan Publishing LLC, 2012, ISBN 1-59738-032-6.

[14] *Verbal Behavior*, B. F. Skinner, Copley Publishing Group, 1992, ISBN 1583900217.

[15] *Concepts and Principles of Behavior Analysis*, Revised Edition, Jack L. Michael, Association for Behavior Analysis International, 2004, ISBN 0-235868-51-8.

[16] *Autismus und die Lernmethode ABA: Angewandte Verhaltensanalyse (Spektrum Ergotherapie)*, Janina Menze, Schulz-Kirchner Verlag, 2012, ISBN 978-3824809-92-9.

[17] *Punishment on Trial: A Resource Guide to Child Discipline*, Ennio Cipani, Context Press, Reno, Nevada, 2004, ISBN 978-1-878978-51-6.

[18] *Skillstreaming in Early Childhood: New Strategies and Perspectives for Teaching Prosocial Skills*, Ellen McGinnis, Arnold P. Goldstein, Research Press, Revised edition (January 15, 2003), ISBN 978-0878224494.

[19] *Skillstreaming the Elementary School Child: New Strategies and Perspectives for Teaching Prosocial Skills*, Ellen McGinnis, Arnold P. Goldstein, Research Press, Revised edition (August 4, 1997), ISBN 978-0878223725.

[20] *Skillstreaming the Adolescent: New Strategies and Perspectives for Teaching Prosocial Skills*, Ellen McGinnis, Arnold P. Goldstein, Research Press, Revised edition (July 7, 1997), ISBN 978-0878223695.

[21] *Buntschatten und Fledermäuse. Mein Leben in einer anderen Welt*, Axel Brauns, Goldmann Verlag, 2004, ISBN 3442152445.

[22] *Autismus und Körpersprache: Störungen der Signalverarbeitung zwischen Kopf und Körper*, Dietmar Zöller, Weidler Buchverlag, 2001, ISBN 3-89693-250-0.

[23] *Montessori Praxis für alle. Leichter lernen durch Sehen – Fühlen – Erkennen,* Heidrun Pichler, Marlene Pichler, Sensor Verlag Pichler GmbH, Pullach 1996, ISBN 3926255803.

[24] *Biomedizinische Untersuchungen und Behandlungsmethoden beim Autistischen Syndrom und AD(H)D: Grundlagen und Praxis,* Dr. med. Salaheddin Faraji, April 2007, ISBN 978-3-00-021202-4.

[25] *A Symphony in the Brain,* Jim Robbins, Grove Press, New York 2000, ISBN 0-8021-3819-5.

[26] *The Brain that Changes Itself,* Norman Doidge, Penguin Books, London 2007, ISBN 978-0-141-03887-2.

[27] *Evidence Of Harm, Mercury in Vaccines And The Autism Epidemic: A Medical Controversy,* David Kirby, St. Martin's Press, New York, 2005, ISBN 0-312-32644-0.

[28] *Die gluten- und kaseinfreie Ernährung für Menschen mit Autismus, ADS/ADHS oder Allergien* mit köstlichen und bewährten Rezepten von Susanne Strasser und Monika Stari, ISBN 3-200-00501-7. Bezug: `www.autismus-diaet.at` (Österreich) oder `www.autismus-leimen.de` (Deutschland).

[29] *The Ultimate Stranger: The Autistic Child,* Carl H. Delacato, Doubleday Books, 1974, ISBN 978-0385010740.

[30] *Der unheimliche Fremdling. Das autistische Kind. Eine neuer Weg zur Behandlung,* Carl H. Delacato, Hyperion / Wartelsteiner, 3. erweiterte Auflage (1985), ISBN 978-3778603710. Das ist die deutsche Übersetzung von [29].

[31] *What to Do about Your Brain-Injured Child: Or Your Brain-Damaged, Mentally Retarded, Mentally Deficient, Cerebral-Palsied, Epileptic, Autistic, Atheto,* Glenn Doman, Square One Publ, März 2005, ISBN 978-0757001864

[32] *Was können Sie für Ihr hirnverletztes Kind tun?,* Glenn Doman, Hyperion Verlag, November 2001, ISBN 978-3778603802. Das ist die deutsche Übersetzung von [31].

[33] *Doran: Child of Courage,* Linda Scotson, Pan Booksr, April 1986, ISBN 978-0330288316.

[34] *Doran – Ein Kind lernt leben,* Linda Scotson, Droemer Knaur, November 1995, ISBN 978-3426023501. Das ist die deutsche Übersetzung von [33].

[35] *Sam: Mein Sohn ist autistisch*, Bronwyn Hocking, Droemer Knaur, 1996, ISBN 978-3426024447.

[36] *Dibs. Ein autistisches Kind befreit sich aus seinem seelischen Gefängnis*, Virginia M. Axline, Droemer Knaur, 2004, ISBN 978-3426008133.

[37] *Tony. Diagnose: Autismus*, Mary Callahan, Oesch Verlag AG, 1993, ISBN 978-3858334305.

[38] *Ich gebe nicht auf. Aufzeichnungen und Briefe eines autistischen jungen Mannes, der versucht, sich der Welt zu öffnen.*, Dietmar Zöller, Scherz Verlag, 1992, ISBN 978-3502188865.

[39] *Das ABA-Mutmachbuch: Eltern berichten aus dem Leben mit ihren autistischen Kindern*, Hermann Danne (Herausgeber), Hermann Danne Selbstverlag, 2010, ISBN 978-3-941942-04-2.

[40] *Applied Behaviour Analysis and Verbal Behaviour: Basics and Application for People with Autism*, Hermann Danne, Hermann Danne Selbstverlag, 2010, ISBN 978-3-941942-02-8. Das ist die englische Version des vorliegenden Buches.

[41] *Mein Leben als Gefangene im eigenen Körper: Mein Kampf um Freiheit, und wie es mir gelang, mein Leben als Autistin wiederzufinden*, Silvana Kirschbauer, Hermann Danne Selbstverlag, 2011, ISBN 978-3-941942-05-9.

[42] *Schreiben ist eine gute Medizin: Aus meinen Tagebüchern 2009 - 2011*, Dietmar Zöller, Hermann Danne Selbstverlag, 2013, ISBN: 978-3-941942-03-5.

[43] *Femokratur Deutschland: Trennungsväter klagen an*, Hermann Danne, Hermann Danne Selbstverlag, 2016, ISBN 978-3-941942-07-3.

Journal-Artikel

[44] *The Role of the Reflexive Conditioned Motivation Operation (CMO-R) During Discrete Trial Instruction of Children wih Autism*, Vincent Carbone, Barry Morgenstern, Gina Zecchin-Tirri, Laura Kolberg, JEIBI Volume 4 - Number 4. Frei erhältlich unter: `http://www.jeibi.net/Issues/JEIBI-4-4.pdf`. Eine deutsche Zusammenfassung gibt es unter [53].

[45] *Behavioral Intervention for Autism: A Distinction Between Two Behavior Analytic Approaches*, Kelly Kates-McElrath and Saul Axelrod, Temple University, The Behavior Analyst Today, Volume 7, Issue 2, Spring, 2006.

Frei erhältlich unter: `http://www.behavior-analyst-today.net/VOL-7/BAT-7-2.pdf`. Eine deutsche Zusammenfassung gibt es unter [53].

[46] *Kinderärztliche Praxis: Soziale Pädiatrie und Jugendmedizin. Sonderheft hyperkinetisches Syndrom: Wissen, Praxis, Therapie*, herausgegeben von der Deutschen Gesellschaft für Sozialpädiatrie und Jugendmedizin, 15. Januar 2001, 72. Jahrgang, ISSN 1438-0137.

Konferenzen, Workshops und Präsentationen

[47] *Einführungsworkshop Verbal Behaviour: Lehrmethodik in Kommunikationsfertigkeiten für Kinder mit Autismus und anderen Entwicklungsstörungen*, Dr. Vincent J. Carbone, 6. bis 8. November 2009, Zürich, Organisator: ABA Parents Schweiz.

[48] *Motivation Operation*, Maryland ABA, Jack Michael, Psychology Department Western Michigan University, PowerPoint-Vortrag. Frei erhältlich unter: `http://jackmichael.org/publications/presentations/momaryland.ppt#387,24,IVB1`.

[49] *Employee Training Manual*, Revised 2007, Mariposa School for Children with Autism. Frei erhältlich unter: www.mariposaschool.org.

[50] *Verhaltens- und fertigkeitsbasierte Frühinterventionen bei Kindern mit Autismus*, Stefan Weinmann, Christoph Schwarzbach, Matthias Begemann, Stephanie Roll, Christoph Vauth, Stefan N. Willich, Wolfgang Greiner, Bundesministerium für Gesundheit, deutsche Agentur für HTA des Deutschen Instituts für Medizinische Dokumentation und Information (DIMDI), Schriftenreihe Health Technology Assessment (HTA) in der Bundesrepublik Deutschland. Frei verfügbar unter `http://portal.dimdi.de/de/hta/hta_berichte/hta248_bericht_de.pdf`

Weblinks

[51] `http://www.bacb.com`, Behaviour Analyst Certification Board.

[52] `http://www.drcarbone.net`, Carbone Klinik.

[53] `http://www.melodycenter.ch`, Melody Learning Center.

[54] `http://www.knospe-aba.com`, Knospe-ABA Institut.

[55] http://www.aba-praxis.de, ABA-Praxis Mareike Overhof.

[56] http://www.autismus-medicus.de, Homepage von Dr. med. Faraji.

[57] http://www.aba-eltern.de, Homepage des Vereins ABA-Eltern e. V. (Deutschland).

[58] http://www.aba-parents.ch, Homepage des Vereins ABA-Parents (Schweiz).

[59] http://de.groups.yahoo.com/group/aba-autismus, Yahoo ABA E-Mail-Gruppe.

[60] http://www.schubi.de, Schubi Versand.

[61] http://www.pro-aba.de, Pro-ABA Versand.

[62] http://www.autismusstuttgart.de, Verein zur Förderung von autistischen Menschen e. V., Regionalverband Stuttgart.

[63] http://www.lebenshilfe.de, Homepage der Lebenshilfe.

[64] http://www.rehakids.de, Rehakids, das Forum für besondere Kinder.

[65] http://www.sprich.info/Eingliederungshilfe.htm, Informationen zur Eingliederungshilfe vom Förderverein für hörgeschädigte Kinder und Jugendliche e. V. Stuttgart.

[66] http://de.wikipedia.org, Wikipedia, die freie Enzyklopädie

[67] http://en.wiktionary.org, Wiktionary, the free dictionary.

[68] http://www.metacafe.com, Metacafe, Video Entertainment.

[69] http://www.youtube.com, Youtube, Broadcast Yourself (TM).

[70] http://de.wikimannia.org/Gendersprech, WikiMANNia, Gendersprech.

Verschiedenes

[71] *Lernprogramm für Gregor D. vom 30.01.2009*, Chris und Silke Johnson, Melody Learning Center, http://www.melodycenter.ch.

[72] *Das kleine Ein-Mal-Eins singend lernen*, eine CD von Junge Dichter und Denker, ASIN B000I0RMIU.

[73] *The Transporters*, eine Zeichentrickserie mit echten menschlichen Gesichtern, siehe http://www.thetransporters.com/de/.

Abkürzungsverzeichnis

AAC	Augmentative and Alternative Communication
ABA	Applied Behaviour Analysis
ABA-D e. V.	ABA Deutschland e. V. (Deutsche Gesellschaft fur Verhaltensanalyse e. V.)
ABLLS-R™	Assessment of Basic Language and Learning Skills – Revised
ADHS	Aufmerksamkeitsdefizit-/Hyperaktivitätssyndrom
ADS	Aufmerksamkeitsdefizitstörung
AO	Abolishing Operation
ASD	Autism Spectrum Disorder
ASS	Autismus-Spektrum-Störung
ATBZ	Autismus-Therapie- und -Beratungszentrum
ATZ	Autismus-Therapie-Zentrum
BCaBA	Board Certified Assistant Behavior Analyst
BCBA	Board Certified Behaviour Analyst
BCBA-D	Board Certified Behaviour Analyst – Doctoral
BET	Bremer Elterntrainingsprogramm
C	Consequence (Konsequenz)
C.A.R.D.	Center for Autism and Related Disorders
CF	Casein Free
CFR	Continuous Reinforcement
CMO	Conditioned Motivation Operation
CMO-R	Reflexive CMO
CMO-S	Surrogate CMO
CMO-T	Transitive CMO
DGVT	Deutsche Gesellschaft fur Verhaltenstherapie e. V.
DIMDI	Deutsches Institut fur Medizinische Dokumentation und Information
DSM-5	Diagnostic and Statistical Manual of Mental Disorders, Fifth Edition
DTT	Discrete Trial Teaching
EAP	Early Autism Project
EEG	Elektroenzephalografie
EFT	Emotional Freedom Technique
EO	Establishing Operation
FC	Facilitated Communication (gestützte Kommunikation)

FED .... Familienentlastender Dienst
FFC .... Feature, Function and Class
FR .... Fixed Ratio
GB-Schule .... Schule für Kinder mit geistiger Behinderung
GdB .... Grad der Behinderung
GF .... Gluten Free
HTA .... Health Technology Assessment
IC .... Intercity
ICD-10 .... 10. International Classification of Diseases
ICE .... Intercity-Express
IFKV .... Institut für Fort- und Weiterbildung in klinischer Verhaltenstherapie e. V.
IQ .... Intelligenzquotient
ITI .... Inter Trial Interval
ITT .... Intensive Teaching Trials
KISS .... Kopfgelenk-induzierte Symmetrie-Störung
MdK .... Medizinischer Dienst der Krankenkassen
MHH .... Medizinische Hochschule Hannover
MMR .... Masern, Mumps und Röteln
MO .... Motivation Operation
MS .... Master of Science
NET .... Natural Environment Teaching
OTM .... On the Move Teaching
PDA .... Periduralanästhesie
PDD-NOS .... Pervasive Developmental Disorder – Not Otherwise Specified
PDF .... Portable Document Format
PECS .... Picture Exchange Communication System
PEKiP .... Prager-Eltern-Kind-Programm
PJ .... Praktisches Jahr
R .... Response (Reaktion)
R_c .... Conditioned Response
R_{uc} .... Unconditioned Response
RBT .... Registered Behaviour Technician
RDI .... Relationship Development Intervention
S_c .... Conditioned Stimulus
S_n .... Neutral Stimulus
S_{uc} .... Unconditioned Stimulus
S^Δ .... Stimulus Delta
S^D .... Discriminative Stimulus
S^{P+} .... Positive Punishment (Stimulus)
S^{P-} .... Negative Punishment (Stimulus)
S^{R+} .... Positive Reinforcement (Stimulus)

174

S^{R-}	Negative Reinforcement (Stimulus)
SGB	Sozialgesetzbuch
SPZ	Sozialpädiatrisches Zentrum
SSW	Schwangerschaftswoche
TEACCH	Treatment and Education of Autistic and related Communication-handicapped Children
TM	Trademark
TML	Teach Me Language
UCLA	University of California, Los Angeles
UK	Unterstützte Kommunikation
UMO	Unconditioned Motivation Operation
UNR	University of Nevada in Reno
VB	Verbal Behaviour
VB-MAPP™	Verbal Behaviour Milestones Assessment and Placement Program
VR	Variable Ratio
WTAS	Wissenschaftliche Tagung Autismus-Spektrum

Stichwortverzeichnis

Tabellenverzeichnis